西方传统 经典与解释
Classici et commentarii
HERMES
柏拉图注疏集
刘小枫 甘阳●主编

柏拉图《治邦者》中的哲人
The Philosopher in Plato's *Statesman*

[美]米勒（Mitchell Miller）●著
张爽 陈明珠●译

华东师范大学出版社

华东师范大学出版社六点分社　策划

中国人民大学科学研究基金（中央高校基本科研业务费专项资金资助）项目成果
Supported by the Fundamental Research Funds for the Central Universities, and the Research Funds of Renmin University of China

HERMES

在古希腊神话中,赫耳墨斯是宙斯和迈亚的儿子,奥林波斯神们的信使,道路与边界之神,睡眠与梦想之神,死者的向导,演说者、商人、小偷、旅者和牧人的保护神……

西方传统 经典与解释
Classici et commentarii
HERMES

"柏拉图注疏集"出版说明

"柏拉图九卷集"是有记载的柏拉图全集最早的编辑体例之一,相传由亚历山大时期的语文学家、数学家、星相家、皇帝的政治顾问忒拉绪洛斯($\Theta\rho\acute{\alpha}\sigma\upsilon\lambda\lambda o\varsigma$)编订,按古希腊悲剧的演出结构方式将柏拉图所有作品编成九卷,每卷四部(对话作品三十五种,书简集一种,共三十六种)。1513年,意大利出版家Aldus出版柏拉图全集,被看作印制柏拉图全集的开端,遵循的仍是忒拉绪洛斯的体例。

可是,到了18世纪,欧洲学界兴起疑古风,这个体例中的好些作品被判为伪作。随后,现代的所谓"全集"编本迭出,有31篇本或28篇本,甚至24篇本,作品前后顺序编排也见仁见智。

俱往矣!古典学界约在大半个世纪前已开始认识到,怀疑古人得不偿失,不如依从古人受益良多。回到古传的柏拉图"全集"体例在古典学界几乎已成共识(Les Belles Lettres 自上世纪20年代陆续出版的希法对照带注释的 *Platon Œuvres complètes* 以及Erich Loewenthal 在上世纪40年代编成的德译柏拉图全集均为36种+托名作品7种),当今权威的《柏拉图全集》英译本(John M. Cooper 主编,*Plato, Complete Works*,Hackett Publishing Company 1984,不断重印)即完全依照"九卷集"体例(附托名作品）。

"盛世必修典"——或者说，太平盛世得乘机抓紧时日修典。对于推进当今中国学术来说，修典的历史使命当不仅是续修中国古代典籍，同时得编修古代西方典籍。古典文明研究工作坊拟定计划，推动修译西方古代经典这一学术大业。我们主张，修译西典当秉承我国清代学人编修古代经典的精神和方法——精神即：敬重古代经典，并不以为今人对世事人生的见识比古人高明；方法即：翻译时从名家注疏入手掌握文本，考究版本，广采前人注疏成果。

"柏拉图注疏集"将提供足本汉译柏拉图全集（36 种＋托名作品 7 种），篇序从忒拉绪洛斯的"九卷集"。尽管参与翻译的译者都修习过古希腊文，我们主张，翻译柏拉图作品等古典要籍，当采注经式译法（即凭靠西方古典学者的笺注和义疏本迻译），而非所谓"直接译自古希腊语原文"（如此注疏体柏拉图全集在欧美学界亦未见全功，德国古典语文学界于 1994 年开始着手"柏拉图全集：译本和注疏"，体例从忒拉绪洛斯，到 2004 年为止，仅出版不到 8 种；Brisson 主持的法译注疏体全集，90 年代初开工，迄今未完成一半）。

柏拉图作品的义疏汗牛充栋，而且往往篇幅颇大。这个注疏体汉译柏拉图全集以带注疏的柏拉图作品译本为主体，亦收义疏性质的专著或文集。编译者当紧密关注并积极吸取西方学界的相关成果，不急欲求成，务求踏实稳靠，裨益于端正教育风气，重新认识西学传统，促进我国文教事业的新生。

古典文明研究工作坊
西方典籍编译部甲组
2005 年元月

柏拉图注疏九卷集篇目

卷一
1 游叙弗伦（顾丽玲译）
2 苏格拉底的申辩（吴飞译）
3 克力同（罗晓颖译）
4 斐多（刘小枫译）

卷二
1 克拉底鲁（刘振译）
2 泰阿泰德（贾冬阳译）
3 智术师（柯常咏译）
4 治邦者（张爽译）

卷三
1 帕默尼德（曹聪译）
2 斐勒布（李致远译）
3 会饮（刘小枫译）
4 斐德若（刘小枫译）

卷四
1 阿尔喀比亚德前篇（梁中和译）
2 阿尔喀比亚德后篇（梁中和译）
3 希普帕库斯（胡镓译）
4 情敌（吴明波译）

卷五
1 忒阿格斯（刘振译）
2 卡尔米德（彭磊译）
3 拉克斯（罗峰译）
4 吕西斯（黄群译）

卷六
1 欧蒂德谟（万昊译）
2 普罗塔戈拉（刘小枫译）
3 高尔吉亚（李致远译）
4 美诺（郭振华译）

卷七
1 希琵阿斯前篇（王江涛译）
2 希琵阿斯后篇（王江涛译）
3 伊翁（王双洪译）
4 默涅克塞诺斯（李向利译）

卷八
1 克利托普丰（张缨译）
2 王制（史毅仁译）
3 蒂迈欧（叶然译）
4 克里提阿（叶然译）

卷九
1 米诺斯（林志猛译）
2 法义（林志猛译）
3 厄庇诺米斯（程志敏/崔嵬译）
4 书简（彭磊译）

杂篇（戴君译）

（篇名译法以出版时为准）

目　录

中译本说明 / 1

致谢 / 1
前言 / 1

引言：解释问题 / 1
　　一、"权威观点"的困难 / 4
　　二、另一种探索性的解释论题 / 9
　　三、解释的问题 / 22

第一章　戏剧场景 / 23
　　一、戏剧场景：审判苏格拉底 / 23
　　二、戏剧人物：反感，热切，沉默 / 26
　　三、来自爱利亚的异乡人 / 40
　　四、开始的约定 / 47

第二章　起初的划分(258b—267c) / 49
　　一、方法的形式结构：表面一致(258b—261e) / 50

二、小苏格拉底的错误；二分的价值(261e—264b) / 55
　　三、二分的尾声；玩笑与问题(264b—267c) / 70

第三章　论本质与方法的离题话(267c—287b) / 81
　　甲　第一个离题话：神圣牧人的神话(267c—277a) / 83
　　乙　第二次离题：范例与中道(277a—287b) / 117

第四章　最终划分(287b—311c) / 145
　　一、改变划分形式(287b以下) / 147
　　二、第一阶段：助因的技艺，器具制作者(287b—289c) / 160
　　三、第二阶段，第一部分：本因技艺，辅助奴仆(289c—290e) / 163
　　四、离题话：哲学与一般意见；治邦之材与实际政治秩序(291a—303d) / 165
　　五、重新划分(第二阶段，第二部分)：真正的助力(303d—305e) / 192
　　六、第三阶段：作为编织者的治邦者；德性与中道(305e—311c) / 196

尾声：《治邦者》本身即为一种中道 / 208

附录一　《治邦者》中的辩证教育与未成文学说 / 217
附录二　图表 / 243
参考书目 / 247
《治邦者》的结构提纲 / 268
历史人名索引 / 271
柏拉图文本索引 / 272

中译本说明

> ——我们可明白,惟有治邦者以及好的立法者,能以王道雅乐将这[神圣意见]灌注给正确参与教育之人……?
>
> 《治邦者》309d1-3

柏拉图在《斐多》中记述,苏格拉底临终前不久,于雅典监狱中作起诗乐来——他改编伊索寓言,使之入乐;而苏格拉底更为看重且首先创作的,则是歌颂阿波罗神的诗乐(《斐多》60b—61b8)。阿波罗和缪斯的教育滋养人们清醒、睿智、和谐而有节奏的品性(参《法义》654a7上下;《王制》399e以下)。苏格拉底如此崇敬阿波罗,并为之颂歌,由此我们看到哲人的清明心智如何试图与城邦信仰或民众的虔敬之心协调一致(参《王制》427b2—c4);伊索寓言通俗易懂,早已成为世界各国儿童开蒙时期的学习内容,孩子们在听故事的乐趣中自然而然地学习到如何分清人性好坏,久而久之受到潜移默化,乃至在长大成人后,"龟兔赛跑"、"狼来了"之类的故事仍对他们的言行举止起着教化作用。伊索寓言中的故事大多以动物的形象讽喻世人千姿百态的性情,更犹如一面哈哈镜,照出人性情中的丑恶面乃至可鄙兽性,警示人们世间可能有的各种丑恶,引导世人辨识人性优劣,以便在人事上不受蛊惑,明断是非,进而去恶向善。

阿波罗及其颂歌教人热爱美善和谐之事物,伊索寓言教人憎恶丑事恶行,二者相反相成。阿波罗的诗乐教化是最佳政制的核心,它保证了城邦中的上下秩序和全体邦民的和谐融洽。如果无法保持诗乐教化,那么神圣音乐变乱之后,就会形成"邪恶的剧场政治"(《法义》701a)。防止政制蜕变的秘密则藏在伊索寓言之中,伊索的故事阐明了不加节制的紊乱性情所招致的恶果,而且标明了德性教育的限度:德性教育无法教好所有人,有些坏性情需要以更严厉的刑罚作为教育,因此刑法是德性教育的必要补充,即便面对完全不可教之人,刑名之学作为神圣音乐政制的防御机制,可以最大地限制害群之马对共同体的危害。

说到底,好的政制在于如何使人在神与兽之间持守中道。

由此可见,苏格拉底创作诗乐,并非出于审美需要,而是因为诗乐之道与伦理人情相通,与广义的政治术想通。《法义》中的雅典异乡人提到:政治术需要认识灵魂的本性和习性,以便培育灵魂(《法义》650b6—8)。苏格拉底出于此种目的,旨在使礼乐刑政上下相通,以便照看高低不同的各种灵魂。

苏格拉底自称是当时唯一具备政治术的人(《高尔吉亚》521a3—4),本就以反讽见称的苏格拉底使自己的面目变得更加复杂:苏格拉底这位自称通晓政治术的哲人,是否可以称得上一位政治家或治邦者?如果答案是否定的,那么苏格拉底沟通哲学与政治的意图何在?读者从《柏拉图〈治邦者〉中的哲人》这一标题上可以看出,米勒的这部著作试图回答这个问题。

《柏拉图〈治邦者〉中的哲人》首次出版于1980年。该书挑战了之前英美学术界的权威观点,米勒声称:被归于柏拉图晚期作品的《治邦者》虽然晦涩难读,机关重重,但是并非如发展论者所认为的那样毫无戏剧性。恰恰相反,《治邦者》并非一篇枯燥的学术论文,而是一篇真正的戏剧对话。该书成为当代《治邦者》研究的里程碑,成功扭转了欧美学者的研究风潮,该书之后对《治邦者》的研究著作,无一绕得开这部著作。

米勒注意到,当代学科的分割状况很容易使我们孤立地研究古代先哲,学者可以从哲学领域、文学领域、教育学领域探讨柏拉图,但这种割裂式的研究使当代学者越发读不懂柏拉图的全貌。这种情况同样出现在苏格拉底时代——在《泰阿泰德》、《智术师》、《治邦者》的三联剧中,厌倦了爱智辩难的数学家忒奥多洛斯把几何学从哲学中拉出来单立门户。而苏格拉底则一直纠缠这位老兄和他的弟子泰阿泰德,并与他们探讨什么是知识。结果,单一研习几何学科的忒奥多洛斯师徒,无法回答什么是知识这一哲学追问。在忒奥多洛斯和泰阿泰德看来,苏格拉底是一个好辩的智术师——这一看法与雅典法庭对苏格拉底提出的诉讼不谋而合。几何学者需要爱利亚异乡人这位真正的哲人来惩治苏格拉底,对苏格拉底进行哲学上的审判。而米勒解释说,爱利亚的异乡人其实是一位明智的法官和调解人,他不会诬告苏格拉底;相反,这位异乡人会指明数学家的缺点和不妥之处,并向读者澄清苏格拉底的真正面目。

米勒推测,《治邦者》本身意在调解柏拉图学园中充满血气的数学尖子生。尽管在柏拉图学园中,数学只是入门的基础。但有学生却习惯以研究数学的思维方式理解更为复杂的政治生活。这些学生盲目顺从权威,简单把《王制》中的哲人-王假说当作放之四海而皆准的公理。柏拉图告诫这些学生,按数学套路,这种从假设到结论的方式,无法解决人事难题。但是这并不是说,哲学与政治可以完全分裂。城邦生活好比洞穴内的生活,需要知识之火指引人们,然而洞穴内的火光再亮,也无法取代洞外的阳光;反之,倘若洞穴之内光亮熹微,则会被欲望的阴影遮蔽德性生活,导致政治生活一盘散沙,魔影乱舞:有欠睿智的政客操持着智术师的技艺,如一群狡诈的"怪物",以暴力、贪欲和胆怯的欲望引领民众(《治邦者》291a-b)。面对这种两难的局面，自利利他的苏格拉底-柏拉图式哲人需要思考，如何把握哲学与政治之间的中道，以便调节好洞内洞外的生活。

  本书的尾声部分和附属文章由陈明珠同志翻译，笔者译出其余部分，并校对全稿。舛误之处，敬请读者批评指正。

张　爽

2013 年 10 月于北京

致　谢

这项研究得益于许多朋友的直接或间接帮助,他们的帮助恰切而及时。我对以下诸位深表感谢:Jonathan Ketchum, Tracy Taft, Michael Anderson, William Yoder, Marion Miller 与我共同分担了 Oakstone 农场的工作;瓦萨学院的 Jesse Kalin, Michael McCarthy 以及 Michael Murray 与我一起展开了很多激烈讨论;Norma Mausolf 夫人积极地为我准备打字稿,而且极其细心。我还感谢瓦萨学院的慷慨支持——给予我一年的休假期,并以 Lucy Maynard Salmon 基金资助我。

最重要的是,本书献给 Chris。

米　勒
1979 年 4 月 2 日

感谢《柏拉图与柏拉图主义》(*Plato and Platonism*, 1999)的出版商,美国天主教大学出版社,还得感谢即将出版的《建构的主权:拉茨特尔曼纪念文集》(*The Sovereignty of Construction: Essays in the Thought of David Lachterman*, *Rodopi*)一书的编辑人, Daniel Conway 和 Jacob Howland,因为他们友善地允许我将

"《治邦者》中的辩证教育与未成文教诲"一文("*Dialectical Education and Unwritten Teachings in Plato's Statesman*")收入本书。

我要感谢许多朋友,以及瓦萨学院同事的支持——特别是古典系的 Rachel Kitzinger,数学系的 John McCleary,还有哲学系的 Jesse Kalin、Michael McCarthy 和 Michael Murray,以及 Giovanna Borradori、Jennifer Church、Uma Narayan 和 Doug Winblad,他们关注我这篇扩展性研究,而他们有关柏拉图的谈话,可谓精妙且切中肯綮;我很感谢柏拉图的众多弟子们,长期以来,这些同伴们与我的差异总能令我大大受益,特别是 Michael Anderson、Brad Bassler、Ruby Blondell、Charles Griswold、Ed Halper、Drew Hyland、Ken Sayre、Tom Tuozzo、Jeff Turner,还有 Jeff Wattles;我感谢已离世的三位老师和朋友,Ron Brady、Jon Ketchum 和 David Lachterman,他们对我的鼓励催生出我的作品。

最后,感谢 Benjamin Knox、Daniel Handel、Stephen Mitchell,以及瓦萨学院的一批学生,我对他们满怀希望,是他们让我看到,写作理念之实在性如何应答着未来。

米　勒

2004 年 5 月 22 日

前　言

[xi]本书是 1980 年由 Martinus Nijhoff 首次出版的《〈治邦者〉中的哲人》的重印版，新版附加了一篇文章和两篇简短材料。两篇简短材料包括前言和更新的参考书目。新加的文章是《〈治邦者〉中的辩证教育与未成文教诲》，该文首次出版在《柏拉图与柏拉图主义》中，Johannes M. van Ophuijsen 编，天主教大学出版社，1999 年。

＊　＊　＊

在 20 世纪 70 年代开始疏解《治邦者》时，我深深希望英美学术界对柏拉图的研究能够有所转变，可同时我认为这很难实现，而事实上，自那之后的数年间，英美学术界的柏拉图研究已经有了转变。

那时，发展论者(the developmentalist)研究柏拉图的方式正如日中天，发展论者关注于从柏拉图的"早期"对话中提取出真实的苏格拉底，并通过将对话归于柏拉图思想发展的不同阶段，构想种种学说以解决各个对话之间的分歧，为此，发展论者密切配以一套典型的调查模式、逻辑分析方法，还对文本中的个别论证进行批判改造。由发展论产生的信念让人印象深刻——我们会想起那时充斥着大量的这种文献,比如,论苏格拉底的辩驳法,论诸德性的统一,论爱欲的对象,论第三人(the Third Man)。但是,在我看来,这些文献取得的成果往往付出了过于高昂的代价。发展论怂恿人相信,从柏拉图笔下戏剧人物的话中,可以径直读出柏拉图本人的思想,并且,发展论诱使人集中于对个别论证进行逻辑分析,却忽视了更多弥散于字里行间的文脉,而正是在文脉中,论证才会开始发挥其作用。要避免这些危险,一个人需要以与发展论迥然不同的设想引导阅读。柏拉图写下的戏剧对话,是在特定的、逐渐伸展的文脉之中,柏拉图安排的每句话,都是在这种问询或争辩的文脉里,一个戏剧人物对另一个戏剧人物作出的回应;因此,要触及柏拉图的思想,柏拉图本人要求我们专心于他具体描绘的场景,留心柏拉图如何以人物的具体观点和信念,展现他以小说笔法塑造的人物特性,还要注意特别的顺序安排——所谓"情节"的"布局"——这组成了人物交谈的戏剧。我写《〈治邦者〉中的哲人》的目标是,使柏拉图论证的概念分析与以上解释的对话关键因素相谐,继而,将概念分析转化成一种与其他对话互动的方式,以此倾听并回应各篇对话间的迂回交流。此外,我希望这种方法取得生动鲜明的成果,通过具体疏解一篇对话,至少乍看上去还算相宜。我开始本书的写作[xii]时,还没有关于《治邦者》整体的全面研究,在论及《治邦者》的形式与结构的短篇英文疏解中都以为,《治邦者》不像"早期"对话和"中期"对话那样——据通常发展论的分类方式来说——属于戏剧对话。相反,大多数的意见是:柏拉图的兴趣已由苏格拉底的否定辩证法,转向了更为技术地思考形式(forms)和方法学,以一套方法学清楚表达形式之间的关系,在《治邦者》中,柏拉图很大程度上抛弃了对话,变成了"仅仅外在形式"还是对话,实则更接近"论文"的模式。① 在

---

① 如正文引言中所引述的那样,我此处借用的是 Stenzel,Taylor 和 Jaeger 的话,见引言,注17,以及注7、注9 的相关正文。

写作本书时,我希望的是倘若我能表明,"甚至"《治邦者》实质上也需要按真正的戏剧对话予以解读,那么我就为这种解经方式提供了确切无疑的例证,对解读所有对话来说,这种解经方式都同样重要。

20世纪70年代末,在英语学界柏拉图研究的大环境下,我的这项计划未免——借用《治邦者》中一个合适的词——atopon,"出格",甚至"怪异"。① 除了"施特劳斯学派"的著作以外②——当时这类著作一贯被人置之不理③——几乎没有对以下问题的实质性讨论:柏拉图匿名问题;对话体的特性;戏剧人物的作用;大量的修辞风格,以及对话内部采用的子体裁;苏格拉底的反讽与柏拉图的反讽之间的关系;戏剧(与史实相对)模仿——由此每篇对话使其读者面向对话本身,也可以说,将读者置于"舞台之上";通过灵魂教育的舞台,诸篇对话既共同并各自引导颖悟的读者;并且,几乎所有对话都再现整体—部分结构的特征,每篇对话又独特地展现了柏拉图思想的整体。④ 幸运的是,近些年来,对所有这些问题的探讨越来越多,有单个作者的研究,⑤也有搜集了多种比较接近的

---

① 见 277d6, mal' atopds eoika 及相关文脉,参见 xiii 的说明,相关讨论见页 58 以下。
② 那时,对我特别有帮助的是,Klein 1965, Rosen 1968, 和 Hyland 1968, 这些研究堪为楷模。
③ 引人注目的例外是 Ferrari 1997 年的文章,这表明,以学究态度对待这篇对话的风气正发生可喜的转变。
④ 我有幸曾与一位非凡的老师一起进行研究工作,即已故的 Jonathan Ketchum,他向我介绍了早期德国和法国学术界对这些论题的研究,特别是 Friedlander 1958, 1964, 1969, Gadamer 1968, Gundert 1971, 以及 Schaerer 1938。Ketchum 本人的成果,仅留下他未出版的论文,在 1960 年代和 70 年代早期,Ketchum 就构想好这篇论文的主要思路,但很久之后,直到 1980 年才提交此文。
⑤ 据我所知,过去 25 年来,这些方面有帮助的书包括,Arieti 1991, Barachi 2001, Blondell 2002, Burger1980 和 1984, Carson 1986, Clay 2000, Dorter 1994, Ferrari 1987, Gonzalez 1998, Gordon 1999, Griswold 1986, Halliwell 2002, Howland 1998, Hyland 1981 和 1995, Kahn 1996, Nussbaum 1986 及 2001 和 1990, Roochnik 1996, Rosen 1983 和 1995, Rutherford 1995, Sallis 1999, Sayre 1983, 1995 和 1996, 以及 Weiss 1998 和 2001。

观点的文集,并与读者有潜在的互动,①还有较为简短却更为直接的会议发言,汇集了各种不同观点的交流和碰撞。② 此外,《治邦者》尤其受到巨大关注。当我开始写作本书时,尚没有对《治邦者》整体的全面研究,更不必说认真对待作为戏剧对话的《治邦者》。自那时以来,至少有四本单独集中疏解《治邦者》的著作,③另有三本义疏,将《治邦者》作为三部④(或包括《帕墨尼德》的四部⑤)爱利亚对话之一进行解读。此外在 1992 年,国际柏拉图学会的第三次年会专门讨论《治邦者》,因此出版了四十篇以上的新论文,这些论文几乎触及《治邦者》这篇对话的方方面面。⑥

因此,如今我向柏拉图学界重新呈递本书时,感到由衷的喜悦。我希望,这本可能初看起来如一场古怪冒险的著作,在如今业已形成的更为开放、更为多样化的氛围中,能为作为柏拉图弟子,尤其是研习《治邦者》的同仁们,提供多方面的用途。我会重新介绍本书,同时为了更便于发挥本书的用途,我首先会指出一系列问题范围,正是在这些问题范围内,我在《〈治邦者〉中的哲人》一书详述了我的观点,[xiii]对于解释《治邦者》这篇对话来说,我的观点仍有意义。以下四组问题触及到我解读《治邦者》的要害:

---

① 尤参,Griswold 1988(2002 再印),也参见 Annas 和 Rowe 2002,Gonzalez 1995,Gill 和 McCabe 1996,Klagge 和 Smith 1992,Michelini 2003,Press 1993 和 2003,Welton 2002。
② 我尤其得益于一些协会举办的定期会议,有最近成立的古代哲学协会、亚利桑那州古代哲学研讨会、国际柏拉图协会,专项会议也使我受益,如 1988 年,在弗吉尼亚工学院举办的布莱克斯堡会议,会上讨论了解释柏拉图的方法问题,还有 2000 年在圣母大学举办的会议,专门探讨作为文化象征的《蒂迈欧》。
③ Castoriadis 2002,Lane 1998,罗森 1995,以及 Scodel 1987。
④ Benardete 1986,郝岚 1998,克莱因 1977。
⑤ Dorter 1994。
⑥ 这些研究已列入本书的参考书目,收于 Nicholson 和 Rowe 1993,以及 Rowe 1995a。在 Christopher Rowe 组织的第三届柏拉图研讨会上,他不辞劳苦地支持他人的工作,并编辑成书,Rowe 还出版了他本人带有注疏的《治邦者》翻译 1995b。

(1) 关于爱利亚异乡人(stranger)①方法表现的异质性和统一性问题。即便在柏拉图作品中,《治邦者》也属奇特:不仅在于其明确集中的探究方法,而且也在于,对话施行的特殊方法中带有令人惊异的异质性。基于后一个原因,异乡人从一开始以二分法(bifurcatory divisions)做出的细致区别,转向对神话的思考性回想——二分法既集中处理治邦之道的论题,也致力于二分法本身所苛求的清晰和自圆其说,神话叙述则惊心动魄,它要在宇宙变化不断循环往复的节律中,辨明终极神性与宇宙整体之间的根本关系。② 因此接下来,异乡人由神话转向了范例法,在此,异乡人承认"我显得非常出格"(mal' atopōs eoika, 277d6),因为他突然把小苏格拉底的注意力从广阔而陌生的神话背景,转向了平凡琐碎的事物,即孩童学习字母的经验(277e—278e),以及常见的编织工作(279a—283a)。随后,异乡人转向了中道观念,或者说是适当的尺度,尽管在小苏格拉底看来,这一转向并无必要(283b),但对于我们来说,有必要提出异乡人方法的异质性问题,这一转向增强并提供了这一问题的表达方式:"中道"或"适当尺度",也就是"恰当、适时且需要"(284e)的一系列方法,要在什么背景下(context[s]),实现何种善(good[s])?③

(2) 关于"按种类划分"(diairein kat' eidē)的问题。在《治邦者》中,爱利亚异乡人继续了在《智术师》中运用的划分方式,一开始就以长系列的二分(bifurcations)追寻治邦之道的本性(258b—267a)。他称这种方式为"从中间分割"(dia mesōn temnontas,

---

① 我沿用 xenos 这个词的传统译法,对于《智术师》和《治邦者》中现身的爱利亚匿名客人(guest),我称之为"异乡人",这只是为了与我在《〈治邦者〉中的哲人》中的用法保持一致。然而,我并非不同意 White(1993)偏爱的译法,也是 Cooper(1997)采用的译法,即不太突出异乡色彩的"访客"(Visitor)。
② 论及《治邦者》神话的作品非常丰富,包括 Brisson 1995a, Ferrari 1995a, Nightingale 1996,以及 Rosen 1979。
③ 见 Lane 1998 对范例和 kairos("适时的")的思考,可谓发人深省。

262b6)以及"平分"或"一分为二"(mesotomein, 265a4)。在《智术师》中,除了最初说明的垂钓者范例之外,爱利亚异乡人对智术师的七个说明,都以二分法的方式进行。在《治邦者》中,爱利亚异乡人起先对治邦者的说明,他在神话之后做的修正,以及他对编织者的范例说明都用二分方式进行。每次切割的关键在于划分时要穷尽一类,这样做是为了"碰到诸多样式"(ideais … prostugchanoi, 262b7)。262a—264b 处,是对如何做到这种切割的重要思考,异乡人在他举的例子中借助对反原则,为小苏格拉底提供了成功二分的范例,即将数切分成奇数与偶数,将人切分为男人与女人。

虽然如此,异乡人在随后几处进行的划分仍令人惊异。(一)在 264e,异乡人重申二分的重要,他对小苏格拉底说:"我们必须将这(足行动物的管理)如偶数般一分为二。"①然而,紧接着他又指出,有"两条路"可以完成他的说明,其中一条是捷径,但会违反"二等分"的要求(mesotomein, 265a4),另一条路更长,却符合要求。异乡人为何还提到捷径? 更奇怪的是,当热心的小苏格拉底要求两条路都走时,异乡人也欣然同意。异乡人刚刚提出并阐明的方法规则,[xiv]且就在先前的话语中还一直奉行,可是他突然又乐于违反这一规则,柏拉图为什么要这样描写异乡人? (二)另外,当异乡人确实沿"两条路"而行时,他忽然在他的分割中,插入一种奇腔怪调的冷幽默,甚至算得上是插科打诨。在这部分里,异乡人讲笑话的真正意图是什么? ——尤其是,在以"对角线"和"对角线之对角线"区分两足动物与四足动物时,异乡人精致的几何双

---

① "偶(数)"是 Rowe 对 264e11 处 artion 的翻译,1995b,他的译读是依据牛津修订版校勘本。[译按]牛津修订版校勘本 264e11 处 artion(偶的)一词,在原牛津校勘本(OCT)中,Burnet 依 Ast 抄件,认读作 arti(刚刚)。在英译本中,Skemp(1952, 1981)即如此译法,Benardete(1984)则转译为"偶数",参该译本,页 III. 151 注 11,后来的 Waterfield 本(1995)亦译为"偶数"。

关语的真实意图何在[译按:见《治邦者》266a5—d]?(三)对话在二分法之后的大部分里,异乡人发现,在修辞上,有必要构造一个看来与二分法全然不同性质的东西,也就是他讲述的宇宙时代神话,以此巩固他批评先前划分得到的结果,那么,二分法的深意何在?(四)最重要的是,在得到神话对错误结果的修正,以及由编织技艺作为范例的二分法引导之后,在287b,异乡人返回了定义治邦之道的任务,此时他却突然完全抛弃了二分进路。为什么?他只提到"很难(将剩下的技艺)一分为二"(287b),于是"我们不能(把它们)一分为二"(287c),对此,异乡人没做任何解释。异乡人让小苏格拉底确信"我们继续行进时","目标会变得更清楚"——或者再直译一些,就是"仍很清楚"(ouch hētton…kataphanes,287c1)。是这样吗?在随后的文本中,柏拉图没有让异乡人为辨明障碍而有所停顿,也没有让异乡人详细解说他新的划分方式,异乡人通过这种新方式完成了治邦者定义。异乡人未作解释就放弃了二分法,这一点常常受到二手文献的忽视——为何异乡人在《智术师》《治邦者》中一直坚持使用二分法,这种忽视使这个问题变得与抛弃二分法同样令人困惑。异乡人为何这么做?——更确切地说,柏拉图为何如此描写异乡人?

(3)关于牧人范例和编织者范例的问题。什么造成了牧者形象的缺陷,并的确使牧者形象成了治邦者的危险范例,这点已得到了相当多的解释——当然,这首先是由爱利亚异乡人解释的。① 柏拉图自然在写作之前就已想好,他会让异乡人揭示这些问题,我们仔细阅读就会发现,柏拉图也使异乡人早就预见了到这些问题。既然如此,为什么柏拉图还让异乡人首先给小苏格拉底展示牧者形象

---

① 注意 Clark 1995 过于极端的解释。按我本人的解读,异乡人虽然以编织者代替了牧者,然而,在异乡人讲述治邦之道时,他却暗中伴随着反讽,使得牧者形象徘徊于他的讲述边缘。见第94—95页和第117—118页(及第31页,注34)。

呢？提出牧者形象之后，再否定这一形象，继而以编织者形象取而代之，对柏拉图来说，这么做为何如此重要？这一问题同时引导着对以下内容的解释：神话及其描绘的神在宇宙中的在场与离去，以及通过神的精灵，神在人类共同体中的在场与离去；这一问题也要求我们思考，在荷马和赫西俄德的诗篇（《治邦者》中神话的关键要素，源于他们的文本）中明显体现的政治意识的历史，并且，我们还得思考公元前五世纪到前四世纪，雅典持续发生的政治危机，以及柏拉图本人先前对此的回应。我们需要问的是：柏拉图以牧者—统治者的形象予以表现的，是什么样的政治传统和政治视野的潮流——是在过去、现在和将来，在一般的希腊世界，在雅典以及在阿卡德米学园？① 并且，通过书写异乡人以编织者形象取代牧者形象，柏拉图如何在根本上挑战并扭转当时的政治潮流？②

（4）关于对话形式和模仿反讽的问题。无可争议的是，《治邦者》的情节中欠缺人物之间的明显冲突，也［xv］没有生存方式之间的紧张(the existential tension)，这种冲突和紧张使得疑惑性的(aporetic)苏格拉底对话和戏剧杰作生动传神，尽管关键人物不同，如《会饮》、《高尔吉亚》或《斐多》。可是，我们如何解释《治邦者》的这一欠缺？这反映出柏拉图失去写作对话体的兴趣？还是并非如此，而是——尽管原则上他承诺要进行这种真正的对话探究，而实际上柏拉图却没能"成功"？③ 亦或是，与前两种观点有本质区别的第三种可能——柏拉图在《治邦者》中采用的对话形式，是为了模仿表达一种不同于以往类型的冲突和紧张？在《治邦者》

---

① ［译注］阿卡德米学园(Ἀκαδήμεια)，公元前 380 年代，柏拉图在雅典西郊克罗诺斯山旁建立的学园，该处原是以古代英雄阿卡德莫斯(Ἀκάδημος)命名的运动场，故世称阿卡德米学园，追随柏拉图的哲人也因此被称为学园派哲人(Ἀκάδημικοί)。公元 529 年，该学园被身为基督徒的拜占庭君主查士丁尼勒令关闭。
② 牧者和编织者这两种形象在文化—历史上的共鸣，以及在《治邦者》中，柏拉图如何利用这种共鸣，对此异常丰富的研究，见 Blondell，即出。
③ 这是 Rowe 1996 中的论点。

中,每当小苏格拉底遽然肯定之处,异乡人必反驳之,而此时老苏格拉底静观其变,不予评判;狂热的门徒总是激情澎湃,他们过度顺从权威,因此要教育这样的弟子,首先要让他们进行踏实深入的探究,以及批评性的自我检审。为了探查第三种可能,即在《治邦者》中,柏拉图既未放弃对话体,也非不能写作对话体,而是他调整了戏剧情节,以便揭示并针对激情澎湃者引发的问题,我们来思考这些问题:(一)"小苏格拉底"这个人物是由阿卡德米学园中的著名成员虚构而来,这位"小苏格拉底"的原型是柏拉图的同时代人,尤其以他对法律的专门知识受人敬重,①那么,以上事实中暗示的"首要面向"②的读者群是什么人?(二)《智术师》216a 连接了《智术师》、《治邦者》与《泰阿泰德》,③柏拉图为何要通过这种方式,使异乡人对智术与治邦之道的探询(还有在计划中却没能进行的,没有连续发生的对哲学的探询④)发生于苏格拉底受审这一戏剧时间?(三)"爱利亚异乡人"的戏剧特性和作用何在?为了追寻这一点,我们要问:一、异乡人的方法储备看上去并非苏格拉底式的——他的这些方法并非(或并不明显)致力于辩驳,而是致力于实在地解释样式(forms)之间的关系,对此我们怎样理解?二、忒奥多洛斯请求异乡人探询智术师,治邦者和哲人,被异乡人拒绝

---

① 见柏拉图《书简七》,和亚里士多德《形而上学》1036b25,Nails 2002 引用了这两个文本,见该书,页 269。
② 这是 Allen 1983 中的表达,见该书,页 197。
③ 《智术师》以忒奥多洛斯约定开场,"按着昨天的约定,我们准时到了,苏格拉底"(216a,Cooper 1997 中,White 的译文)。约定指的是在《泰阿泰德》苏格拉底临别时的请求:"此刻,我必须去王者门廊,应付那个莫勒图斯(Meletus)对我的控告;可是,我们明早再在这里碰头吧,忒奥多洛斯"(210d,Cooper 1997 中,Levett 和 Burnyeat 的译文)。与 Lane 1998 页 7 中指出的不同,我们不必根据这个对话间的连接,而将《智术师》和《治邦者》置于《泰阿泰德》的叙述框架内。
④ 《智术师》217a。正如本书题目意在暗示的双关,我认为,一方面,由异乡人在《治邦者》中践行的探究(参见 Frede 1992),另一方面,由异乡人归于治邦者的智慧(sophia,在他最终描绘治邦者时,部分揭示了这种智慧),哲学已转而得到间接的展示。

了,然后,异乡人却接受了苏格拉底的同一请求(《智术师》217b,及上下文),柏拉图如此写法有什么深意?同样,异乡人接受了老苏格拉底的另一请求,他会"看看"——或"检测"(skepsasthai,《治邦者》258a5)——小苏格拉底,以便观察这两个苏格拉底是否除了同名,还有其他相似之处(257d—258a),柏拉图此 217 处的深意何在?三、小苏格拉底要么设法完成(262a),要么以为完成(267a 和 c,277a,并对勘 280b)了对治邦者的探究,每到这时,异乡人却揭示:小苏格拉底满腔热情的推定,足以掩盖尚需探索的目标。在此,柏拉图的用意何在?还有,异乡人预见到,因为划分方法要求艰苦的区分训练,以致小苏格拉底这个随和的少年"以后多次"(pollakis husteron,283b7—8)[1]会遭受到性急带来的"病痛",柏拉图为什么要这样描写异乡人?四、最后,在异乡人与小苏格拉底的整个探究过程中,老苏格拉底自愿保持沉默,——至少,直到对话尾声,他才发出一句"明晰而权威"[2](但也非常精当适度)[3]的赞许[4],这么安排的意义何在?

我要强调的是,我列出的(4)中的问题,不仅是由于我对《治邦

---

[1] Rowe 1995b 没有清楚翻译 pollakis("多次"),他也没为此段加注;他是否把条件小品词 ara 之后的 pollakis,理解成了副词"或许",因此想要用英语的条件句大略表达此句,即"倘若会发生"(重点为笔者所加)? Ostwald 1992,在他修订 Skemp 1952 的译本时,好像这样处理该词,"正如确实可能"。对于该词的释义,见牛津希腊语字典(LSJ)III。在 Annas 1995 中,Waterfield 将 pollakis 译成了单数"将来某时"(重点为笔者所加)。但我认为,由异乡人在本段中的最后一句,peri pantōn tōn toioutōn("所有这类情况中"),我们就可推断,此处 pollakis 就是常用的"多次"的意思;因此,我采用 Skemp 1952("屡次"),Fowler 1975("经常"),以及 Schleiermacher 1964("多次")。

[2] Rowe 1995b,311c7—8 的注释。

[3] 见本书,页 112—113。

[4] 关于最后这组《治邦者》戏剧意图的问题,我还想补充,五、谈话轨迹展现的四部分结构(如我在引言中主张的,见页 xxxi-xxxii,以及拙著 1986 和 1999a)是对话形式的普遍组织原则吗?但是,因为这种主张要求有人比照研究所有的柏拉图对话,所以,在此我仅将之作为旁注。

者》中的柏拉图笔法真正感兴趣,而且更重要的是,(4)中的问题有助于我们理解(1)、(2)、(3)中的问题,由此,也有助于我们理解对话中的哲学要旨和作用。无可[xvi]争议的是:通过在每篇对话中构想的戏剧场景和戏剧情节,柏拉图提供了探索和论辩的背景,正是在这样的背景下,柏拉图笔下的戏剧人物的言辞,才表露出他们的首要意图和特定意义。因此,如果以下观点正确,即在《治邦者》中,柏拉图既没有放弃对话体,亦非不能"完成"对话体,而是他调整了戏剧情节,以便揭示并针对交流中出现的一种新困难,那么,我们疏解对话的起点就必须是理解戏剧特性。促成本书的主张深微复杂,其大意是:密切留意异乡人的言辞,将之看作是一种双重回应,即一方面应老苏格拉底之邀,另一方面,回应由小苏格拉底的需要及其局限所引发的问题,由此,我们就可能最好地理解异乡人的方法储备,特别是,异乡人如何处理划分牧者和编织者范例的问题;相应地,理解了以上这些,我们就可能最好地理解,柏拉图用这些内容构造这部戏剧时,他本来的意图是什么。如此一来,我们就可以倾听并回应《治邦者》——这幕与我们间接交流的复杂戏剧。

* * *

接下来,我要介绍本书中新附加的文章《〈治邦者〉中的辩证教育与未成文教诲》。

通过展现《治邦者》对话本身作为"中道"的多重意义,《〈治邦者〉中的哲人》一书由此作结。① 通过构想出一个对话人"小苏格拉底",让他像阿卡德米学园的年轻学子们那样表现,还像多数人那样,倾向于对法治(the rule of law)的局限理解(见293e,296a),

---

① 见《尾声:作为中道的〈治邦者〉》,页114—118。

柏拉图使自己的言辞同时面对两个层次的读者。《〈治邦者〉中的辩证教育与未成文教诲》一文,致力于探究柏拉图如何应对阿卡德米学园中的读者。① 通过戏剧性的揭示小苏格拉底的局限,《治邦者》既向学园中人展现不加鉴别就顺从意见的危险,以此激发他们,同时又——向那些意识到自身修习困境,由此对哲学训练(education,或译教育)的长期辛劳和困难有所警觉的人——展示了如何继续进取的路向。

让序言中的评述透露过多正文内容尽管冒险,我还是要指出,在《〈治邦者〉中的哲人》中,我认为,在《治邦者》287b以下,异乡人转向非二分法式的划分有着极为深远的意义,我把这看作是异乡人暗示的哲学教育中阶段目标(goal-phase)的"典范"(modeling)。由二分规则的训练,个人未经检审的意见最终得到遏制,正是这时,这个人就能够使"事物自身"的样式结构(eidetic structure)凌驾于那些规则之上,以呈现结构本身,即所谓依照事物本身。这可能就是《书简七》中早就提到的探索期,

> ……练习了对名称、言语(logoi)、视觉和其他感觉的细致对比之后,通过不带妒意的问答,[xvii]在友好的辩难中进行检审,最后,对万事的智慧(phronēsis)会在瞬间闪耀,而心智(nous)充满灵光,因其已发挥得淋漓尽致,达到人力之极限(344b-c)。②

在此阶段,当一个人借助方法一路行进,直到言不尽意,就会

---

① 对此,见 Robb 1994 的重要论证,他提到,《法义》811d-e。
② Post 的译文,收于 Hamilton 和 Cairns 1961,笔者略有修改,页 80 的引文亦然。亦参 341c-d,在那里,通过描述洞见如何"从一开始孕育自身"(auto heauto ēdē trephei)到迸发,《书简七》的作者暗示,心智得到的启迪并非转瞬即逝,而是标明智慧进入新的阶段。

抛却方法；虽然这些方法意义深刻，但也不过具有次要的技术用处，一个人通过这些方法，对于探询对象的"什么"（to ti）和"存在"（to on）之规则（order）（《书简七》，343b-c），可以变得积极接受其"人力之极限"，因此，也正是这种秩序引导着"智慧"和"心智"。我在《〈治邦者〉中的哲人》中主张，正是要为这种转变提供范例，异乡人才放弃了二分，① 而代之以区分十五种共同"照料"城邦的技艺；由这十五种技艺组成的系列，可以探索出"照料"本身的样式结构，而正是"照料"本身的样式结构界定了好城邦和治邦之道。

然而，在《〈治邦者〉中的哲人》中，我还没有观察到，这种样式结构还属于更深的规则，并且显示了这种规则。我确实标明了异乡人在抛弃二分之后一系列的解决方法，老苏格拉底在《斐勒布》16d 中称之为"若可以有二，则为二，否则就是三或其他数目（的样式）"。② 在参与"照料城邦并为之尽责"的治邦之材的各种技艺中，异乡人从最低程度分享治邦之材的技艺，逐步移动到最高程度分享治邦之材的技艺，我也发现了他如何追踪其中的"连续性"。③ 但是，自从发现这些以后，我发现了一个更为全面的结构之特殊性质。在《〈治邦者〉中的辩证教育与未成文学说》中，我展示了这些发现，因此，我把这篇文章加入本书中，实际上是对《〈治邦者〉中的哲人》一书的扩展。在这里，我不会重申此文的论证。只要这么说就够了，异乡人提到的十五种技艺系列，可以与另两段相配——一段是《帕墨尼德》，其中记述到，对可感物

---

① 异乡人对此缄默不语——而更有趣的是柏拉图的沉默，见页 81—82。
② Hackforth 的译文，收于 Hamiltion 和 Cairns 1961，笔者略有修改，页 75 的引文亦然。《斐勒布》16d4 处阴性的"三"（treis），因前面 d3 处的"一"（mian），而与 d1 的 mian idean，即"单个样式"相关，由此可以确定，此处的方法所要探索的是样式中的"数"。
③ 见页 77, 79, 104。

说来,分有(participation)是其根本,另一段来自《斐勒布》,其中阐明了"神赐"的辩证法,其以样式结构为前提——联系这些段落读《治邦者》中的上述情节就会发现,这段情节非常明确地展示了"未成文教诲",即在《形而上学》卷一第六章中,亚里士多德归于柏拉图的"未成文教诲"。

倘若确实如此,那么,至少有三条解释柏拉图的线索得到了肯定和鼓励。第一,《〈治邦者〉的哲人》中提出的解读《治邦者》,得到了无以复加的支持。柏拉图与阿卡德米学园中人进行间接交流,让他们警醒,其核心内容是,在探究目标的顶点时揭示样式结构,由此,引导性地展现了样式结构,还有什么比展现由一与未定之二(the One and the Unlimited Dyad)构成的秩序之范例更恰当的?第二,对于探究"未成文教诲",①异乡人的十五项技艺系列令人惊讶再三。这段内容不仅为我们提供了未成文教诲的具体范例;它也为我们提供了柏拉图作品的范例②——这不仅体现在《治邦者》中,因为这段内容和另两部对话的联系,所以也体现在《帕墨尼德》③和《斐勒布》中。更重要的是,这三段内容中的细节和特性,以及它们恰切的一致性,[xviii]有助于我们看清,亚里士多德记述中的不可思议的简略,并解释"教诲"的关键内容。④ 最后,就如《治邦者》中的段落与《帕墨尼德》和《斐勒布》中的段落相关,它们又大体表明了其与《形而上学》卷一第六章的联系,因此,这四篇文本又进一步表明了与其他文本段落的联系,特别是在《斐勒布》中,

---

① 我要感谢 Szlezák 1983,该文极大地鼓励我研究《治邦者》中的"未成文教诲"。
② 亚里士多德在《自然学》中说到 ta legomena agrapha dogmata,"所谓的未成文教诲",这段内容是否也有助于我们理解亚氏上句话中限定词 legomena("所谓")的意义?无论如何,这实际上暗示,这些未成文教诲就出现在柏拉图作品中,见 Sayre 1983,我认为此文根本扭转了"未成文教诲"的研究状况,也见拙著 1995b,第三部分。
③ 见拙文 1995a。
④ 见页 148—154,以及拙文 1995a。

苏格拉底讲述的"无形秩序和谐统治着灵魂和身体",①在《蒂迈欧》中,蒂迈欧讲述的构成元素和动物本质的样式结构,②以及在《王制》中,苏格拉底突出提及的"更长的路",这四篇文本可能为所有这些思考提供统一的预见。③ 在本书提供的解读基础上,《治邦者》指引我们进入柏拉图作品组成的群岛,这片群岛的全貌以及岛屿之间的相互关联,还有待进一步的勘察。

米　勒
2004 年 5 月 22 日

---

① 64b。见拙文《更"真切地领悟"灵魂?〈王制〉卷四的灵魂三分与〈斐勒布〉中的辩证术》(*A More "Exact Grasp" of the Soul? Tripartion in Republic IV and Dialectic in the Philebus*),即出。
② 见拙文,2003。
③ 435c-d,504a-e,相关讨论参拙文,前揭,即出。

引言:解释问题

[xxiii]当代有关柏拉图的论著,大多都老生常谈地评论说,柏拉图既是深刻的哲人,同时又是伟大的戏剧家和教师。然而,这种评论方式恐怕并没能揭示柏拉图本人,而是更多地暴露出当代学术和高等教育的状况。在如今的学科术语中,哲学、文学和教育学已被分割成几个截然不同的领域。那么对于我们研究柏拉图来说,通常的结果就是:孤立地研究柏拉图对话中原本相互关联的各个方面——大致是对话内容、形式以及交谈的作用;由此,这种研究即便没有完全掩盖,也严重削弱了对话各方面的意义。对话"内容"被解释为陈述一种学说,其中并没有微言大义,至于戏剧背景中暗示的深层含义,也只被说成具有陈述学说的功能;对话"形式"被简化成文体,场景设计以及人物描写,尽管这些因素使得对话活泼生动,但被认为没有内在地影响学说的内容;在我们把柏拉图视作教育者的专门研究中,①人们倾向于全然无视对话本身的教育

---

① 其中这类研究中最有趣的是 P. Rabbow,《教化,苏格拉底对西方教育学的奠基》(*Paidagogia, Die Grundlegung der Abendländischen Erziehungskunst in der Sokratik*, Göttingen, 1960)。Rabbow 分析了苏格拉底和(早期)柏拉图在教育法中的唯理智论,他认为,正是极端激进的唯理智论,导致了在晚期柏拉图和业里士多德那里,不得不克服唯理智论,并在教育中承认"非理性"的自主地位(转下页注)

"功能",而代之以《王制》、《美诺》等对话中表述的教育论。总之,即便我们了解并提醒自己注意这些对话因素的整体,我们的现代学术倾向也会使我们极难把握住对话整体,因为现代学术始于割裂这种整体。结果,我们仍与对话整体失之交臂。

有些柏拉图对话要比其他柏拉图对话更能抵制现代学术倾向。特别是,有人对有些中期对话予以哲学解释,这么做的人难以忽视对话中丰富的戏剧特性(我们会想到《普罗塔戈拉》、《会饮》和《高尔吉亚》),也不能不理作为对话焦点的教育主题(我们会想到《美诺》和《斐德若》)。然而,恰恰因为中期对话的形式和功能引人注目,却适得其反,导致解释者在强调对话形式和功能的同时,竟排斥了对话内容。解释者尤其倾向于如此对待许多早期对话。由于早期对话人物形象鲜活,戏剧情节生动,讨论突出辩难,所以很容易让人只把它们读成戏剧,或只将它们看成苏格拉底否定教育法中的一种锻炼,以至于忽视了对话的哲学本质。①而晚期对话面临的这类难题就更为复杂,也更为巨大。大多数解释者都同意,在写作《泰阿泰德》期间,柏拉图在文艺和哲学生涯中经历了一次转向。柏拉图好像失去了书写戏剧对话的兴趣,较之以前,此时的柏拉图向我们传达更为确切的学说。这并不是说,评论家们没有注意到柏拉图晚期作品的艺术性,但至少大多评论家的确忽略了这一点(事实上,有些人公然批评《智术师》和

(接上页注)和作用。Rabbow 在对话中的明确学说和戏剧情节中,揭示出权威,谈话气氛,情感参与和习性等"非理性因素",由此可见,他对柏拉图意旨的认识很敏锐;然而,他的研究更明显表现出一个问题,Rabbow 没有在解释对话中的明确学说时,阐明戏剧与学说的相互作用。

① 这种典型叙述,见 D. Grene,《希腊政治理论》(*Greek Political Theory*,Chicago,1965),第 115—116 页;J. E. Raven,《柏拉图的制作思想》(Plato's Thought in the Making,Cambridge,1965),第 135—137 页。G. Ryle 在其所著的《柏拉图的进程》(*Plato's Progress*,Cambridge,1966)第四章中,对这种解读方式的评论耐人寻味。针对早期对话的哲学内容较低所作的典型批评,见 W. Jaeger,《教化》(*Paideia*,New York,1963),vol. 2,第 88 页以下。

《治邦者》是拙劣的艺术①。基于柏拉图晚期对话的复杂精深,以及对话风格的庄重肃穆,一位精湛的柏拉图修辞分析者——迪斯拉夫(Holger Thesleff),指出了这些晚期对话形式上的发展,他称之为"面具"(onkos)。② 然而,分析柏拉图修辞的学者们面临一个难题,即他们的研究往往[xxiv]与对话主旨无关。相反,哲学解释者认为,他们可以毫无顾忌地研究晚期对话中大量的逻辑、本体论、宇宙论问题和政治学说,而不必管文学风格和形式问题。③ 此外,由于我们同样严格区分哲学和文化史学科,以至于人们总是轻易处理大量的学说,却忽视对话明显针对的具体历史中的读者。结果,对待晚期对话的普遍趋势恰与支配解读早期对话的因素相反:我们倾向于忽视晚期对话中的戏剧和教育法,而专门集中于哲学主题。

无论解读一般的对话,还是具体解读晚期对话,我们都会碰到一个难题,即我们总爱按自己的倾向去自圆其说。我们能肯定晚期柏拉图表面上对戏剧失去兴趣,实质上不是恰恰相反,乃是我们自身无法把捉戏剧和本质,形式和内容之整体的反映? 我们既然不具慧眼,当然就无法有所发现。可以说,本书的基本目的在于激发这种把捉整体的慧眼。我认为,要达成目的的最佳方式,是选择一篇晚期对话,并依据形式、内容和交谈作用的整体来解读它。当然,在解读一篇对话时,我们会牺牲一些普遍性;我认为,有一种适

---

① Ryle 前引书,把《治邦者》描述为"令人疲倦的对话"(第285页),而且把286a—287a 解释成和《智术师》一起收到"反驳"后,在第一版之后插入的第二版(第286页)。Ryle 评断说,"柏拉图的外在谋篇,已显出江郎才尽"(第26页)。Grene 前引书,第181 页评论说,《智术师》和《治邦者》"在柏拉图作品中最为枯燥乏味。他们在结构和风格上也用力不均,如此机巧的艺术家出现这种状况,明显意味着哪出问题了"。

② H. Thesleff,"柏拉图风格研究"("Studies in the Styles of Plato"), *Acta Filosofica Finnica*, fasc. 20(Helsinki, 1967)。

③ J. Stenzel 在其开创性研究,"柏拉图对话的文学形式和哲学内容"("The Literary Form and Philosophical Content of the Platonic Dialogue", published in *Plato's Method of Dialectic*, Oxford, 1940)中,反对这种做法。但是,见本书 xxvi 页原注17(中译本第9页注①)。

宜于解读所有对话的方法，我的疏解只是为这种方法提供例证。另一方面，通过疏解一篇对话，我们可以得到具体的教益，这些教益都极为宝贵。吊诡的是，一旦我们真正发现自己原有的倾向，我们就会努力超越这些倾向。同样，倘若没有发现其他选择，我们就很难认识到自己的片面——或我之前提到的自圆其说的偏执。单靠计划和辩论术都无济于事。①

＊　＊　＊

我质疑的一般认为算是有关晚期柏拉图的权威观点，需要更多凝思，这有益于推行我建议的解释方案。这可以为我们提供必要的语境，先破后立，以便阐述与之截然不同的观点，以此作为疏解《治邦者》的探索方法之基础。

一、"权威观点"的困难

泰勒（A. E. Taylor）非常有力地阐明过我称之为晚期对话的

---

① 英美学界主流的最典型特征在于，趋于忽视形式、内容和作用的相互作用，已有相关文献指明这一点，见 H. Gundert，《对话与辩证，论柏拉图对话的结构》(*Dialog und Dialektik, Zur Struktur des platonischen Dialogs*)，Amsterdam, 1971, 第 1—2 页，以及 S. Rosen，《柏拉图的会饮》(*Plato's Symposium*)，New Haven, 1968, 第 xi 页以下。在德语学界，专门解读形式与内容统一的研究，最著名的是 F. Schleiermacher，《柏拉图对话导引》(*Introductions to the Dialogues of plato*)，Cambridge, 1836; Stenzel, 前引书; H.-G. Gadamer，《柏拉图辩证伦理学》(*Platos dialektische Ethik*)，Hamburg, 1968, 尤见第一章; 以及 Gundert, 前引书, 不过, 最彻底而详尽地展现这种统一性的, 是 P. Friedländer，《柏拉图》(*Plato*)，三卷本，New York, 1958, 1964, 1969。在法语学界，有两个主要研究: R. Schaerer，《柏拉图问题》(*La Question Platonicienne*)，Memoires de l'Universite de Neuchatel, 1938。以及 V. Goldschmidt，《柏拉图对话》(*Les Dialogues de Platon*)，Paris, 1947。英语学界的典范研究是 J. Klein，《柏拉图〈美诺〉疏证》(*A Commentary on Plato's Meno*)，Chapel Hill, 1965; Rosen, 前引书; D. Hyland，"柏拉图为何写对话"("Why Plato Wrote Dialogues")，*Philosophy and Rhetoric* 1 (1968)，第 38—50 页。

"权威观点"。① 泰勒甄别出晚期对话区别于早期和中期对话的四个基本特征：

> (1)戏剧因素虽未完全丧失，但也被削减到了最低限度；(2)苏格拉底……成了配角……；(3)主要讲话人在各方面教导非常确定的学说……；(4)不同于以往其他对话的是，柏拉图对话愈来愈倾向使用一种固定风格……[xxv]我们可以从中发现，他的对话更像是一篇正规论文或文章。②

泰勒总结的这几点都暗示，即便柏拉图保留了对话形式的外在特征，对话形式却已不适合作为柏拉图的表达工具了。此时的柏拉图有志于更为直接地提出确定的学说(3)，并以"论文"形式阐明学说(4)，那么对于柏拉图如今的目的来说，苏格拉底辩难(2)的戏剧(1)即便不是障碍，也已变得多余。③

泰勒以上观点的问题何在？总的说来，泰勒的观点失之武断，因此有回避实质问题的危险。(1)例如，在谈到"戏剧因素"时，切忌混淆戏剧因素类型与戏剧因素本身。恰如在《治邦者》中，我们

---

① 我们引述 Taylor，只因为他的这种有力阐述；他指出的几点有广泛而持久的影响。另一个典型陈述，见 E. Bréhier，《哲学史，希腊时期》(*The History of Philosophy, the Hellenic Age*)，Chicago，1963，第 92 页，96 页；Jaeger，前引书，第 26—27 页，75 页；R. Robinson，《柏拉图早期辩证法》(*Plato's Earlier Dialectic*)，Oxford，1953，第 84 页。
② A. E. Taylor，《柏拉图〈蒂迈欧〉疏证》(*Commentary on Plato's Timaeus*)，Oxford，1928，第 4 页。在他的《柏拉图，其人其书》(*Plato, the Man and his Work*，Cleveland，1956)第 371 页，Taylor 特意提到《智术师》和《治邦者》，并给出相同的判断。亦参他译注的《柏拉图的〈智术师〉与〈治邦者〉》，London，1961，第 5—6 页。
③ Jaeger，前引书，第 27 页：

> 样式论的最终成果是分类法与抽象法，这是柏拉图晚期作品中狭义的辩证。这些方法已经彻底改变了由苏格拉底式盘问发起的辩难对话的形式。这些方法使对话没有了心理学意义，差不多使对话变成了论文。

会发现,在谈话人之间确实少有明显的冲突,而这种冲突本是困惑性(aporetic)对话和智术师类对话的戏剧标志。但除非我们将明显的对抗冲突当作戏剧因素本身,否则泰勒的观点无法向我们表明,是否戏剧因素有所削减,或是否柏拉图采用了新的写作形式。① 特别是,我们必须要问,对话过程中气氛平和,是表明缺少冲突还是暗藏冲突。倘若是缺少冲突,那么戏剧因素或许被削减了;但如果是暗藏冲突,那么戏剧因素只是变得更为微妙了。(2)文本含义中类似的模棱两可,也影响到泰勒"苏格拉底成了配角"的判断。当我们再次关注《治邦者》文本就会发现,只有明确详尽的情节会向我们揭示为何苏格拉底陷入沉默。因此我们必须要问,苏格拉底的沉默是否有重要的戏剧含义。苏格拉底的沉默是因为他成了配角,还是因为他扮演了一个新角色,并且是与以往不同类型的主角?② 早期对话和中期对话(倘若我们认为《斐多》属于柏拉图中期作品的话)都证明,角色的沉默能够发挥重要的戏剧意义。在《斐多》84c 处,当希米阿斯(Simmias)和克贝斯(Cebes)心怀疑虑并窃窃私语时,苏格拉底陷入了沉默。这表明苏格拉底

---

① Gundert,前引书,第 92 页指出:苏格拉底离场,就缺少了"模拟剧的力量",Gundert 由此认为,戏剧因素转变了:抵抗因素从"个人"转向了"主题",重点从"净化意见"到"洞察问题"。因此,Gundert 看到这是新近强调"逻各斯本身的内在戏剧"("die immanente Dramatik des Logos selbst")。R. Weingartner,《柏拉图对话的统一性》(*The Unity of the Platonic Dialogue*),Indianapolis,1973,第 12 页,反对"把戏剧等同于展现背景、舞台编导、人物塑造以及语言妙趣横生等——这是一个严重的错误……柏拉图对话的戏剧可以完全浓缩在论证中……每一个论证都有详细陈述的结论;但总结起来,这些因素的意义不止于此",Weingartner 表达的最后观念无可非议,我们会在这个意义上探索《治邦者》中的"戏剧"。不过,我心里想的不是这种戏剧因素的转变。对晚期对话而言,"戏剧"的这种"逻各斯"意义肯定并不新奇;这正是论证的辩证互动。我反而认为,在"戏剧"的模仿意义或"戏剧"意义上有所转变,这种转变一直是后期对话的特点,尤其是《治邦者》。其范例参见 Klein 前引书,第 27—31 页。
② 在论及《智术师》和《治邦者》时,Friedländer 认为是后者,参前引书,卷一,第 152—153 页,卷三,第 243 页等处。在《柏拉图的〈智术师〉与〈治邦者〉》(前揭)一书第 5—6 页,泰勒以雄辩打发掉了 Friedländer 的观点。

与年轻对谈者之间的差别,前者完全致力于哲学,而后者仍对投身哲学充满疑惑,举棋不定。苏格拉底专注于灵魂不朽的逻各斯中,而对灵魂是否能单独实存,希米阿斯和克贝斯则显露出唯物论式的怀疑,因此他们共同反对灵魂不朽的逻各斯。① 在《希琵阿斯后篇》开场,苏格拉底的沉默具有另一种意义。当时,希琵阿斯刚刚结束演讲,激动的听众为这场"华丽的表演"欢呼雀跃(363a 以下),苏格拉底则静默地坐在一旁,无动于衷。这既标志着苏格拉底反对希琵阿斯的智术,也标志着苏格拉底的辩证哲学与希琵阿斯的智术大相径庭。此外,苏格拉底的沉默引起众人注意,继而,众人对他的沉默感到疑惑,于是众人将注意力从希琵阿斯那转向了苏格拉底。② 就我们对晚期对话的意见说来,这些文本段落中普遍具有的隐含意义提醒我们注意被泰勒忽视的问题和目标。在判断谁是"配角"之前,我们必须先探索(就本书来说)在《治邦者》的戏剧背景中苏格拉底沉默的意义。

(4)与(3)类似,倘若我们假定,在《治邦者》中,异乡人"非常确定的"教诲和说理风格③ 标志着柏拉图放弃了早期对话中否定和

---

① 在《高尔吉亚》(Gorgias)中,我们看到的貌似与此相反,其中先是高尔吉亚,然后是珀洛斯(Polus),最后是卡利克勒斯(Callicles),他们全都陷入了沉默,只剩下苏格拉底和自己讲话。尤其是卡利克勒斯,他以沉默表达对苏格拉底论证风格的不满。见 505c 以下,也见 481b 以下。
② 亦可参《会饮》,在这篇对话中,苏格拉底故意迟到,因此引得阿伽通(Agathon)盼着他到来。见 174e 以下——更一般而言,沉默是言辞的一部分或一种言说形式,参《斐德若》(Phaedrus)276a。
③ Taylor 解释说,通过参照伊索克拉底(Isocrates),他把"正规论文"与"时期风格"联系起来。在我们所引用时省略的 xxii 以下的句子中,Taylor 写道,晚期对话的时期风格,柏拉图"试图使风格适用于伊索克拉底发明的主题小册子,以维持哲学和科学阐释……普遍效果是,我们不再有《高尔吉亚》、《斐多》、《王制》中典型近乎礼貌的交谈氛围;我们得到的更像一个正式论文或文章"。伊索克拉底本人的风格是一个特定主题,可参见 Albin Lesky,《希腊文学史》(Geschichte der Griechischen Literatur),Bern,1963,尤其是第 637 页。对我们的讨论而言,时期风格的重要之处在于:(1)"发现"时期风格的特征是,尤其用主从句代替并列句法。(转下页注)

迂回的特征,那么我们仍属于妄下结论。首先,明显的事实是,柏拉图本人在对话中仍然隐而未彰。我们不能直接将柏拉图等同于(我们要解读的《治邦者》中的)爱利亚异乡人。从异乡人说理确切这一事实,我们无法推测柏拉图也是如此;如果柏拉图真是如此,那也必须得到证明。其次,以上这些思考表明[xxvi],我们必须解释异乡人的确切说理本身。我们甚至不能认定异乡人是在直截了当地说理,我们也不该事先就排斥他的肯定教诲,只需将这些肯定教诲融入对话的戏剧背景,我们就会发现,这些肯定教诲中具有更深层次的否定作用。当我们回想肯定教诲中蕴含的双重戏剧关系时,那么就更易看出其深层的否定作用。首先,这明显对应于苏格拉底的否定特征。① 由于苏格拉底静静地站在一旁,因此异乡人的说理方式就变得惹人注目,甚至令人惊奇。我们不禁要问,为何异乡人偏偏要当着苏格拉底的面,如此惊人地背离苏格拉底确立的风格(如《智术师》217d-e 暗示的,柏拉图预料到我们会对此感到惊奇,并有意使我们惊奇)。② 第二,异乡人的确切教诲需要一位"温顺的"(《智术师》217d)搭档。这也需要我们停下来想想。这种"温顺"是优点还是缺点,是聪慧的标志还是(某种意义上)缺

(接上页注)基本"时期"表达一个完整思想,或者,在这个意义上形成循环:"……在这个时期开始出现的思想因素本身不完整,而需要综合(如条件从句"如果……,那么……"的条件结构),而到最后才首次整合为一个整体思想",Heinrich Lausberg,《文学修辞手册》(*Handbuch der Literarischen Rhetorik*, München, 1960,第 458—469 页)。(2)时期风格本质上表达了完整的思想,用 Taylor 的话说,这适用于"维持哲学和科学阐述的目的"。(3)此外,获取这种完整性,是通过"句子结构"的从句和其中的统一性,时期风格与对话显得不和谐,对话要获得完整性,就要由话语冲突、交流完成。这显然是因为这样,Taylor 才把时期风格的运用与"正式论文或文章"联系起来,并由此反对《治邦者》有"近乎……对话的语气",那是早期对话"更戏剧性的"对话形式。虽然 Taylor 的观点更适用于《蒂迈欧》而非《治邦者》,不过的确,异乡人的很多话都带有时期风格。异乡人确实带着解释说明的语气。但问题仍然那存在:这削弱了对话戏剧,还是在戏剧框架的内部发挥作用?

① Taylor 用的词汇正是"肯定性",这似乎隐含着这种对照。
② Stenzel,前引书,第 77 页指明了这一点。

乏求知欲的表现？因为异乡人在引导这位"温顺的"搭档时，也是在依照这位搭档的能力相应地予以引导，所以，我们如何回答这个问题，对我们如何解读这篇对话来说影响重大。如果"温顺"是优点，那么异乡人的确切教诲意味着他不必承担教育责任；倘若如此，我们可以认定，异乡人是在直接传达他的思想。但如果"温顺"是缺点，那么想必异乡人的确切学说本身就是一种教育方式；既然如此，那么异乡人就会以迂回曲折的方式展现他的想法，当然，其中隐藏着否定性的想法，因此可以说，需要对异乡人的言辞进行双重解读，我们才能清楚其中显明的否定因素和辩难式教诲。

以上这些对"权威观点"的反驳，我基于一种根本的谨慎：在我们假定柏拉图为我们提供的对话"更像是一篇正规论文或文章"之前，我们必须考虑另一种可能性，即柏拉图可能为我们提供了一种对话的新形式。① 即使我们认定了对话中有一种貌似肯定的说理，我们必须问问，这种说理是脱离于对话形式的可能性，还是隶属于对话形式的可能性（继而在对话形式中发挥出特殊的戏剧作用）。

二、另一种探索性的解释论题

如果"权威观点"的核心论题是，柏拉图的后期作品更像正规论文而非对话，那么我们的反对论题是（基于研究晚期作品中我们研究的那篇对话），《治邦者》本质上是一篇对话。而要确定这一论题，我们需要就对话的本质做出一些确切的说明。为了后面对文

---

① Stenzel，前引书，标题为"对话新形式与新方法"，第75—85页，他似乎认为，柏拉图在晚期为我们呈现了这种"新形式"。但事实上，他只是重复了 Jaeger 的话，参前注9（中译本第5页注③）。因为柏拉图集中展现划分的"新方法"，"……对话只是外在形式——它只是看起来比持续的言辞更方便……"（第77页）！因此，Stenzel 真的以为，根据"权威观点"，柏拉图必定抛弃了对话形式。

本的细致疏解,我们需要以这些说明为引导,同时在目前的背景中,我会初步表明,我们的方法与"权威观点"的一些重要差别。

(一) 对话的本质

同他描写的苏格拉底和(我们稍后会讨论的)爱利亚异乡人一样,柏拉图既是哲人,也是老师。在所有对话中,即便是最深奥难解的对话,①柏拉图都描绘了非哲人与哲人的相遇;同样,对话本身都向非哲学公众展现了哲学(展现程度取决于具体对话)。在对话中,并借助对话,[xxvii]柏拉图结合了哲学对真理的热望,还劝服他人分享这种热望,继而从事哲学的教育渴望。根据洞穴比喻,非哲人需要"上升",变得爱智,由此正确地面向真实,发现所有存在和人类经验的真实。但只有哲人,而不是非哲人才最清楚自己需要"上升";柏拉图对话中从多方面表述过总是有些神秘的知识,②即灵魂、共同体和宇宙作为根本整体的知识,基于这种知识,柏拉图认识到非哲人本身处于一种混乱失调的状态,因此,柏拉图为调解(mediate)非哲人的混乱状态而"下降"。然而,柏拉图的调解也使得哲学本身变得有些明白易懂,并且引人注目。用洞穴喻中的词汇来说,柏拉图对话是柏拉图本人的下降,为的是使其他人与他一同上升。

不用说,在着手教育工作时,柏拉图面临着严重的交流问题。首先,重要的是,每个人必须自我提升。柏拉图本人(借《王制》中的苏格拉底之口)提出了这一经典的构想:教育并非"把本来不在灵魂中的知识灌输给灵魂",而是"(使灵魂)转向",以便让灵魂锻炼自身

---

① 《帕墨尼德》(*Parmenides*)给我们展现了所有角色中最爱智的非哲学交谈者——青年时代的苏格拉底。
② 这种知识隐藏在很多段落中。尤其考虑在《申辩》(*Apology*)中,苏格拉底讲到他的德尔菲任务,他暗指的是《高尔吉亚》中"天和地、人与神的友爱之情"(508a),以及《王制》第七卷中的洞穴比喻。

对知识的内在"能力"(《王制》518c,d)。而且,不仅知识要靠内在激发,最初的"转向"本身也得如此。柏拉图清楚,尽管他激励人上升,但只有当他的读者——或听众①——本人认识到自己需要上升,这个人才能真正开始上升。其次,在上升的最初前景中,却存在着真正的挑战因素或者威胁因素。② 我要承认自身的严重匮乏,才会认识到我自己需要冒险攀登。因此,尽管柏拉图邀请我们上升,他的邀请却首先会让人觉得:这是对我身份和安全的侵害,或者——倘若我不把这当回事,我也会觉得——这是对我的地位或以往成就的侮辱。并且,正如很多对话中的戏剧互动表明,邀请我们上升的哲人首先会以一种有害的或粗暴的面目出现,至少他看起来格格不入。第三,即便哲人通过建立互信以避免直接被人拒斥,哲人仍然处于被人严重误解的危险之中。式样(the eidetic)隐藏于非哲人的意识之外,这种状况不会因哲人营造的善意氛围而得到克服。的确,恰恰就非哲人来说,他已经克服了人身威胁的感觉,但是,非哲人却误把他对哲人的善意当成了真正可以理解哲人,于是,与那些对哲人明显怀有敌意的人相比,非哲人给哲人造成了更为复杂而微妙的交流难题。对哲人之敌来说,很清楚的是他与哲人之间有根本分歧。而对于心怀善意的非哲人来说,他与哲人之间的分歧被掩盖起来,哲人则必须找到一种方式揭示二者的分歧,同时又不破坏二者之间已经取得的信任与友谊。最终,即使起先的三个困难——缺乏需要哲学的认识,个人敌意,以及误以为理解哲人——可以得到克服,仍很难说一个人可以取得对哲学的真正理解。柏拉图并不认为,每个人都同样有能力完成整个哲学之旅。相反,只有一些被视作具有彻底的哲学洞见的人才能走完全程,而其他人只能上升到较

---

① 我接受这种观点:成文对话是在小团体中高声朗读或背诵的。
② Rabbow,前引书,第231—232页,从多种对话的段落中总结出一个有趣的清单,指涉的是学习者"在朝向式样上升时"的痛苦经验。

低的阶段,灵魂达到相对受限的状况,用《王制》中的话说,这些人的灵魂状况适合做"护卫者"或"匠人"。然而,[xxviii]作为一种公开发表的写作形式,对话充分地呈现在公众面前。① 既然如此,那么柏拉图不仅要运用奥德修斯(Odysseus)"对首领说一套,对士兵们说另一套"的讲话才智,②而且更难的是,柏拉图必须以同一套言辞面向两种人呈现两种含义。柏拉图面对的任务是,同时在几个不同层面上使人达成理解并取得教育效果。

对话在本质特性和形式上预示并回应了这些困难。对话本来就是模仿。由此,我们并不是要主张一种常见却很成问题的观点:对话,特别是早期对话,是对历史上苏格拉底生活中所遭遇的真实事件的可靠记录。戏剧人物"苏格拉底"是柏拉图为阐明历史人物"苏格拉底"而有意塑造的理想化形象,这恐怕不言而喻。更明显的是,《治邦者》中的爱利亚异乡人是柏拉图塑造的人物。同样,柏拉图笔下与主角交谈的各种各样的人,也不该被视为苏格拉底或柏拉图的同时代人在实际历史中的准确形象。毋宁说,无论是如普罗塔戈拉、高尔吉亚或安虞图斯(Anytus)等知名人物,还是像《治邦者》中的小苏格拉底这样鲜为人知的人物,柏拉图笔下的这些交谈者是当时各方面文化的阐释性描绘。用佩雷尔曼(Chaim Perelman)的话说,柏拉图描写的这些人物的个性和意见,展现了"什么被认为……有价值,若无相反证明,什么应该得到认可;……依据自身情况(他们)表达自认为'有理'的意见"。③ 因此,对话模仿哲学与流行意见之间的碰撞,或把这种冲突搬上舞台,从这个意义上说,对话是模仿性的。有时,对话诙谐地展现流行意见中最肤

---

① Ryle,前引书,第 22 页指出,"我们知道雅典人普遍识字……"。
② Rosen,前引书,第 xxix 页,提到《伊利亚特》,II 188—206。
③ C. Perelman,"辩证法与对话角色的作用"("La Méthode dialectique et la rôle de l'interlocuteur dans le dialogue"),*Revue de métaphysique et de morale* 60 (1955),第 30—31 页。

浅、明显最荒唐的方面,例如,在《欧蒂德谟》或《伊翁》中;①在另一些情况下,柏拉图会表现与他本人哲学观念强烈对抗,抑或非常接近的观念,展现他的哲学观念与后两者之间的深刻重要的张力,如《泰阿泰德》中描绘的普罗塔戈拉主义,或《斐多》中描绘年轻交谈者的毕达哥拉斯主义倾向。然而,在两种情形下,无论深浅,对话必然把观众本身的一些因素搬上舞台。在一定程度上,柏拉图所展现的同时代文化准确无误,非哲人在倾听这些对话时,展现出他自己的意见和态度,这些都得到了戏剧性呈现。

这些对话的模仿层面能够使起始步骤朝向哲学。在所有对话中,交谈者显得缺乏哲学。此前我们说过,教育之途必须始于听者自身认识到需要教育,而且,这种认识需要认识到他自己的界限。如果听者能在一篇对话的戏剧交谈者身上认出他自己,他会踏上教育之途的第一步;也就是说,他自己会认识到,他本人缺乏哲学。

可是,我们也会发现,这种自我认识的经验可以是一种威胁,甚至是痛苦的威胁,而一般人性的反应,便恰恰是一出现这种威胁就反抗之。这种反抗的可能样式数不胜数,千差万别,从直接的敌意到不经意的种种回避躲闪,如厌烦或者分心,甚至是直接的认同或顺从,这预先占据了对真正分歧的省察。② 最惊人的是,柏拉图在对话本身中描写了所有这些回应,范围从[xxix]卡利克勒斯(Callicles)和忒拉叙马霍斯(Thrasymachus)的愤愤不平到伊翁和美诺的倦怠麻木,再到斐德若或《法义》中克勒尼阿斯(Cleinias)和

---

① 但这肯定不妨碍肤浅角色——以及公共意见的肤浅方面——有机会反思深刻问题。因此,流俗艺人伊翁(Ion)与苏格拉底的邂逅激发出问题,对话暗中展现了灵感的超凡来源,文化的设立以及诗与哲学之间的关系。例如,见 M. Murray,《现代批判理论》(*Modern Critical Theory*),The Hague,1974,第 13—22 页。
② 关于柏拉图所洞见的心理维度对哲学的挑战,在现代哲人中,基尔克果(Kierkegaard)对此做了绝妙发挥。并非偶然的是,他的第一本书,博士论文《反讽的概念,以苏格拉底为主线》(*The Concept of Irony, with Constant Reference to Socrates*,Bloomington,1971),至今仍饶有趣味。

墨吉罗斯(Megillus)的赞赏恭顺,即刻便拜服倾倒,①甚至《治邦者》中的小苏格拉底也是如此。因此,这给读者更敏锐地认识自己的机会。柏拉图的模仿不仅使读者看到自己缺乏哲学,而且也用戏剧描绘展现读者自己对这种自我认识的可能抵制。

在这些对话的戏剧情节中,柏拉图笔下的主角以同样多的方式,回应了这多种形式的反抗。他们的回应一般可以被领会,可是,要在一个反讽的标题下领会。② 舍雷尔(René Schaerer)在其出色的研究中,已经罗列出这些对话中反讽的基本结构。③ 他尤其集中于苏格拉底,但正如我们后面会看到的,他的分析,如果在设置的语境中得到普遍而恰切的理解,那么也会揭示出爱利亚异乡人的行

---

① 这里提及的《斐德若》和《法义》等处仍有争议,因而无法完全基于这种理由。但可以简短评述几句。关于《斐德若》,苏格拉底好像否认我们对他的交谈者所做的揭示;他夸赞斐德若,说"我猜想,在你有生之年里,没人赋辞比得过你,无论你自己口占的,还是你以这样那样的手段逼人做的……"(242a-b)。但苏格拉底说这话带着反讽。斐德若是吕西阿斯(Lysias)的仰慕者,吕西阿斯以在任何情况为各种理由写赋辞的能力闻名。以苏格拉底的看法,吕西阿斯风格的言辞偏执,是模仿性反讽的绝妙例子,特别是苏格拉底继续揭示神话言辞的情形下,吕西阿斯的言辞显得肤浅、庸俗,恰恰表现出其言辞缺乏苏格拉底后来所说的真正修辞术的根基——对人灵魂的洞见。可是斐德若没听出反讽。他对苏格拉底俯首帖耳,他的这种表现,与吕西阿斯物质富有而精神匮乏的品性别无二致。换言之,斐德若接纳各种言辞,不管有些言辞对与他自己的品性相悖与否,他对此毫不在意。但对于辩证术和自我理解而言,有必要发现并探索矛盾。斐德若没能脱离世俗层面,摆脱华而不实的修辞,进而无法达到带着辩证、哲思的自我意识的修辞术。至于《法义》,主要参看 E. Voegelin,《秩序与历史》(Order and History),vol. 3《柏拉图与亚里士多德》(Plato and Aristotle),Baton Rouge,1957,第六章。许多迹象表明,克勒尼阿斯(Cleinias)和墨吉罗斯(Megillus)缺乏雅典异乡人的哲学深度。无论如何,这二人非常俯首帖耳,看来由此造成的隔阂并非在他二人与雅典异乡人之间,而是使雅典异乡人自己的真知灼见与他如何明智向他们二人表达之间,隔了一层。在 803d—804b 处的交流,最好的暗示了这种隔阂。也要注意,《法义》结尾只是简短提到夜间议事会成员,而在《王制》中,苏格拉底遇到的交谈者分清楚了表面的口服和真正的心服,并坚持后者(见《王制》,357a 以下,449a 以下),苏格拉底因此详尽探讨了哲学统治者的教育问题。

② 见 Friedländer,前引书,vol. 1,ch. VII;Klein,前引书,第 3—31 页;Rosen,前引书,第 xi-xxix 页。

③ 29R. Schaerer,"论述与辩证中的反讽机械论"("Le mécanisme de l'ironie dans ses rapports avec la dialectique"),Revue de métaphysique et de morale 48 (1941),第 181—209 页。

动。舍勒尔表明,面对交谈者抵制自我检审时,苏格拉底如何有意装作同意对方自己未经检审的意见,一直认可对方的观念,通过与其谨慎迂回的陈述,暗示出他真正的反对。① 如果交谈者对他自身意见的真实性,或是公共名声的实质有**丝毫**的不确定,那么苏格拉底的举动就会令他烦躁不安。一方面,感觉到苏格拉底的自我隐藏,他自己又感觉到受到所隐藏问题的威胁,这样会激起交谈者反对苏格拉底,他会挑明苏格拉底的真实意见,以便为自己辩护。可是,他努力这么做,却必然适得其反。在反对苏格拉底时,他发现自己反驳的是苏格拉底假装同意和赞赏的事物;也就是说,他发现自己其实自相矛盾,是在批评自己的意见和观念,因此他表达的不是自己的想法,而是苏格拉底的真实看法。这样,初见之下模糊不定的东西就转化成了无可逃避的自我检审。倘若苏格拉底本人只是直接、详细地提出了他的批评,那么交谈者在对待关涉外在问题的冲突,相左意见的基本问题时,可能便是冷然回应。无论如何,之前那样交谈者就成了他自己的检审者,无处可逃。苏格拉底从内在而非外在呈现,结果苏格拉底自我检审的任务变成了一种内在必要。

一方面,内在于对话的这种对反讽的描述显然有缺陷。这描述出苏格拉底的助产术目标,而非一般结果。只有几处例外中,②到了对话结尾,交谈者仍反对柏拉图笔下主角的反讽。然而,同时,恰恰这种描述的缺陷指向了其更高层面的充足。通过描述交

---

① 当然,有关事例数不胜数。甚至对于游叙弗伦这种看似愚钝之人,苏格拉底也会先奉承一番,更不必提他对大智术师和多种雅典名流(如阿伽通、克法洛斯)的态度了。可是,他特意问令他好奇或感兴趣的"一个小问题",无疑要由无可争议的智慧裁决,并善意帮助交谈者。这是《王制》337 处忒拉绪马霍斯(Thrasymachus)所指责的"苏格拉底一贯的反讽"。那么在后期对话中,柏拉图起用其他主角时,又是什么情况呢? 苏格拉底的反讽遭到拒斥或转变吗? 我们在检验《治邦者》中异乡人对小苏格拉底的态度时,会主要关注这些。
② 尤其想到《斐多》和《王制》。一方面是希米阿斯和克贝斯,另一方面是格劳孔和阿德曼托斯;他们本身常常受到激发,想提出根本问题。见《斐多》,84c ff.;《王制》,357a ff.,449a ff. (相关参照 423e ff.)。

谈者对主角论证的有意识的反抗，柏拉图预见并展现了听者自己对自我认识的可能抵制。交谈者一次又一次展现了他抵制开放的自我检审，这是他们弱点的标志，暴露出他们意见和观念的空洞。听者在舞台上观察这种弱点，自然会被激发做得更好，这是他得以认识自己的第一步。但这导致他使自己与交谈者脱离开来——交谈者本来是听者自己——交谈者抵制柏拉图设计的自我检审，而听者[xxx]接受自我检审。因此，恰恰是对话情节中苏格拉底反讽失败了，柏拉图的反讽才成功。如果，比方说，交谈者被描述得有敌意，反而激发听者易于接受。如果交谈者被描绘成疏忽大意，那么就会激发听者清醒警觉。如果交谈者被描述得轻易同意，由此取代了对潜在分歧的检审，那么就会激起听者小心谨慎，仔细考虑他所同意的事情。

对话的模仿性反讽酿成了他听者态度的反转，就此而言，柏拉图完成他的根本目标，使非哲人开始了哲学的上升。需要真正的自我认识，对敌意或盲目同意的可能的直接反应，由二者造成的困难可以得到克服，这要听者殷切地认真感受方可达成。值得注意，这种达成并不等同于直接接受对话中所表达的学说。毋宁说，既是为了检审对话者的直接意见，也要检审柏拉图笔下主角的主张，这才是取得自由的需要。如果在某种意义上，柏拉图的模仿反讽是在操纵读者，那么，其目标却恰好与权威掌控相反。柏拉图意在酝酿出的正是自由，他所描绘的是苏格拉底接生术的目标：从一个人自身未经检审的意见中获得自由，正是通过服从反思检审的意见，这允许一个人达到一种境界，超出对本来隐藏真理的直觉。

同时，记住明显的一点也很重要：不能预期每位读者都能通过这些对话作品而开始哲学。这是我们前面注意到的第四点困难：柏拉图认为，只有一些人具有根本的洞察，而其他人能够使自身实现较低程度的上升。因此，我们已经谈了过多典范读者的典范经验了。但是，柏拉图把他的对话展现给公众，因此，有必要——重复似的——用同一套话语,却是"对首领这么说,对士兵那么说"。

我们在这方面思考的关键问题是,对话的"积极学说"——按泰勒的说法——其表达内容的双重作用。对于已经赢得检审自由的读者而言,表达内容并不代表毫无问题的宣言,对真理的完全陈述。毋宁说,这代表的是一种"中道"——当我们进入对《治邦者》内容的分析时,会在某种意义上细致讨论。一方面,用于拒斥非哲学交谈者经常未经反思的片面意见,主角的主张超越了对话者的理解限度,体现了更完整、更根本的对真理的理解。另一方面,恰恰是在超越对话者的理解时,主角的主张又具体导向这种理解。他由复杂的工作来展现某种程度的真理,对交谈者而言,这很明智。因此,他必须以某种方式塑造他的自我展现,既回应交谈者的限度,也受制于这种限度。这种教育的自我限制有一种功效,能够给对话所表达的学说提供路标的基本状况,并提供反思必须采用的方向标志的基本状况。这些是起初的无知[xxxi]与完满洞见之间的"手段",通过检验并揭示起初的无知,达到超越自身,朝向洞见。典范的听者,已经经历了对其无知的揭示,把自己向这些学说敞开,并且进而认识到这种经验的必要性,他就不会把这些学说当成是他自己最初意见所以为的那样,也就是说,不会把这些学说当成对真理的完满展现。而是懂得了,这些学说如何引导他自己起初不曾认识到的需要,此时,他会寻求超越这些学说,并求得进一步的学说,与之前的学说类似,进一步的学说会揭示并实现他崭新的、哲学上更为彻底的需要。因此,每部对话内部(而且,也在某些对话的内在关系之间①),通过反

---

① 由此举例,《王制》中详细申明的洞见,在《游叙弗伦》、《拉克斯》和《卡尔米德》中也暗中得到广泛的思考。再有,F. Cornford[《柏拉图的知识论》(*Plato's Theory of Knowledge*),London,1935]以及 K. Sayre[《柏拉图的分析法》(*Plato's Analytic Method*),Chicago),1969]尽管分析路数不同,却都表明了《智术师》如何回应《泰阿泰德》中的知识困惑和逻各斯。《帕墨尼德》普遍被视作对早期作品中(特别是《王制》和《斐多》)有关样式本性难点的解释说明。

复驳斥和加深洞见的过程来说明，而上升是渐进式的，朝向越发纯粹的对完满真理的理解。①

另一方面，对于没有赢得这种检审自由的听者，这些读者就像众多对话人物一样——无法接受柏拉图的方案，即转向哲学，那么，这些对话作品也会对他们说些什么。柏拉图笔下的主角把他的主张导向交谈者的限度，不仅要挑战他，也恰恰要在挑战遭拒的情况下，留给交谈者一些价值。虽然对话中表述的学说，在某种意义上是典范听者的"手段"，使他们朝着整全真理超越自身，它们也是失败读者的"手段"，在这一意义上，这些学说为他提供了一种对真理的理解，这尽管是部分真理，却也超越了他自身起初的意见。至少，这些学说用于检审或限制失败读者对这些意见的肯定，以"真实意见"或"正确意见"（orthē doxa）的方式，引导他的实际生活，并在城邦中，也的确是在宇宙中，给他一个更高意义的位置。②

* * *

这里值得提提对话的另一方面，尽管在不提具体文本的情况下，抽象而言很难详加解释。这是对话特殊的组成结构。③ 如果柏

---

① 但这并不是说，单篇对话的结束是全篇的巅峰。见随后有关结构的讨论。
② 《美诺》的戏剧情节表明了这种"引导"。如果美诺没看见德性为何是知识，这是因为——就像他显然没认识到苏格拉底是德性的最好老师——他并不懂得反思性的学习和自知，但苏格拉底并没有直接抛弃他。通过把他留在如下意见中：德性是神分配的意见，苏格拉底检验了美诺幼稚的自满和潜在危险的野心。更常见的是，交谈者抵制这种临别礼物——但"基于"对话的表达内容，这么做给听者带来了更大的困难。
③ Friedländer 已对每篇对话结构做了研究，前引书，vols. 2 和 3，以及 Gundert，前引书。但最系统的著作是法国的 R. P. Festugière，《柏拉图式沉思和静修》（Contemplation et vie contemplative selon Platon），Paris，1936，其中设想，理想的辩证形式分为五步：(1)前经验意识，(2)上升到普遍，(3)领会"存在本身"，(4)下降到个体种类，(5)明辨全局。Goldschmidt，前引书，他认为所有对话（除了《蒂迈欧》、(转下页注)

拉图的作品是正规论文,我们也许有理由料想,对话的基本结构是一系列陈述,或更宽泛地讲,是一系列论证,依照一些三段论或准三段论的形式,一环扣一环。当然,我们发现在许多特殊段落中,有这种连续论证,但整个对话并非由正式推理步骤构造。① 关键要区分论据本身及其交流作用;对话的特殊组织结构可根据交流作用找到,而非根据论据本身。论证的目的用来激发"谈话"(《王制》518d),对话根据这些状况或时机来构造,就是说,这时"谈话"过程是必要的。就此而言,这是一次遭遇自我的过程,这必然始于(一):诱导出对话者的意见;这为(二)提供了舞台,而(二)是:哲学主角提出根本驳斥,驳斥又分为(1)在交谈者的意见中,让他面对问题,而后一旦得以净化,②[xxxii](2)就会在新奇的、更为恰切的

(接上页注)《法义》和《克里蒂亚》基本都有四步节奏:他为这些步骤命名(1)图像,(2)定义,(3)本质,(4)知识,他还指明柏拉图从早期对话到后期对话的形式发展趋向。特别引人注意的是,Goldschmidt 强调《书简七》(343b ff.)所表述的对某物"本质"的认识与对某物所展现的"特质"的"科学"陈述,二者有别,第 6—11 页,以及形式运动中"必要的迂回"观念,在后期对话中这种"迂回"运动采用了步骤(3),见第 156 页以下。Schaerer,前引书,认为一般形式是(1) 错觉,(2)自相矛盾的无知表面,(3)通过洞见到更高的、调节性的价值,解决这个问题,(4)最后,作为(如今)科学的基础回到最初的事物。Festugière 和 Goldschmidt 特别从形式辩证方法中寻出线索,Schaerer 至少在他的(1)—(3)步中,强调了苏格拉底式无知,发现自我与哲学调节等维度。不过,对于最后时机的最敏锐分析,属于尚未出版的研究,《柏拉图的哲学艺术品:柏拉图对话的结构》(*Plato's Philosophical Artwork*:*The Structure of the Platonic Dialogue*),作者是美国学者 Jonathan Ketchum。Ketchum 对"下降"或"返回"中的反讽做了绝妙说明,他把这称作有关对话中心处所展现的洞察力的"诠释"(exegesis)。他认为这种诠释必须导向交谈者的洞察力(或缺乏洞察力),因此,精心布置其中的模棱两可,表面是在对交谈者说,在字里行间又是在对哲学听众说。作为先例,他列举了帕墨尼德诗篇的第三部分——"意见之路"[为了集中阐释后者而揭示诸篇对话相应的最后部分,见 A. P. D. Mourelatos 的《帕墨尼德之路》(*The Route of Parmenides*),New Haven,1970,第 9 章。在没有 Ketchum 的书的情况下,可以参考他关于柏拉图演讲的录音带,Oakstone Farm, Clarence Center, N. Y.]。

① 一个很好的反例,见 K. Gaiser 的《柏拉图的说服与劝谕》(*Protreptik und Paranese bei Platon*),Stuttgart,1959。
② 见《智术师》230a 以下,亦见《泰阿泰德》150a 以下。

哲学之光中,安排手中的问题。这种"新奇之光"典型由主角采取了当下洞见或建议的形式——例如,在《游叙弗伦》中的原因/效果原则(10a 以下),或者《王制》中的哲人—王学说(473c 以下),或是在《智术师》中,对"非存在"的新奇解释(254c 以下)。在对话的最后部分,最初讨论受基本驳斥打断,(三)在建议的基础上,重新开始。① 重新开始成功与否,直接取决于驳斥与重新导向成功与否。在这种意义上,交谈者可以理解并领会这种驳斥[(二)(1)],他会或多或少向哲人的建议敞开[(二)(2)];就此而言,他从善如流,那么重新开始或多或少也是哲学性的。简要言之,在一部走向哲学结论的对话中(如《王制》卷九"实际"展现;卷十中以神话展现了,选择哲学生活而非僭主生活),与一部返回非哲学意见,终于困惑的对话之间(如《游叙弗伦》15c 中重现僵局,山穷水尽),是否从善如流,会造成二者有所不同。

就这些评论,我们可以加上两个复杂的观点。首先,因为许多时机刻画了哲人与非哲人邂逅的基本节奏,所以他们构造了整个对话,以及对话中很多部分的内在结构,这也就不足为奇。但这里提及这个还不合适。可是,后面我们会看到,《治邦者》中第一部分的探索与最后部分的再续(带有一定修改),其内在构造是根据诱导/拒斥,与重新导向/再续(见附录)。这种整体与部分的结构对应强调,在对话中教育步骤如何深刻构成了柏拉图的思想。其次,

---

① 很清楚,这是有关对话的一种结构分析,而不仅仅是对话的文学形式。这既可以应用到像《申辩》与《默涅克塞诺斯》(Menexenus)这种独白对话,又可用在《会饮》(Symposium)或《高尔吉亚》(Gorgias)这种多人聚会的对话。从文学形式的立场来讲,连贯的段落可以分成若干独立结构的片段。因此,用一个相对容易的例子,可以考虑《克力同》中从 53a 到对话结尾,"法律"的讲辞,如何从苏格拉底对正义约定的关键论证,下降到克力同起初更实用的框架中。或者用更有争议的例子,考虑怎样在《帕默尼德》的第二部分,假说 I 和假说 II 处理样式的本性[实现(ii)(b)这一片段中"哲人的建言"或"新奇光亮"的作用,而在 III 以下,继续之前作为 I 到 II 基础的分有问题(这实现了"继续"片段(iii)的作用)][我之后会对整篇《帕墨尼德》另作研究)。

在我们的解释中试图全面考虑过程的时候,我们必须认真避免把交谈者的经验等同于听者的经验。这里,我们对柏拉图反讽的较早评论,变得与结构问题相关。一个交谈者明显无法重视驳斥和重新导向时,这使得慎思明辨的听者更容易明白其中关键,看到交谈者的错误,而避免自身犯错;因此,对话的再续部分全然引向了困惑,但对于听者而言,非常积极地产生了一种新洞见的财富。另一方面,一个交谈者似乎明白驳斥和重新导向,但事实上却并不明白,这就对听者产生了一种复杂状况。主角无法突破"交谈者宣称明白"而导向的再续部分(《美诺》75d)①,那一部分可以由哲学成功的表现——甚至对于能正确分辨的听者,那反而是晦涩、隐蔽着诸多困难的谜。在这种情况,一个表面积极的后续和结论,对于听者而言,可能有更多困惑,且又需要明辨反思。正如我们会见到的那样,这种东西支撑着《治邦者》。

(二) 正规论文对真正对话

正如我们已经说的,这些对这篇对话的必然特性的评论,仍很初步,必然很抽象。它们必须具体化,并且[xxxiii]通过解读柏拉图文本的具体工作得以验证。尽管如此,这些评论能使我们预见到一些基本观点,这使我们解读《治邦者》的方式与"权威观点"区分开来。② 如果有人把《治邦者》看作本质上是正式论文,那么,他会倾向于集中在异乡人的言辞上,把这看作是直言不讳的表达,不受柏拉图洞见所设定的戏剧语境辖制。小苏格拉底贫乏、简短的回应,看起来是柏拉图早期运用对话形式的遗迹,之所以是遗迹,因为对话形式根本被抛弃了,这对我们理解这本书的哲学本质无

---

① 然而《美诺》自身包含了一个明显令人困惑的再续部分。见前注 34。
② 这些研究,忽略了具体的戏剧互动,因此也代表着"权威观点",然而它们为阅读《治邦者》(*Statesman*)提供了很好的准备,见 J. B. Skemp 的引言论文,见氏译,《柏拉图的〈治邦者〉》(*Plato's Statesman*),London,1952。

甚意义。同样,老苏格拉底的沉默,本身指出柏拉图抛弃了戏剧对话,这样,老苏格拉底就无助于我们的理解。那么,我们的首要任务就在于理解异乡人详细论证的主要线索。而另一方面,如果《治邦者》可被看作是真正的对话,而非正式论文,解释就会变得远为复杂。首先,我们想要探究对话的准历史语境。其次,我们需要探索戏剧人物的性格。我们会把焦点集中在老苏格拉底的沉默在场上,并询问柏拉图让他沉默的意图何在。此外,如我们即将认识到语境的特性,在其中,异乡人讲话,老苏格拉底保持沉默,我们还要发觉,柏拉图把异乡人投入这种语境,他在其中能够明白表述的限度何在,正如我们会注意异乡人的明确主张,我们也要留意他并未直言,却在隐隐暗示的事情。我们整个思考的结果就是洞察到:柏拉图想要他的听众通过检审性地反思对话来获得认识。只有在一种层次上,那些不曾经验到哲学诞生的听众,会满足于把这种认识缩减到对话表达出来的内容。对于经验到哲学诞生的听众,表达的内容会有一种"中道"的作用,这会超越表达的内容本身,并指向更深层的未曾言明的内容。

三、解释的问题

我们的解释路线大致如下。第一章,我们会检审戏剧背景和每一位戏剧人物,然后转向对话主体。在第一章揭示的观点相互证明下检审具体论证,我们就能够明白深层内容的教育作用和含义。根据对话的三分结构,我把检审分为三部分。第二章用来探查治邦之材的最初划分(258b—267c)。第三章处理划分过程中起辩驳作用的离题话,神话(267c—277a),以及从新方向引入并探讨范例(277a—287b)。第四章处理再次的划分,并明显成功地形成了有关治邦者的充分定义(287b—311c)。

第一章　戏剧场景

一、戏剧场景：审判苏格拉底

[1]《治邦者》中最惊人的情节特征是，对话中没有任何明显的冲突。聚集在一起的同伴是文雅的饱学之士——著名几何学家忒奥多洛斯，苏格拉底和爱利亚异乡人——以及忒奥多洛斯的学生泰阿泰德和小苏格拉底，二人都有数学天赋。对话氛围明显是双方相互敬重的，尤其是其中一方对苏格拉底非常敬重。《智术师》与《治邦者》两部对话构成一对，在《智术师》中就确立了这两次谈话的主题和形式，苏格拉底请求异乡人讲解爱利亚人对智术师、治邦者和哲人的想法，异乡人接受了苏格拉底的请求，并说道，他初次与苏格拉底见面就长篇大论，有些不好意思（aidōs，217d）；异乡人的这番话讲得恭敬有礼。同样，忒奥多洛斯谈到哲人"有几分神性"（216b），还有在《治邦者》开头几行中，苏格拉底半开玩笑地反驳他，不该按民主平等的观念把智术师、治邦者和哲人这三种类型的人混为一谈，忒奥多洛斯也欣然接受了这个反驳（257b）。泰阿泰德和小苏格拉底依次不断地遵从具有超凡智慧的异乡人和苏格拉底。作为回应，老苏格拉底说得尽是奉承

话,他赞扬异乡人论理清晰,还称忒奥多洛斯为"我们最伟大的数学家"(257a)。

据我们前面讨论过的"权威观点"认为,由于对话缺少冲突,加之苏格拉底的沉默和异乡人以肯定方式论理,这就表明柏拉图减轻了对话形式中戏剧因素的重要性,转而青睐"正式论文"的风格。可是,缺少冲突本身就是一种戏剧因素,这正是柏拉图构想的《治邦者》的戏剧情境。因此,对我们来说,首要的任务就是探究对话的戏剧情境。

首先要注意,《智术师》和《治邦者》与《泰阿泰德》一起构成一部三联剧。① 简短重述三联剧构成的一系列事件,我们就会对《治邦者》表面的融洽开始有一个新的认识。(1)在《泰阿泰德》中,苏格拉底遇见了忒奥多洛斯、泰阿泰德、小苏格拉底以及忒奥多洛斯门下的其他年轻的数学学生,随后,苏格拉底引导他们踏上了一条探究知识(epistēmē)本质的漫长险途。但显然,他们白忙了一场。苏格拉底通过揭示泰阿泰德提议中的基本矛盾,把泰阿泰德引进了一串死胡同,最后他们的交谈在困惑中暂告结束。他们约定好明天再会。(2)接着,苏格拉底离开了众人,自行去了王者—执政官门廊,应对别人对他的指控:苏格拉底的智术教诲亵渎了诸神并且败坏青年(见《泰阿泰德》,210d)。(3)第二天,按约好的,苏格拉底又与忒奥多洛斯、泰阿泰德、小苏格拉底以及其他人碰了面。这时,忒奥多洛斯[2]为苏格拉底引见了来自爱利亚的异乡客(stranger-guest)。听说了异乡人是帕墨尼德的追随者,苏格拉底

---

① 这已经得到普遍认可,但是关于柏拉图如何紧密串联这些对话,目的何在,这一系列看法,见例如 Voegelin,前引书,第 141—143 页;Friedländer,前引书,卷 3,第 243 以下;Ryle,前引书第 27 页以下,第 284—286 页,第 295—299 页;Taylor,前引书,第 374 页。在审判过程的哪个点(或在此之后),发生了有关智术师和治邦者的谈话,这也不明朗;Taylor(《智术师》和《治邦者》译注,第 189 页)认为这发生在"Meletus 正式控告这位哲人与在王者廊门前接受预备审判步骤临近结束之间"。但是这种含糊并不重要。柏拉图只是意在唤起审判与三联剧的对比。

很高兴,他趁着这次碰面的机会问异乡人,爱利亚人怎么看智术师、治邦者和哲人这三类人。显然,忒奥多洛斯和他的学生们已经试着请异乡人讲述这个问题,可是他声称这个问题需要漫长和艰难的讨论,因此拒绝了(见《智术师》217b)。而如今,异乡人同意回答这个问题,这显得他特别顺从苏格拉底。于是,异乡人带领他的搭档泰阿泰德和小苏格拉底,踏上定义智术师和治邦者的艰苦路程。

这一系列事件的关键要素是对苏格拉底的审判。这个作为背景因素的审判,既具体指明了《智术师》和《治邦者》谈话中表面的友善和协作,又证明了这种表面的友善和协作是虚假的。苏格拉底提及对他的审判时,三联剧中的友善氛围就开始有所减轻。在受审时,在法庭这个非哲学的环境下,苏格拉底必须面对一般人对他的偏见。因此,三联剧中的聚会相当于从充满厌辩(misological①)敌意的多数人中抽身而退,转向善于容纳同伴的其他思想者间的交往。在这方面,三联剧像一些单独对话,比如《斐多》、《斐德若》,尤其像《帕墨尼德》。在所有这些情况中,交谈者们都是私下里聚在一起,远离公众,以便共同思考,因为这些思考不仅需要闲暇,而且出于种种原因,可能会触怒普通人。在三联剧中,苏格拉底在朋友们中间,不必为自己或自己的行为辩护;这些交谈者相互敬重,因此会允许开放的、反思性的对话。

除了在审判苏格拉底与三联剧之间的氛围形成反差之外,二者之间的话题也存在着惊人的交汇。安虞图斯、莫勒图斯(Meletus),和其他起诉人担任的公共诉讼,是代表城邦的诉讼,为此,他们要宣判苏格拉底是一个对城邦有害的智术师。当然,苏格拉底要表明情况恰好相反;苏格拉底宣称,他的辩证提问是雅典有过的最大的善,由此暗示,对他的起诉以及反对他的那些失之偏颇的观

---

① [译注]有关厌辩症($\mu\sigma\acute{o}\lambda o\gamma o\iota$),参《斐多》89d 以下。

点,才真正伤害了城邦的健康(《苏格拉底的申辩》,29e以下)。起诉人与苏格拉底之间的冲突,迫使陪审员们要承担实质上的哲学任务,即辨别真正的智术师与真正的治邦者。因此,陪审团直接面临着苏格拉底在三联剧中对异乡人提出的问题:谁是智术师?谁是治邦者?以及谁是哲人?

如果我们结合两种情形的反差和交汇因素,三联剧就会成为独特的对苏格拉底的哲学审判。陪审团以意见为基础决定的问题,如今由交谈者以哲学思考来处理。这不仅推翻了雅典人对苏格拉底的判决;更主要的是,思想层次和思想品质明显得到深化。三联剧的和睦气氛可以延缓这场审判的紧迫性,以便对集中关注的问题有所反思地进行推断和探究。在审判时,苏格拉底本人成为备受关注的焦点,是被非哲人的意见攻击的对象。相比之下,在三联剧中没人攻击苏格拉底,可以说,这里审查的对象也非苏格拉底其人,而是苏格拉底的本质。我们会听到一场[3]关于智术、治邦之道和哲学的富有思想的探讨。因此,三联剧似乎针对并补充了苏格拉底的法庭申辩。对于苏格拉底哲学,我们可以在三联剧中期待一种真正的哲学审判。

二、戏剧人物:反感,热切,沉默

由于苏格拉底特别提及他面临的审判,我们得以对三联剧有一个新的认识。然而,当我们获得这种认识,新的紧张和问题就会接踵而至。尤其是,苏格拉底与忒奥多洛斯及其学生之间的关系有多和睦(我们会稍后再考虑异乡人)?无疑,他们私交不错。但是,尤其当我们区分个人与苏格拉底的本质时,我们必须继续问,忒奥多洛斯和他的学生对苏格拉底哲学的认识有多充分。考虑到另外两个问题,这个问题就变得更紧迫了。如果三联剧与法庭审判相比,就是对苏格拉底的哲学审判与非哲学审判的关系,那么,看起来回应苏格拉底（以及异乡人）的人必须超越 doxa，即超越未经反思的意见，而雅典陪审团只具有这种草率的意见。他们必须能够认识什么是智术、治邦之道和哲学，达到对此具有 epistēmē〔知识〕。可是，在《泰阿泰德》中，忒奥多洛斯和泰阿泰德已被证明无法定义知识本身。我们会指望不懂何谓知识的人，能够懂这三类人——何况知识是构成这三类人本质的因素？第二，三联剧没有对第三种人即哲人进行关键的定义。然而，也许正是通过定义哲人，苏格拉底才会得到真正的辩护。既然没有对哲人的定义，那么三联剧能否完成对苏格拉底哲学的哲学审判？倘若不能，那么三联剧为何不对哲人进行定义呢？当我们集中思考所有这些问题后，我们会问——是否因为忒奥多洛斯和他的弟子们仍受 doxa〔意见〕限制，导致他们缺乏哲学深度，所以他们没资格评判苏格拉底的哲学？

倘若真是如此，那么审判苏格拉底与《泰阿泰德》《智术师》-《治邦者》之间的关系就会变得更为幽深复杂。这里，我提出最后一个引导性问题:《苏格拉底申辩》中，安虞图斯和莫勒图斯对苏格拉底心存敌意，因而挑起明显的个人冲突，而在三联剧中，由于在场者没意识到自己的理解局限，而暗中引起的实质冲突，三联剧中的冲突实际反映的是《申辩》中的冲突？

（一）忒奥多洛斯:几何学与哲学

抛开彼此间个人的友善关系不提，我们确实可以看出，忒奥多洛斯与苏格拉底之间存在实质性的对立。在三联剧中，虽然忒奥多洛斯实际参与的对话不多，他却是一位重要角色。忒奥多洛斯是中间人，他把苏格拉底介绍给泰阿泰德和小苏格拉底(《泰阿泰德》144c-d)，又把爱利亚异乡人介绍给苏格拉底(《智术师》216a-d)。更显著的是，作为泰阿泰德和小苏格拉底的老师，忒奥多洛斯对他们具有决定性的影响；因此，忒奥多洛斯造就的一般类型的智力，[4]在三联剧中，正是这种智力与苏格拉底和异乡人代表的哲学相争。①

这种对立只是间接地显露出来。整个《泰阿泰德》的开头部分，苏格拉底都试图使忒奥多洛斯参与辩证对话（dialectic）。忒奥多洛斯再三谢绝，共推脱了六次，他借口说自己的年龄不便于哲学辩论，还辩解说，他更爱听苏格拉底与在场的年轻人交谈（见《泰阿泰德》146b，162b，164e—165a，168e—169a，177c，183c）。但年龄不会是他不愿辩论的主要原因。毕竟，苏格拉底比他还年长。更根本的原因是，忒奥多洛斯对哲学普遍有反感情绪，在146b处他坦言："我不擅长这种讨论。"后来，他解释说："在非常年轻时，我个人的兴趣就从抽象的讨论转向了几何学。"（165a）

由此简言之，忒奥多洛斯的话表明，他的想法直接对立于柏拉图/苏格拉底的见解，而后者认为几何学与哲学有一种恰当关系。为阐明这点，我们首先回想一下苏格拉底在《王制》中处理几何学与哲学的复杂情况。一方面，在他设想的哲学课程中，苏格拉底认可几何学和类似的数学学科具有特殊地位；因为几何学研究的真正对象是概念上的，所以，几何学被用作辩证术的重要学前教育。另一方面，抛开几何学在这种哲学课程中的作用，仅从其自身本质考虑，几何学与辩证术在两个重要方面都截然相反。首先，几何学以假设为基础，直接推导出结论，其自明性被看作是"对任何人都显而易见"（《王制》，510c-d）。相比之下，辩证家从相反的方向开始，并非从假设推导出结论，而是从假设上升到更高的原则，而假设以更高原则为先决条件，因此，最高原则也是设立假设的前提。只要当这种"上升"活动达到了"非假设的"或无条件的直观知识（intuition），即真正的第一原则，这时，辩证术就转而从第一原则

---

① 我一般用"哲人"一词来表示成熟哲人，已成功经历过灵魂朝向样式或存在"转向"的人（《王制》518d）。

"下降"到结论(511b)。① 第二,几何学者惯于将可见形体和图形用作说明符号(510d-e)。与之相反,辩证术旨在摒弃这一类有形—可感事物,因为这类事物会使辩证术远离其真正的理智目标。尽管当哲人对非哲人进行教育性质的沟通时,可能需要有形—可感事物,哲人本身却不需要这类事物。② 因为在哲人的"下降"活动中,尤其在他进行"非假设的"真正直观知识的活动时,哲人"不使用感性事物,而只用纯粹的样式,从样式到样式地移动,并止于样式"(511c)。

忒奥多洛斯的简短发言,在各方面都与苏格拉底处理几何学与哲学的复杂情况相反。首先,他的几何学决非哲学的学前教育;的确,忒奥多洛斯把几何学描绘成逃离哲学的庇护所,他明确"转向"几何研究是因为他"不擅长"哲学讨论。因此,忒奥多洛斯暗中拒绝了苏格拉底的哲学课程。其次,苏格拉底对几何学的独断性持批评看法。由哲学转向几何学时,忒奥多洛斯显然不清楚几何学自身的内在需要——需要对几何学公理的真实性做哲学检验。这之所以重要,是因为没有哲学检审的话,几何学家的假设就没有根据。确实,我们会接受这些假设,仅仅是因为它们"对任何人都显而易见",它们[5]不过处于属于普遍意见的状况。而这就将几何学家的整个推理变成了形式化地陈述 *doxa*[意见]。最后,忒奥

---

① 在对话所描绘的实际思想运动中,思想并不达到假设本身。不过,苏格拉底描绘的完整运动是诸篇对话中思想运动的范例,因为对话中的思想运动限制更多。如在《游叙弗伦》中,苏格拉底假定正义是虔敬的基础(虔敬是正义的部分)。虽然他没有回头假定善是正义的基础,然而,在《游叙弗伦》的讨论场景中,这是充分条件。通常地,充分性支配着假设法(见《斐多》101c-e);它与 283b 以下异乡人引入的"适度"标准密切相关。
② 参照《帕默尼德》135e 及其假设。甚至在假设中,帕默尼德指的也是身体可感的事物(如在假设 3 到假设 4,以及假设 7 到假设 8,以及在更有争议的假设 2 中),他根据样式结构讲话。通过样式指涉事物,反转了前哲学的通过事物指涉样式——后者诉诸于感官类比与相似性——而苏格拉底践行前者,以便与格劳孔和阿德曼托斯之类的人交谈。

多洛斯逃避哲学的理由,恰好削弱了使几何学变得至关重要的原因,即柏拉图/苏格拉底认为的,几何学对哲学教育具有关键意义的原因。对忒奥多洛斯来说,"哲学讨论"太过"抽象"(abstract)。相形之下,倘若几何学是具象的,那么我们可以推测,依忒奥多洛斯的习惯,他会完全使用有形—可感的形体和图形,即辩证家在探究中所摒弃的东西。简而言之,忒奥多洛斯对几何学的研究与哲学脱节,也就暗中认可了非哲学的意见和感性知觉的支配权。

当然,以上方面并非指忒奥多洛斯对这些心知肚明,却故意采取反对苏格拉底的立场;当然,忒奥多洛斯本人以为,他和苏格拉底根本没有对立或紧张。但这本身表明了他们之间更根本的区别。直截了当地说,忒奥多洛斯无力思考,甚至厌辩(misological)。无论是他竭力避免与苏格拉底进行辩证交谈,还是早年背弃哲学,都表明了忒奥多洛斯本人甘愿受未经检审的意见和个人兴趣支配。可以确定,忒奥多洛斯只是因为自身的原因而拒绝了哲学,与苏格拉底无关。而这却说明,苏格拉底在把忒奥多洛斯描绘成其已故朋友普罗塔戈拉(Protagoras)的"托管人"时,他的比喻非常恰当(《泰阿泰德》,164e—165a)。① 与其说是在学说方面(因为忒奥多洛斯对"抽象讨论"没兴趣),不如说是从行动上看来,忒奥多洛斯支持个人主义观点,而在《泰阿泰德》中,苏格拉底把这种观点归于普罗塔戈拉:"至少对我来说,我持有的意见是真实的"(例如,见 152a ff.;160c ff.;166d;168b 等处)。对于苏格拉底

---

① 忒奥多洛斯因其数学成就,理应得到尊敬,而这仍不免使我们纳闷,柏拉图是否会意指他与智术有关。忒奥多洛斯的外在方面,是吸引"大众"的侨民(《泰阿泰德》143d)。他记不起泰阿泰德父亲的名字,其中的含义模棱两可:他不关心财富和高贵,因此不智术(见《智术师》223b),还是说,他漂泊无根,因此不关心家庭与城邦的完整?同样地,他评价泰阿泰德的思辨才能时,大展修辞术风采("……他亲近学习与探究,平顺静好,精进不已,如一波流油无声流淌着"144b)。S. Rosen 在他的讲座"作为助产士的苏格拉底"("Socrates as Midwife")中谈到这些问题,该讲座尚未发表。

哲学来说,强调自我省察和探究普遍性至关重要,与之最为对立的就是普罗塔戈拉的个人主义观点。在这种无关个人、而有关本质的层面上,忒奥多洛斯显露出他是一位个人主义观点的实行者,而非苏格拉底的朋友,尽管他本人对此并不知情。

(二) 小苏格拉底:发现亲缘的"考验"

像忒奥多洛斯和泰阿泰德一样,戏剧人物"小苏格拉底"显然也与一位真实的历史人物有关。我们通常确定《书简十一》的写作时间约在公元前 360—前 359 年,这封书简的作者提到,阿卡德米学园中有许多人叫"苏格拉底"。萨索斯的拉奥达莫斯(Laodamos of Thasos)请柏拉图本人或"苏格拉底"到萨索斯制定法典,这封书简是对他的回复。柏拉图(如果他就是这封书简的作者)写道,由于柏拉图已届高龄,而"苏格拉底"身体不好,他们都无法完成者这趟艰难的旅程。

由于这封书简很可能是伪作,①我们暂不信任它的大部分内容。然而,我们相信书简中提及的"苏格拉底"大概还是稳妥的。与主要内容相比,这只是附带的话,而这对一个伪造者来说却很重要,无论的他基本动机是什么,伪造者都可以通过附带内容的准确来掩盖自己。②

阿卡德米学园中真有个"苏格拉底",这对于如何解释《治邦者》中预期的读者对象,以及作者与读者的关系问题,都有重大影响。通过使"[小]苏格拉底"成为对话的主要应答者,柏拉图当着阿卡德米学园中人的面,把学园中的情形搬上了舞台。但柏拉图是以一种迂回的方式做到这一点的。在柏拉图完成《治邦者》时,

---

① 对于真实性的问题,见 J. Souilhé,《柏拉图的书简》(*Lettres de Platon*),Paris,1949,第 xcvi. 页。
② 在《形而上学》1036b25,亚里士多德也提到过一个青年苏格拉底,见 Skcmp,前引书,第 25—26 页,以及泰勒译,柏拉图著,《〈智术师〉与〈治邦者〉》,第 189—192 页。

历史上的[小]苏格拉底大概有55岁了。在描写对话中的人物小苏格拉底约有18岁时,柏拉图转移了人们[6]对现实中的小苏格拉底和学园中年轻人的注意。因而,《治邦者》这篇对话是一种行动,即柏拉图与阿卡德米学园中最年轻的一代的间接交流;对话人物大体代表这些真实人物,但要想从对话中觉察或是思考任何具体的人,却是无从查考。

当我们做如下思考时,《治邦者》这部模仿戏剧的关键所在就会显露出来:第一,老苏格拉底欢迎小苏格拉底参与对话的主题,第二,戏剧情境和小苏格拉底的性情。

在257c处,由于努力参与《智术师》中的谈话,泰阿泰德已精疲力倦,异乡人和忒奥多洛斯同意让他歇息一下,并让泰阿泰德"运动场上的同伴"小苏格拉底替代他在谈话中的位置。老苏格拉底对此感到高兴,并给出一个更深刻的理由:

> 还有,异乡人,他们两个都与我有些亲缘。正如你们所言,泰阿泰德与我外貌相似,苏格拉底则与我同名。我们应当始终找机会通过交谈(dia logōn)发现(anagnōrizein)我们的同类。昨天,我和泰阿泰德一道进行探讨(dia logōn),今天又听到了他对你的应答;但我还没听到过苏格拉底的言谈。他也得接受考查。以后他要回应我的问题,但现在让他回答你的提问吧。

因此,苏格拉底为这场对话布置了发现亲缘的任务。在这么做时,苏格拉底运用了希腊文学中业已确立的主题。作为"发现"的范例,亚里士多德引证俄狄浦斯(Oedipus)认识到自己的真正身世,而作为二人之间的相认,他举了《在奥利斯的伊菲革涅亚》(*Iphigenia in Tauris*)一剧中([译按]欧里庇得斯的悲剧),伊菲革涅亚(Iphigenia)和俄瑞斯忒斯(Orestes)的自我表露(《论诗术》1452a29—b9)。然而,与《治邦者》更为相近的是,是奥德修斯

(Odysseus)杀死求婚人之后,他与佩涅洛佩(Penelope)以及他的父亲拉埃尔特斯(Laertes)的首次相见。① 就如这些例子一样,在《治邦者》中,苏格拉底设计了一次"考验",以便使双方(回想一下苏格拉底在258a2说的"我们")可以搜寻到彼此之间亲缘的证据;而且,"考验"的方法是谈话。

在运用这一主题时,为使之适应特殊的苏格拉底方式,苏格拉底改变了它的传统因素。(1)将"外貌"和"姓名"视为亲缘标记时,苏格拉底区分了表面与实质,为当时的情形引入了新的张力。小苏格拉底表里如一吗?(2)与此相应,"亲缘"显然有一个内在意义。正如佩涅洛佩和拉埃尔特斯想知道,这人是否真是他们心爱的丈夫或儿子奥德修斯,老苏格拉底也想知道,与他同名的年轻人的内心是否也真如苏格拉底一样。这两种"考验"选取的方法反映出二者的差别。佩涅洛佩和拉埃尔特斯寻找的标记形式是,只有奥德修斯知道的生活细节。相形之下,苏格拉底渴求一场logoi意义上的谈话,即"哲学言谈"或"讨论";用一种略显笨拙的说法,苏格拉底想要知道,是否小苏格拉底也搞苏格拉底式的哲学,那么在辨证交谈中,小苏格拉底就会表现出与此相关的标记。(3)然而,从更深的层面上讲,老苏格拉底感兴趣的不是小苏格拉底自己的知识,并且老苏格拉底整个请求的"考验"也是个反讽。当他[7]推迟他本人与小苏格拉底的谈话,说会"另找时间"(258a6),并让异乡人与小苏格拉底先聊时,老苏格拉底暗示了他在反讽。在戏剧设计的一系列事件中(注意,在258a3—4处,苏格拉底间接重申了这些事件),苏格拉底已遭到莫勒图斯的控告(《泰阿泰德》210d);他不大可能"以后"会与小苏格拉底有进一步的讨论。但这并没有削弱已转变关注点的发现亲缘的考验主题。这次"考验"

---

① [译按]这段情节出自荷马叙事诗《奥德赛》,见卷二十三,行1 245;卷二十四,行205—360,中译本见:王焕生译,《奥德赛》,人民文学出版社,1997年5月。

本应是由小苏格拉底实行，而非老苏格拉底。而小苏格拉底的任务是，不仅"发现"自己与老苏格拉底的某些外在联系（毕竟，老苏格拉底通过沉默而自我消隐），更要"发现"内在于他自身中的苏格拉底哲学之本质。如果说老苏格拉底本人对这次"考验"感兴趣，那就是他想知道，小苏格拉底会不会是他精神上的后继者，在他离世之后，是否还有人会体现苏格拉底的本质。是否如此——老苏格拉底会比任何人更清楚——完全取决于小苏格拉底内在的自我关系（self-relation）和发展。小苏格拉底能认识到样式，并像老苏格拉底那样不断探寻样式吗？老苏格拉底强调自我知识是进行这种探寻的必备条件和基本出发点，小苏格拉底拥有自我知识吗？

通过思考小苏格拉底的状况和性情，我们就能够估计出小苏格拉底在这项"考验"中带有的优点和缺点，而无须预先就仔细分析对话本身。首先，小苏格拉底是忒奥多洛斯的学生，可谓祸福参半。一方面，无疑，小苏格拉底受到了最好的数学训练；泰阿泰德早先就提到（《泰阿泰德》147d），他与小苏格拉底共同研究无理数，这表明小苏格拉底的数学研究很出色。因此，小苏格拉底已经完成了辩证术研究所需的必要条件；根据《王制》中的课程规划，小苏格拉底已做好着手哲学的准备。另一方面，根据我们先前的思考，忒奥多洛斯不会传授小苏格拉底有关哲学的基本知识。相反，我们可以设想，小苏格拉底是在双重孤立的情况下研究数学。由于生来嫌恶"抽象讨论"，忒奥多洛斯也没有兴趣思考非物质的样式，而样式是数学思想的真正指示对象，或是检验数学公理假设的决定性标准。[1] 并且，作为除了一般的友善之外，就只满足于不加鉴别地跟

---

[1] 值得注意的是，有关这方面，泰阿泰德和小苏格拉底明显是独立做出了对无理数的大致概述，没有依靠忒奥多洛斯。虽然泰阿泰德做了必须得出"所有分离的情形直到十七平方为止"的数学运算（《泰阿泰德》147d），但他不理解这些情况的本质，他不参与这种特别的哲学工作。在147d-e，泰阿泰德就此给出的暗示至少是，他没再提起忒奥多洛斯。

随自身兴趣的人,忒奥多洛斯不会将自己的教诲从技术训练扩展到塑造性情上。① 就对话本身中他的表现来说,小苏格拉底似乎考虑到了这两方面的限制。如我们将看到的,在回答异乡人问题时,小苏格拉底难以领会样式;至少在一开始,小苏格拉底显得不明白样式之间独特的本性。由于性情使然,小苏格拉底既精力旺盛又过度自信;在几个关键段落中,当小苏格拉底大胆到近乎轻率的程度时(见 262a5),以及当他对细致方法可能不耐烦时(283b),异乡人都会责怪他。② 然而,最惊人的是,小苏格拉底显露这种冲动的活力时,并非是在采取自己的立场,相反,他总是一再急于同意对方。在一些关键点上,小苏格拉底接受了异乡人的学说,而异乡人本人其实并不赞同这种学说! 我们会适时解读这些段落。现在只需说,当小苏格拉底遇到自己相当陌生的事物时,他倾向于不加鉴别地相信自己的理解,小苏格拉底就此显露出自己不像苏格拉底。

[8]如果这些关于"考验"主题的评论令人信服,如果这个更为笼统的论题也正确,即《治邦者》将年轻的学园中人置于他们面前的舞台之上,那么对于柏拉图与阿卡德米学园弟子之间的关系,就有着几个不寻常的暗示。第一,通过展现沉迷于数学却还没有被

---

① 柏拉图强调,塑造性情是更高或特殊的心智教育的前提。因此,作为学园之首,柏拉图肯定多次遇到过同样的困境:有些年轻人在技巧上准备好了更高的研究,渴望开始,然而却不具备磨练性情这一先决条件,那么柏拉图如何指引这些年轻人? Rabbow 提出了这个问题,见前引书,第 101 页;然而他在对话中没有找到直接的证据,他收集并诠释了很多文本段落,这些段落看似指涉了关于"通过有条不紊的行为达到自律"的多种技巧(第 103 页),而这些可能已经在学园内得到实践。见第 99—106 页,第 232 页。看来更有可能的是,通过"小苏格拉底"这个角色,柏拉图暗示这个教育困境。倘若如此,这会倾向于我们的观点(详见下文);对二分法的实践,虽然是践行一种理智的探究方法,也同样可以发挥"自律"技巧和塑造性情的作用,但 Rabbow 本人并没有注意到这一可能;他的基本论点(见引言,注 1)导致他寻找非心智训练的单独技巧。
② 对小苏格拉底的类似见解,见 S. Benardete,"柏拉图《治邦者》中的式样与划分"(*Eidos and Diairesis in Plato's Statesman*)*Philologus* 107 (1963),第 207 页,第 210 页。

引向哲学的小苏格拉底,柏拉图似乎在警告他的弟子们,就在他们所处的教育关键点上,他们必须首先由数学转向哲学。柏拉图将忒奥多洛斯摆在弟子们面前,似乎是要警告他们,不由数学转向哲学会带来哪些危险。第二,通过展现小苏格拉底轻率而不加鉴别地接受权威的观点,柏拉图可能是在婉转地批评他的弟子中滋生的固守教条的狂热。在恰当的时候,我们会再次思考这一问题。但值得注意的是,就对话中缺乏明显冲突而言,对话开篇使我们对此有了新的认识:这恰好是暗中冲突的表现,而非和睦的表现。

(三) 老苏格拉底:沉默且无人倾听

像对待对话缺乏明显冲突那样,我们称为晚期对话的"权威观点"认为,苏格拉底的沉默标志着柏拉图对戏剧风格的对话失去了兴趣。然而,苏格拉底的沉默其实也是一种戏剧行为。柏拉图仍以苏格拉底为《治邦者》中的戏剧人物,并使之对照早期对话中苏格拉底的行为,实际上,苏格拉底的沉默引人注意。在《治邦者》的戏剧情节中,苏格拉底在场却沉默不语,难免惹人注目。因此,我们要问:在柏拉图设计的戏剧情境中,苏格拉底为何保持沉默?

表面看来,苏格拉底的沉默只为了顺从来访的异乡人,因为异乡人说过,他想同一个驯良的伙伴进行眼前这些困难的探究(《智术师》217d)。可是这种表面的答案只会使问题变得更加错综复杂。柏拉图为何首先引入了异乡人这一新角色,而让苏格拉底成为顺从新角色的人呢?或者,把问题分为正负两方面,对于引导别人探究智术师、治邦者和哲人来说,为何苏格拉底在某种意义上不可能做到,而异乡人适合呢?

通过前面思考对审判苏格拉底事件,忒奥多洛斯和小苏格拉底的思考,我们已经明白了有关苏格拉底的关键因素(我们会在下一部分考虑异乡人)。苏格拉底失和于两方面的人。在一些有学识的人身上,苏格拉底寻求我们所称的"哲学审判",这遭到了非哲学的多数人的反对。可是,这些有学识者,尤其是他们的首领忒奥多洛斯却与大多数人的感觉一样,他对苏格拉底哲学表现出根本的反感;他一再努力避免与苏格拉底进行辩证交谈,忒奥多洛斯以此再现了雅典人对苏格拉底的拒绝。可是,忒奥多洛斯与多数人有一个关键差别。出于对苏格拉底的个人好感,忒奥多洛斯隐藏了他对苏格拉底的拒绝;最重要的是,忒奥多洛斯本人似乎没意识到这一点。

在《智术师》和《治邦者》的开场处,忒奥多洛斯与苏格拉底的两次交谈巧妙地证明了这一状况。在一开始即《智术师》开场,忒奥多洛斯介绍来访的异乡人是位哲人,苏格拉底回应道,

说得好,我的朋友。尽管如此,要辨识出这类人(即哲人),也许不比辨识神容易。确实,真正的、非冒充的哲人,他们[9]"周游列城",在高处探究下界的生活方式,由于世人无知,他们装扮出各种样子——因此,有人以为他们一文不值,有人觉得他们的价值胜过一切。他们有时装作治邦者,有时装作智术师,有时他们看来十分疯狂(《智术师》,216c-d)。①

苏格拉底此番话中的深意对即将开始的两场对话有重要的影响。由于哲学兴趣和活动中的广泛性和沉思特性,哲学远离一般人的事务;因此一般人很难理解哲人。一般人不愿自在自为地(in and for itself)认识哲人之所是,他们把哲人当作是他们熟悉的身份类型——智术师、治邦者和疯子,这可能取决于一般人碰巧赞同或反对哲人看起来的所作所为。哲人有他自己特有的"样子"或外表吗?哲学能够自在自为地显现,而摆脱误解吗?倘若能够如此,想必需要一位超越了一般意见和普通经验范围的哲人去认识它。显然,苏格拉底没有向忒奥多洛斯提到这种可能。在《治邦者》的

---

① 我主要参照了 Cornford 的译文。

开场交谈中,我们开始明白苏格拉底为何如此:

> 苏格拉底:我非常感激你,忒奥多洛斯,你把泰阿泰德介绍给我,还为我引见了这位异乡人。
>
> 忒奥多洛斯:那么苏格拉底呵,一会儿等他们干完活儿,揭示了治邦者和哲人以后,你要对我道三倍的谢啦。
>
> 苏格拉底:道三倍的谢? 真的,我的朋友忒奥多洛斯啊,咱们能说听到了咱们最棒的数学家和几何学家说了这话?
>
> 忒奥多洛斯:你想说什么,苏格拉底?
>
> 苏格拉底:因为你断定这三种人具有同等价值,尽管他们彼此的价值差距远非任何数学比例能表示(257a-b)。

此处,苏格拉底语带戏谑——忒奥多洛斯的话没有说到关键。这同时表明,忒奥多洛斯仍不明白早先交谈中苏格拉底话中的深意。智术师、治邦者和哲人不该如同一秩序中的确定单位一般被等量齐观。在第一次交谈中,苏格拉底已经暗示了智术师与治邦者的地位截然相反,一个"一文不值",一个"价值胜过一切";而二者分别作为哲人对非哲人装扮成的"样子"或外观,又与哲人相关。① 从他的简短发言中,忒奥多洛斯不经意暴露出他的问题,我们已经在前面的思考中认识到了。尽管是"咱们最棒的数学家和几何学家",忒奥多洛斯却完全没觉察到表面与实在的问题。忒奥多洛斯自以为知道异乡人是哲人,且毫不犹豫地依此列出三种类型[人],他完全熟悉苏格拉底,且他本人也敬重苏格拉底,可是他

---

① Skemp,前引书,第 21 页写道,"世人看到他的(即哲人的)治邦之材,却无法辨明他的哲学"。但要注意,治邦者也遭遇类似的含混:他对非哲人呈现出党派政客的"样子"或外观,但实际上,就他作为"真正的"治邦者而言,他超越了这种表象。正如在这里,苏格拉底把哲人与智术师、治邦者中分辨开来,那么之后,异乡人会把真正的治邦者与党派政客区别开来。(见《治邦者》291a—303d,见本书第四章的讨论。)

全然认识不到苏格拉底陌生的一面,或者这么说,忒奥多洛斯全然认识不到哲人对非哲人的隐匿。这样,忒奥多洛斯本人成了典型的非哲人,他自以为自己富有洞见,而从苏格拉底的立场看,这种自以为是恰与苏格拉底的见解相悖。

  苏格拉底如何回应他与忒奥多洛斯不易察觉的不和?挑起论争可谓徒劳无益。与雅典陪审团相比,或是再与苏格拉底在其他对话中与之争辩的智术师和他们的追随者相比,忒奥多洛斯和他的学生是苏格拉底的朋友;这里二者的不和是就实质问题讲,而非指个人关系不和。但是,[10]出于同样的原因,单单陈述这一不和的问题也同样不切正题。因为最终需要的是自我认识的行为和发展,这个问题应当使其他每个人——首先是小苏格拉底——领会自身。因此,苏格拉底没有进行辩驳或推理说明,而是选择了沉默。就像我们一开始指出的那样,苏格拉底的沉默决不意味着他拒绝参加谈话。恰恰相反,苏格拉底的沉默有明确的作用,这清楚表明,直接交流似乎并不可能。沉默不语,苏格拉底几乎彰明了一个事实,即他没有得到倾听,甚至没有得到朋友们的倾听。或者,根据《智术师》中苏格拉底本人的话,通过自己在场,苏格拉底表明,哲学不可能自在自为地向非哲人显现。因此,对于使他与朋友隔阂的实质不和而言,他的沉默是一种间接交流。

  以上这些思考,连同早先思考的发现亲缘的"考验"的基调问题,对我们前面提到的对哲人类型的探询为何缺失这一问题具有重要意义。柏拉图真的打算写下这样一篇名为"哲人"对话吗?[①]

[①] 这类的意见,见 Skemp,前引书,第 20—22 页;A. Dièr,《柏拉图全集》(*Platon, Oeuvres Complètes*),Paris,1956,第 8 卷,第一部分《帕默尼德》(Parménide),第 xii-xvii 页;Gundert,前引书,第 157 页以下,亦见第 125—127 页;Cornford,前引书,第 168—169 页;Friedländer,前引书,卷 1,第 152—153 页,卷 2,第 275 页,第 281—282 页;Voegelin,前引书,第 141—143 页;J. Klein,《柏拉图的三部曲:〈泰阿泰德〉,〈智者〉与〈治邦者〉》(*Plato's Trilogy: the Theaetetus, the Sophist, and the Statesman*),Chicago,1977,第 5 页。

一些学者主张,在《智术师》217a,苏格拉底首次请求这种探询后,在《治邦者》258a,苏格拉底说"以后"他要与小苏格拉底谈话,这就允诺了他亲自着手对"哲人"的探究。① 基于几个理由,这种观点恐怕很成问题。不仅因为苏格拉底被雅典陪审团判刑而时日无多,更根本的原因是,苏格拉底在《智术师》和《治邦者》开场的话暗示,不可能有"哲人"这第三场对话。倘若在非哲人面前,哲人不会显露自己的真身,而只是装作智术师和治邦者的模样,那么既然忒奥多洛斯和他的学生显然不是哲人,也就不会当着他们清楚地探究哲人。如果可能的话,一定要在对智术师与治邦者的探究之中,方能探究到哲人,而首要任务是认识并辨别出那里面的哲人。另一方面,设想《哲人》这篇对话,确实有教育意义。如果对话者——特别是小苏格拉底——能够经受苏格拉底的"考验"而变得爱智(philosophical),那么他就适合着手第三种探究。但这不会以第四部对话的形式完成三联剧。占有苏格拉底的本质,方可变得爱智——那也就不需要老苏格拉底亲自到场了。因此,"哲人"这篇对话作为两位苏格拉底实际的会面,并无意义。相反,老苏格拉底将对哲人的探究当作一种精神目标,即小苏格拉底的自我认知和自我发展之极致。

然而,这个目标直接迫使我们考虑方法问题。既然隐秘的不和致使两位苏格拉底有隔阂,而苏格拉底又选择了沉默,这个精神目标又如何能达到呢?继而,这个问题引导我们思考来访异乡人的作用。

三、来自爱利亚的异乡人

我们之前问过,为什么异乡人适合引导他人探究智术师、治邦

---

① Diès 提出这种观点,前揭,Cornford 重申过,前揭,还有 Skemp,前揭。

者和哲人？当然，充分回答这个问题，需要分析[11]《智术师》和《治邦者》的全部内容。但是，柏拉图正是以戏剧表演的方式来引导预期。在《智术师》216a-b 及《治邦者》258a-b 处，柏拉图以丰富和精确的手法完成了这一点。

（一）法官和调解人

《智术师》始于以下交谈：

> 忒奥多洛斯：按照我们昨天的约定，我们来了，还带了一位客人。我们这位朋友是爱利亚地方的人；他是帕墨尼德和芝诺的门徒之一，致力于哲学。
>
> 苏格拉底：忒奥多洛斯，你给我们带来的也许不是普通客人，而是一位神，尽管你浑然不觉。荷马告诉我们，诸神如何看护虔敬（reverent）正义之人的事务，尤其是，异乡人的守护神会下凡查探哪些人肆心妄行，哪些人遵守秩序。陪伴你的这位，可能是那些拥有至高权能者中的一个，是位辩驳神（theos elenchtikos），前来证实和辩驳我们哲学言辞上（en tois logois）的缺点。
>
> 忒奥多洛斯：这位异乡人却并非如此；与那些好争辩的人比，他可更有分寸（metriōteros）。①

忒奥多洛斯此处的意思是，尽管异乡人身属爱利亚派，却并非好辩之人；年轻的芝诺开创了爱利亚派中的争辩传统，②对于帕墨尼德"存在是一"的教诲，芝诺将之转变成了争辩，以否认各种形式

---

① 我主要参照的仍是 Cornford 的译文。
② 在《帕默尼德》128d-e，柏拉图笔下的芝诺将他反多元论的论文描述成年轻时的好辩之作，由此，柏拉图既承认这个争辩传统，又暗示这种传统是对帕墨尼德和成年芝诺的误解。

的多元论，但异乡人不属于这个声名狼藉的传统。对苏格拉底而言，这的确是好消息，也有助于向我们这些听众解释异乡人的背景［见（二）（3）以下］。不过这也反映出，忒奥多洛斯对苏格拉底的话理解得过于肤浅。苏格拉底认为，"辩驳"（elenchos）的意义深远，并非只是汲汲于为片面的一元论争辩。辩驳指的是苏格拉底本人作为哲人的任务，在《苏格拉底的申辩》中，他提到德尔菲（Delphi）的神谕，以此解释这项任务（《申辩》20e以下）。Elenchos［辩驳］以辩证术证明人类见识的限度，这项工作可以考验那些自以为智慧的人是真有智慧，还是仅仅显得有智慧。这项任务虽然使苏格拉底与整个雅典共同体对立（见《申辩》，22e，25a），而在更高的层次上，则调解着二者的关系。该任务受命于神，通过否定人类的狂妄，使人类意见彻底遵从神圣智慧，从而调解了神与人的关系。

　　明白了这一层，那么苏格拉底开场的话就足以发人深省。难道异乡人像"某个前来辩驳的神"，来到雅典支持苏格拉底本人的神圣任务？苏格拉底有意对这场调解的情况含糊其词。苏格拉底的确提到"人肆心妄行"，暗指雅典人对他的审判。雅典陪审团的肆心在于，他们想要判苏格拉底的刑，说他是不信神的智术师，干扰了大众意见的基础。审判苏格拉底应具备真正的哲学洞见，而大多数邦民都不够格，因此需要一位真正的哲人驳斥这项审判。苏格拉底似乎建议，这就是异乡人的任务。既然如此，苏格拉底接着请求异乡人论述智术师、治邦者和哲人，也就不足为奇了。苏格拉底请求的正是对他本人哲学活动的哲学审判，而我们之前已表明，三联剧展现的就是这场哲学审判。可是同时，苏格拉底也谈到了"我们哲学言辞上的弱点"。这当然指的是在场的同伴。[12]异乡人"前来证实并辩驳"这一"缺点"，他的任务莫非是揭示忒奥多洛斯和他学生的缺点，使他们对此有自知之明？要克服苏格拉底与他朋友们之间隐秘的不和，如此无知之知是第一个关键步骤。特别针对《治邦者》本身而言——小苏格拉底将以此为起点，真正成为苏格拉底那样的人。因此,看来苏格拉底在两个层次上,给异乡人布置了同一个基本任务:无论对苏格拉底与雅典之间的明显冲突,还是对苏格拉底与忒奥多洛斯圈子之间的隐秘冲突,异乡人都可说是他们的法官和调解人。

(二) 疏远与调解,一些线索

现在考虑异乡人如何完成这项复杂的任务,当然为时过早。可是,《智术师》中的交谈提供了一些明显的线索,随着我们进一步的深入,我们应该好好考虑这些线索。

(1) 中道。柏拉图让忒奥多洛斯保证,异乡人 metriōteros[更有分寸],比爱利亚好辩者"更有分寸"。柏拉图此处的反讽手法堪为绝妙,因为忒奥多洛斯的话基于 metrion[尺度,中道,适度],也就预先暗指了异乡人自己的"中道"(to metrion)说。表面意义和深层意义是否在此汇合?异乡人将会定义中道为"适当"、"适时"、"需要",且"居中而不极端"(284e,本书第三章,B3 有详述)。按异乡人自己搞哲学的"风格","有分寸"指的是不争论、不好辩,以此构成"恰当、适时且需要",从而调解哲学面对的双重隔阂?我们此处要面对异乡人表现出的"肯定"特性,而根据"权威观点",这标志着柏拉图对戏剧对话失去了兴趣。我们会看到,异乡人避免苏格拉底特有的"否定性",即明显的辩难风格:寻找应答者的矛盾之处,使应答者陷入 aporia[困惑]。相反,异乡人引导了两次成功的定义过程,他在此过程中还演示了重要方法,即 diairesis[划分]法。同时,异乡人确实自我中断,他在紧要关头揭露隐含的问题。在此,我们还不能进一步细究这些要点,我们应该提出并记住这个问题:一般人极端傲慢,并径直以他们的"极端"抵制自我检审和苏格拉底的辩难,而异乡人的"风格",结合了肯定和否定,是否意味着他要在一般人的"极端"处寻找"中道"的努力?再者,是否异乡人的学说——尤其是,他讲述的治邦之道和划分法——作为手段,其作用是"适时"的调解措施,对调和苏格拉底与雅典政体和忒奥多洛斯的数学来说,既"需要"又"适当"?

(2) 荷马的典故:归家与伪装。这些问题可以表明,在《治邦者》的肯定风格和学说中,可能存在着反讽,以及表面之下的意义因素。作为一般的可能,在《智术师》开场白中,苏格拉底话中因引用荷马而得到有力强调。苏格拉底让人想到[13]:

> 荷马告诉我们,诸神如何看护虔敬正义之人的事务,尤其是,异乡人的守护神会下凡查探哪些人肆心妄行,哪些人遵守秩序(216a,前揭)……

而且,接下来苏格拉底在 216c 处使用荷马的话 epistrōphōsi poleās("周游列城"),苏格拉底引用的这两处都是对《奥德赛》卷十七中段落的更改。我们引用的这段情节,安提诺奥斯(Antinoös)是佩涅洛佩的求婚人中最无礼的一个,他打了流浪的行乞人。别的求婚人就谴责安提诺奥斯,他们说道:

> 安提诺奥斯,你不该打这可怜的乞求人。
> 如果他是位上天的神明,你便会遭殃。
> 神明们常常幻化成各处来的异乡人,
> 装扮成各种模样,周游列邦,
> 探察哪些人狂妄,哪些人遵守法度(483—487)。①

当然,求婚人们搞错了:尽管受惠于雅典娜(Athena),通过雅

---

① 引自 R. Lattimore,《荷马的〈奥德赛〉》(*The Odyssey of Homer*, New York, 1967),笔者修改了其中第 486 行,以便与 Cornford 的《智术师》译本 216c 处用词一致(见本书页 8 及注 11)。[译按]中译引自王焕生译,《奥德赛》,前揭,个别词汇根据文意略有改动。

典娜的说服,宙斯(Zeus)也帮助此人,①可是这行乞人不是神而是王者或治邦者,他就是奥德修斯。苏格拉底再现荷马描述的状况,是要激发人们好奇。苏格拉底暗示,异乡人并非神而是哲人,面对雅典和忒奥多洛斯的圈子,他前来复兴哲学,因此异乡人必须隐藏自己。异乡人体现的是苏格拉底伪装后的姿态么?当然,奥德修斯乔装返家乃是为了待时机成熟,就显露自己的真面目并重掌王权。与此相应,异乡人的目的也是为了使苏格拉底哲学显露真身,从而在城邦中重新取得恰切地位吗?而进一步对比奥德修斯——苏格拉底哲学的恰切地位,难道处于城邦之首?②

(3) 异乡人继承的帕墨尼德遗产:教育与反讽。柏拉图有意将异乡人刻画为并不好辩的爱利亚门人,是为了有所区分和评判。柏拉图似乎暗示,好辩之人没能好好体现真正的帕墨尼德精神。对此,《智术师》的中心段落便是一个证明。在那里,异乡人带着深切的敬意谈到了帕墨尼德,但却违反了帕墨尼德的命令,重新解释了非存在(《智术师》,237a 以下,241d 以下,254c 以下,256d 以下,258b 以下)。帕墨尼德的命令是爱利亚好辩者的基本武器。这意味着,沿着帕墨尼德的探询(inquiry)线索继续追问,要比毫不怀疑地(uninquiringly)坚持帕墨尼德的结论更忠于帕墨尼德。

第二个证明——我们会看到,这特别与《治邦者》相关——涉及教育定位,而在好辩传统中缺少教育定位。帕墨尼德本人的诗作根本不同于完全争辩性的文章,后者如芝诺早期的文章。无论就修辞还是文章主旨讲,争辩性的文章不去尝试深入多元论的看法,[14]也不试图区分见识层次,而帕墨尼德诗作的目标正是深入着手并调解这些问题。诗作中想象非凡,描绘了帕墨尼德受神启通向夜与日之门的游历,序章象征着看似根基(ultimacy)的二元

---

① 宙斯是漂泊异乡者的守护神,也是王者的守护神。
② 见本书尾声,尤其是第 117 页以下。

论,而帕墨尼德要挑战这种观点。由大门到深渊(象征非存在),又由深渊到宽广的大道(象征存在)这串繁复的更迭景象,在残篇的中心段落(真理之路)得以一一阐明,帕墨尼德讲述并阐明了他的思考,即发现存在才是根基。因此,通过揭示和发展内在于二元论的思想可能,帕墨尼德尝试引导普通"凡人"超越二元论。[①] 还不止这些。那些能由"意见"移向"真理"的人,会发现自己"远离了众人的道路"(1.27);对其他人来说,这些人的思想奇异而荒谬。得到真理的人防备着人,"以便凡人的智慧绝不会凌驾你"(8.61),在接下来的片段中(意见之路),帕墨尼德提出并展示了间接的反讽。"从这里了解凡人的信念",帕墨尼德在8.51—2处宣称,"倾听我言语中骗人的规则"。[②] 帕墨尼德接下来就展示了关于宇宙的二元论观点,二元论对存在的根基视而不见,帕墨尼德在序章中就已克服了这种观点。由此,整个诗作具有超凡的教育深度。序章引导非哲人习得哲学洞见,接下来的段落则教授哲人如何以非哲人的方式谈话和思考。因此,帕墨尼德的诗作展现了教育和模仿性反讽,二者是调和哲人与非哲人的可能方式。最终,实质上这些因素不可分割:恰恰是以二元论的方式讲述,也就是以模仿性的反讽,帕墨尼德首先使非哲人在诗作序章中经受教育。

如果柏拉图的爱利亚异乡人被看作是帕墨尼德真正的继承人,那么与扰人的争辩传统相对,帕墨尼德的思想应该影响着异乡人,使他对苏格拉底与他人的隔阂有所回应。作为哲学调解人,异乡人面对的挑战类似于:一位已经游历帕墨尼德的真理之路的人,如今必须坦然面对意见。当然,最好的调解者应当引导原本固执己见的凡人认识真理;但是,恰恰需要调解者表明的是,不可能直

[①] 拙文《帕墨尼德与揭示存在》("Parmenides and the Disclosure of Being")对此有详述,见 Apeiron 13(1979),第12—35页。
[②] 论意见之路的反讽,见 Mourelatos,前揭。

接引导凡人认识真理。如同荷马描述的情况一样(此处的对应显著),要显露自己真正的要求,就先得隐蔽自身。为了再次依照这种对应,苏格拉底必须遵从异乡人,而在某种意义上,异乡人必须以非哲人的观点伪装自己——或者说,异乡人必须深入到非哲人的观点之中。看来要在城邦和忒奥多洛斯弟子们的灵魂中复兴哲学,这是必要的手段。

四、开始的约定

就在《治邦者》伊始,从舞台场景到论证的过渡便出现在以下段落。苏格拉底提议,小苏格拉底"以后"要应答他的提问,但现在让小苏格拉底回应异乡人,异乡人同意苏格拉底的提议,他说道,"就这么办"。接着,异乡人对着小苏格拉底问道:[15]

> 苏格拉底,你听到苏格拉底的话了?
> 听到了。那么,你同意他说的吗?
> 当然同意。
> 这对你似乎没什么困难——我应该也是如此吧(258a-b)。

此段看似微不足道,实则大有深意。让我们简短地回想这整个情况。《治邦者》开场,忒奥多洛斯与苏格拉底简单交谈了几句,语带戏谑(257a-b,本书之前在 2.c 已有论述):柏拉图以此提醒我们,忒奥多洛斯不懂得哲学对非哲人的伪装问题。但是,苏格拉底的真正兴趣不在这位老数学家,而在他的年轻学生那,因此,他提出以"考验"发现亲缘。随后,苏格拉底不发一言。我们已经解释过,沉默戏剧性地象征着无人倾听苏格拉底的哲学,因为苏格拉底哲学与城邦及忒奥多洛斯的圈子都有隔阂。于是,异乡人面临着多方面的调解任务。从长远看,倘若异乡人要让城邦撤销对苏格拉底站不住脚的审判,他必须首先在两个苏格拉底代表的理解层次之间铺路,使小苏格拉底变得能"听到"老苏格拉底。也就是说,异乡人必须以某种方式唤醒小苏格拉底内在的苏格拉底本质,使他当得起苏格拉底之名,真正成为苏格拉底般的人物。

经过这番思考之后,蕴藏在《治邦者》258a-b 表面下的深意已昭然若揭。"就这么办",异乡人接受了苏格拉底的提议,着手哲学调解的任务。异乡人对小苏格拉底提的反讽问题:"……你听到……?"这表明,他懂得苏格拉底沉默的意义。异乡人要玩他们共同的名字:"苏格拉底,你听到苏格拉底的话了?"这表明,他认识到这次"考验"的根本意义。而小苏格拉底呢,则很快同意了——我们会看到,他回答的未免过快了。自以为是本来就阻碍非哲人通向哲学,而自以为是的本性就藏身于非哲人的心中。当异乡人说,"这对你似乎没什么障碍……",他似乎指出了非哲人的阻碍,只不过他指出的方式精深微妙。

第二章 起初的划分(258b—267c)

[16]我们读《治邦者》伊始,会带着确定的期望:二分法可以指导整个探究。在先前定义"智术师"时,这是异乡人唯一的形式方法,异乡人促使我们相信,他会遵循同样的步骤定义"治邦者"。在258b,异乡人直接提到《智术师》,他表明:要探寻出治邦者,必须"也"(kai touton)"如之前那样,辨别知识类型"。当异乡人说,值得注意的是这与之前的"划分方式"不同,他清楚地暗示了基本方法还与之前一样。因此,这引得我们指望但用二分进行探询。此处划分法的意义在于,对于惊人的离题和暂时中断——即接下来引入的神话、范例以及适度标准(267c—287b),划分法给予了原动力。与之相应的是,起始划分的步骤(258b—267c)只不过构成了对话的第一部分,这也变得明显引人注目了。我们不得不问,为何异乡人独特的形式方法仅限于对话的第一部分?为何要中断、悬置二分,而转向其他方法?

当然,答案显然是:划分法不足以定义治邦之道。但这只会引起更棘手的问题:柏拉图为何让他的爱利亚异乡人进行冗长的划分步骤,却得到不充分的结果?而且,如果我们深入洞察划分步骤,还会发现更多的问题。在整个对话的中间,是大量的离题话:即异乡人转向神话、范例和适当标准,与这种方式类似,在起始划分的中间部分,也有一个关于种类(sorts)的离题话。小苏格拉底出了错,异乡人必须驳斥他,重新引导他。进而,异乡人这么做之后,继续划分,而划分的结构和风格变化明显。这次一开始,异乡人就揭示了到达终点的两条路,而非一条。并且在讨论中,看来恰恰就在他提出自己发现的东西时,异乡人却以一种新奇、怪异的幽默口吻贬低这些东西。①

文本的各种特性使疏解工作变得繁复。下述的258b—267c处起始划分步骤,我们不仅要阐明划分法的形式结构。我们还必须问,柏拉图提供给我们的关于划分法的应用例证,为什么看来是如此不当、混乱且滑稽?

一、方法的形式结构;表面一致(258b—261e)

在起始划分步骤的第一部分(258b—261e),异乡人清楚地表现了划分法的标准形式和作用。经过一系列二分,[17]他意在从所有其他的样式中,"分离出"(chōris aphelontas, 258c4)治邦之道的独特样式或本性。这一步骤的关键在于,领会这种样式独有的特性,并以此定义之。

划分法的必要条件,是异乡人在《智术师》的核心处提及的样式的"共有"或"混合"说[译按:即"通种说"]。根据这一学说,几个样式或种类,②所有言辞和思想最终涉及的理念的统一(the ideal

---

① 关于整体与部分的结构对应,此处是第一个最清楚的事例(回顾引言,第xxx页)。起初的划分经过(i)导引的步骤(258b—261e),(ii)岔入离题话,包括(a)辩驳(261e—263b)和(b)纠正(263c—264b),(iii)基于离题话继续划分(264b—267c)。258b—261e的具体导引特征,以及继续划分中的歧义性,会随着我们解读的进展而变得清晰。

② 《智术师》和《治邦者》中的 genos 一词("种","类"),在《治邦者》263b 处用了这个词,而 meros 和 morion("部分"),这两个词好像可以与 eidos 和 idea 互换使用,指的都是样式。这种语言的变动起初令人惊讶,尤其考虑到柏拉图早期 (转下页注)

unities),①彼此能够有多种结合。我们可以区分双层(或两种)组合。一方面,确实有一些普遍的样式(all-pervasive),而每一个样式必然与之相通:作为不同于其他样式的同一(self-same)单元,每一个样式必然与整一(oneness),同(self-sameness),存在,异(difference)相通。另一方面,每一个样式也可以是一套特殊组合,适宜其本身确定的本性。②辩证家在践行划分时,致力于第二个层次,"按类区分,在何种方式下每个(样式)能结合,或不能结合"(《智术师》253e)。因此,辩证家能够列举每种样式的"性质"(properties),以此为样式下定义。③

异乡人展示了他的方法,却未加解释,他将理解划分法步骤规则的任务交给他的听众。然而,通过重复同样的一系列步骤,异乡人让这些规则变得明显。在做出区分之前,必须确立与区分相关

(接上页注)确立的 eidos 的独特意义(以及与之接近但并非完全等同的 idea 一词)。K. von Fritz[《德谟克利特、柏拉图和亚里士多德的哲学及语言表达》(*Philosophie und sprachlicher Ausdruck bei Demokrit, Plato, und Aristoteles*, Darmstadt,1963)]解释说,柏拉图并非用 eidos 指通行的"种类"或"特性"等意思,而是心智层面的新生,荷马在直接经验的层面上触及该词的这个意义"……那是 eidos 和 idea 的原初含义,对于整个事物完全可见的属性,命名其可见性或存在状况……在一定方式上,这一全新的领域[即心智的"领域"]的确是种提升"(第52页)。为何柏拉图不严格区分这些词汇的特殊意义与通行意义,至少在《智术师》与《治邦者》中,有两个明显的理由。第一,二分法是借助心智(dianoetic)而非心智性的(noetic),是推论性的而非纯粹直观的工作(前揭,第50页)。作为一系列的区分,根据种类之间的关联,或根据种类之间的从属关系,揭示要寻找的样式。因此,与柏拉图的特殊含义相比,通行含义更利于思考,而借助划分可以阐明柏拉图所特指的含义。第二,甚至在心智(noēsis)占主导的几个段落中(由 dianoia 引发,又代替了 dianoia),其中所用的术语也不是柏拉图式的。对话的听者被邀请进入到其洞见中,外在设置属于只会阻碍听者思考,而不会有所帮助。这些要点,见下文对 264b—267c 和 287b 以下的讨论。

① 《帕默尼德》,135c。
② 这项差别,见 H. Meinardt,《柏拉图的分有论》(*Teilhabe bei Platon*),Freiburg,1968,第5章。
③ 用"性质"一词,我指的是通过样式必然隐含的特殊形式或本性,每种样式所具有的其他特性。在分析《智术师》中对智术的典型定义时,Sayre(前引书,第176页)将这些描述为"一位智术师"的"充分"且"必要"性质。

的领域。① 运用术语时,要想大致稳妥,而又不笼统到出现含糊、不当等问题,一个人必须明白要定义的目标。在《治邦者》中,异乡人一开始通过提出引导性问题,突然展现了他的首个洞见:

> 那就告诉我,苏格拉底呵,是否我们也得将之(治邦者)归入有专门知识者一类,还是我们得以其他方式开始?(258b)

由此确立的是,治邦之道是知识(epistēmē),或与知识相合。可是,将此二者同一却会引起与之相当的差异。自然,治邦之道并非与所有知识相合。恰恰相反,除自身外,治邦之道无论如何都不是或有别于②所有其他知识;辩证家的任务是探查其中的差别,或是在知识内部,从不是治邦之道的其他知识中,识别出治邦之道(258c)。辩证家会分两步进行。首先,他"平分"最初的种类("知识")。从异乡人划分时的各种例子看,对立显然是"平分"(mesotemnein)的原则:在最初种类中,设法区分出对立的特性或种类。这样做的好处似乎也显而易见。对立是相互排斥,并且可以穷尽最初的种类(只要从中区分出的种类表明的是最初种类的必要方面)。所有知识——按异乡人的第一次划分——必定或属实践类,或属理论类;③因此,任何一门知识必然是这两类中的一个,

---

① 异乡人在好几处(282b,285b)为划分配上聚合。尽管如此,《治邦者》在几乎专门强调划分之处,与《智术师》形成强烈对比。如 Sayre(前引书,第 147—148 页,第 154—156 页,第 176—178 页)表明,在《智术师》中,前五次区分可以聚合在一起,以"制作"技艺为通名,汇集了多种智术。但是在《治邦者》中,异乡人直接断定知识为通名。在 258e—259c,政治领袖、王者、奴隶主、户主,与有[治邦]知识的平民的合而为一,"聚合"了各种"治邦者",但是这不同于《智术师》中的相应段落,后者是从已经确立的共性(或"必要条件"如 Sayre 所言)入手。
② 见本书第一章,注 20[中译本第 45 页(3)所引《智术师》斯蒂芬码]。
③ "理论上的"原文为 gnōstikē(258e)。如下一个切分中,通过区分"判断"与"指令部分"而阐明的(260b),"理论"知识本身虽然不做实践工作,然而却直接关涉实践工作。

而不是另一个,必然与其中一类相合,而与另一类不合。这就为下一步做好铺垫。"平分"好最初的种类,辩证家如今要在这两部分中辨别,定义目标与哪部分相合,与哪部分不合。这种挑选会再次揭示定义目标的属性。回到实例中,异乡人现在认识到,治邦之道是一种特别的理论知识。

[18]在这三个环节中——首个洞见,划分最初的种类,在确定定义目标属于哪一分支——我们看到了整个划分过程的内在节奏和动力。第三个环节恰好与第一个环节类似:在这两种情形下,一个人会明白什么是治邦之道,或什么与治邦之道相合;第三个环节和第一个环节一样,都在证明同一,而又进一步引起了差异。显然,治邦之道并不与所有的理论知识相合。因此,需要通过另一个确定或识别的洞见再次二分,以便确立治邦之道是何种理论知识,不是何种理论知识。依此类推。辩证家在二分和识别的不断交替中一路行进。最后,辩证家在他区分的两等半中挑选出定义目标本身,他才会停下。此时,辩证家会完全分离出他所寻求的本质(nature)。沿途揭示的全系列恰当样式,可以充当该本质的定义因素;辩证家只需回想这些样式,他就会取得他要的定义。

直到261e,异乡人在探寻治邦者时,看来进展顺利地向目标前进。小苏格拉底毫无保留地接受异乡人的首个洞见,即治邦之道是一门知识。异乡人一路引领,经过一系列二分和识别,如下页图所示。

异乡人在做区分的过程中,没碰到任何异议或争辩。小苏格拉底表现恭顺,且乐于跟随异乡人的指引。的确,要说有什么的问题的话,那就是小苏格拉底过于温顺了。好几次,异乡人觉得有必要提醒小苏格拉底,他要准备好分担这项工作。在258c,小苏格拉底对异乡人说,定义治邦之道"……是您的任务,异乡人呵——我可做不来"。异乡人婉转地反驳了小苏格拉底,他说道,"没错,

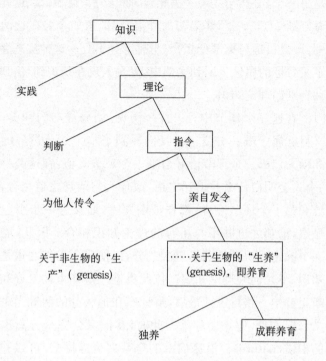

可是这成果也属于你,苏格拉底,只等咱俩都弄明白"。而在260b,即异乡人提议将理论知识分为判断和指令之后,有下面的对话:

[19]小苏格拉底:对——我倒是同意。
异乡人:但愿如此,因为共同分担任务的人都该一条心。
苏格拉底:的确是。
异乡人:只要我们取得一致,这世上其余人的意见,却不必咱们去管。
苏格拉底:没错。

这番对答中透出的从容自在叫人吃惊——特别是我们想到,

老苏格拉底尚在一旁静听。① 有好多次,尤其他在法庭上申辩时,苏格拉底都坚决主张:通过理性取得的一致,必然优先于大众意见这种外部权威(见《申辩》,34c—35c);这是苏格拉底区分辩证术语与修辞术的必要因素。而苏格拉底的对话人常常反对这一要素,直到对话结束。与此截然相反的是,小苏格拉底竟马上同意了。自此往后,在开场系列的区分中,小苏格拉底与异乡人似乎完全一致。

二、小苏格拉底的错误;二分的价值(261e—264b)

然而,在最初划分过程的中间部分(261e—264b),很明显的是,小苏格拉底与异乡人的一致似真实幻。在261e,异乡人为了考验小苏格拉底的认识深度如何,让他主动探究;异乡人邀请小苏格拉底做下一步划分。小苏格拉底跃跃欲试——"我渴望一试"(prothumēsomai),他说道(262a)。但小苏格拉底做的区分,将"成群养育"或"生养"分割为养育人与养育"兽"(tōn thēriōn),这表明,小苏格拉底根本没懂划分法及其旨在揭示的样式。异乡人直接反驳他说:

> 你真是以最热切,最有男子气的方式(prothumotata kai

---

① 依照"权威观点"(尤其回想引言中引述的Jaeger和Stenzel,见注9和1注7),这是有一个标志,说明柏拉图从苏格拉底否定性的辩难转向更为肯定的学说表述。Sayre,前引书,第152—154页,他指出,在《智术师》231b,通过六个步骤的区分,定义了"出身高贵的智术师",这种智术师的特性是否定他人,而且不讲方法,与苏格拉底十分相似,尤其与具有肯定性"新方法"的异乡人形成对照,他由此更突出了"权威观点"。但是他又指出,《斐德若》265d以下,苏格拉底自身支持划分法(亦参见《斐勒布》16b以下,苏格拉底更突出强调了划分法),他还表明,划分法暗合于苏格拉底肯定性的假设法(后者,见前揭,第四章;也参看Gundert,前引。第157—159页),由此Sayre也削弱了这种"权威观点"。需要更深入检审《治邦者》中苏格拉底的沉默,以及看似轻易取得的一致。

andreiotata),做了这样的区分哪。但只要我们能够避免,还是别再让这种事发生了(262a)。

对整篇对话而言,下面的话都意义深远。异乡人首先仔细讲述了小苏格拉底的错误。有趣的是,异乡人不仅在此直截了当地谈到划分方法和样式或种类的本质,他也在简短诉诸例证时间接提及了偏执(partisanship)这一政治—文化问题。在这篇对话中,我们从这里首次瞥见形式—方法与本质—政治主题间的根本交汇。然后在263c处,异乡人转向"这之后的下一个问题"(to meta touto):从驳斥转向纠正,他教导小苏格拉底,如何在他们继续探究时避免这种错误。我们会依次思考这两个段落。

(一) 驳斥:平分与样式(261e—263b)

异乡人的反驳令小苏格拉底感到惊讶。作为一个养育的样式,治邦之道显然以人为养育对象,而小苏格拉底区分人[20]与野兽,则直接达到这一结果。然而,异乡人并非想对小苏格拉底得到的结果提出质疑——的确,在他亲自划分出人以后,异乡人证明这个结果确实正确(见266c, e, 267c)。异乡人根本没有直接反对结果本身;"最好是(kalliston)",异乡人甚至说道,"直接分割出要探询的(种类),把它从其余部分中挑出来,倘若一个人能恰当做到的话"(262b)。

但小苏格拉底的做法不当。小苏格拉底得到正确结果,是由于他无意中扭曲了划分法,而这种扭曲行为削弱了划分法的哲学意义。异乡人在262b处反驳了小苏格拉底,他指出,"人"只构成"生物"中的一小部分。小苏格拉底"(把生物)切成了小片(leptourgein)",才挑出了"人",并且,小苏格拉底使"人"与所有其他种类的"生物"相对,他没有平分,而是不均衡地分割。基于实在的理由,异乡人指出这很"危险"。

从中间切就稳妥得多①——我们在中间更会碰见样式，这在探究中至关重要(262b)。

小苏格拉底一时没听明白，要求异乡人就此说明一番。小苏格拉底的反应倒是再自然不过了。得出"人"这一结果显然没错，我们又可想而知，小苏格拉底作为数学家，对于思考样式缺乏经验，他当然感到异乡人对他的批评晦涩难解。小苏格拉底切割的方式究竟为何没能"碰见样式"？而为什么"这在探究中至关重要"？为了提供小苏格拉底缺乏的经验，异乡人以一连串的例证作为答复。正如小苏格拉底那样区分"人"/"兽"：(1)按通常的偏见，人分为希腊人与野蛮人(262d)，(2)(非常稀奇地)划分全部的数为一万与所有其他不是一万的数(262d-e)，(3)(有争议或讽刺地)划分为吕底亚人(Lydians)、弗里吉亚人(Phrygians)——他们是希腊人"特别鄙视"②的野蛮人——以及所有其他人(262e)。而另一方面，与小苏格拉底的划分方式不同的是，(2)和(1)的正确划分分别是"奇数"/"偶数"和"男性"/"女性"(262e)。

首先，通过反例可以清楚，小苏格拉底是如何错失样式的。如"野蛮人"一词那样，"野兽"一词不过是真正种类的假象罢了；但是碰到"所有不是一万的数"这一类比状况，所有这类的假象都会消散。事实上，这三个例子都只是反面分类。归于此类的成分没有共同的特性，没有样式；它们不共有任何事物，但是它们与设定的与之相反的另一个词——"人"、"希腊人"、"一万"——彼此间倒确

---

① Skemp，前引书，译作："总是更稳妥……"我在古希腊文本中找不到"总是"一词。这很关键，没有这个词，就不会使异乡人听起来很绝对。因为，二分法"总是很稳妥"会暗示，一直用这种方法就能"碰见样式(ideais)"；但在 264b—267c(见本书第30—32页)中的两条道路，与 287b 以下(见第 74—82 页)形式的改变，都语带幽默，这就暗示文意并非如此。

② Skemp，前引书，第 132 页，注 1。

实存在多多少少的共同点。例如,野蛮人各族之间也截然不同,且就如每个蛮族与希腊人分离那样,蛮族之间也彼此分离(ameiktois, 262d)。当然,任何超越这些差异的特性,可以使这些种族融为一体,也包括希腊人在内。对于"野兽","所有不是一万的数"以及"吕底亚人、弗里吉亚人以外的所有人",也同样如此。这些都只是集合,内在上无任何相似之处。另一方面,"人"、"希腊人"、"吕底亚人"、"弗里吉亚人"的情况如何呢?我们好像在此间发现了真正的种类(而"一万",虽可以说[21]是一个种类①,但它确实是个绝对明了的实体)。然而事实上,小苏格拉底的划分方式没有揭示它们是真正的种类。例如,既然与"兽"对照,才揭示出"人",且既然"兽"的唯一意义是"非人",那么这种区分真的只是一种循环。我们不知晓何种形式不能与"人"结合,因为"兽"缺乏任何共通的形式;既然这种形式尚不明确,我们也就不知道"人"本身的形式,不知道"人"内在统一的特性,这种特性人皆有之,它使人们成为一个真正的种类。这同样适用于"希腊人"、"一万"等。此外,这也会阐明为何小苏格拉底没能"碰见样式",[而碰见样式]"这在探究中至关重要"。这样一种循环区分完全不提供关于"人"、"希腊人"、"一万"的知识。这根本不能"探究",毋宁说,它预设了一个人已经知道了他仍在探究着的形式。

异乡人举的正面例子——"奇"/"偶"和"雄"/"雌"——表明了他"从中间切"这一方法规则的优点。二等分的主张不仅需要延展部分中的数量平等。两分相等,也是指在更宽泛的意义上两个相关词汇的对等。"奇"与"偶"就是这层意义上的两等分。与一个明确的词汇及其含混的对立词("人"与"非人")相比,"奇"、"偶"二者相反相成。因此,二者互相排斥,但本质上又具有确切、实在的特性。"雄"、"雌"亦如此。在此意义上,这些切割的确"碰见样式"。又因为每个独特形式之所非[not,或译"对反"](即不相结合[的形

---

① 异乡人没有提出关于数字与它们样式之间的差异这样的问题。

式])是肯定确切的,它们也就真正有益;知道每个形式之所非,也就启发了每个形式之所是。

小苏格拉底理解异乡人所举的事例到什么程度?他在263a处的回应表明,小苏格拉底至少明白了这个问题。他问道,"一个人怎么能懂得,更清楚地识别一小部分与种类?"小苏格拉底在两种理解之间徘徊,一种是仅仅把划分法当作将整体分为部分的外延理解,另一种是把二分法视为探询样式关系的哲学理解。有趣的是,异乡人似乎愿意让小苏格拉底继续徘徊。异乡人第一次举例时提到,"依现在的情形,没法子完全讲透这些问题"(262c);而如今在263a处,异乡人更把探究推延到"我们来日得闲"。同时,异乡人教给小苏格拉底解此难题的简易公式。异乡人说,一个真正的种类,①必然包含着种类的部分;而部分却未必是真正的种类(263b)。表面看来,这不是回答,反而加深了问题:正是种与部分的模糊关系成了区分二者的关键。

可是,异乡人的托词中包含教导意义。存在样式才使部分成为种或真正种类;因此,区分种与部分,以理解样式论为前提。但异乡人知道,他无法与小苏格拉底一起以样式论为前提;相反,他只是通过划分锻炼,将小苏格拉底引向样式论。从教导意义出发,为了让小苏格拉底得出自己的理解,异乡人自我约束,而没有教给小苏格拉底准数学的二分法[22]②,这样做很恰当。因为二分需

---

① 小苏格拉底问到"部分"与"种类"(genos),但是异乡人以区分"部分"和"式样"(eidos)作答。对eidos的翻译,见第二章,注2[中译本第50页注②]。该对话中genos与eidos明显可以互换,这里是一例。
② 我说"准"数学的,因为异乡人的实践表明,平分的观念受对反的观念支配。A. C. Lloyd重构对划分法的几何模式,据说在阿卡德米学园就出现过这种模式,见氏撰,"柏拉图描绘的划分法"("Plato's Description of Division"),再版于R. E. Allen编,《柏拉图形而上学研究》(Studies in Plato's Metaphysics),London,1965。考虑数学术语的教育价值,以及我们把"小苏格拉底"看作是对年轻阿卡德米学子的一般模仿性代表,这些更为A. C. Lloyd的重构平添了许多趣味。

要找到对反,而对反——其积极、明确的特性——是样式,进行二分本身应得引导小苏格拉底理解样式。通过经验并反思二分,小苏格拉底应当能够回答自己提出的问题。①

附注——泛希腊主义的偏执:

　　显然,异乡人主要驳斥的是小苏格拉底划分法上的错误。可是,异乡人选择借助的例子,表明了本篇对话中哲学方法与政治内容的关系。

　　从我们现代读者的超然立场看,这些例子所暗示的政治—文化问题显而易见。将人分为希腊人与野蛮人显然过于偏执。从最坏的情况解释,这表现了文化上的自我中心主义及偏狭,这种想法将世界区分成"我们"与"他们"。以自己的方式为主,偏狭者将所有陌生、异质的事物都混为一谈。但是,有些并不狭隘的明智者也会如此划分——并且是出于反偏狭的原因。例如,伊索克拉底(Isocrates)希望,对野蛮人的共同敌意会使希腊人团结起来,克服数十年来城邦之间的敌对状态;野蛮的"他们"会从反面激起古老意义上的"我们",即在特洛伊战争及波斯战争的光荣年代中,为希腊人所熟知的"我们"。但最惊人的是,在《王制》470a 以下,柏拉图本人也让他笔下的苏格拉底表达了这种一般看法。对举了战争与内讧后,苏格拉底对照了希腊人与野蛮人之间"天生的敌意"与希腊人之间"天生的"友谊。这一对照激起了格劳孔做出这一可疑判断:

　　　　……我们的邦民必须这样[朋友般]对待他们的[希腊]对手;而对野蛮人,他们则应该像目前希腊人对付彼此那样(471b)。

----

① 作为严格"实践"的这种经验的秩序与结构,见本书第 69 页以下。

第二章　起初的划分(258b—267c)

但在《治邦者》的这段文本中,柏拉图诉诸事例,以及阐明事例的划分法,来挑战这种希腊主义。首先,诉诸事例初步使用了范例法,且未曾言明。在对话的后部分(277d 以下),异乡人会集中运用范例法,解释好老师如何引领学生同时应对陌生与熟悉、复杂与简单;学生先在熟悉而简单的外表下理解事物,再通过识别陌生、复杂的事物本身进行学习。但显然,异乡人不仅要说明小苏格拉底的错误,还要澄清自己阐述的事例。他需要第一个例子——"希腊人"与"野蛮人"——因为他要表明小苏格拉底分割时尤为偏执的特性。如"希腊人"与"野蛮人"[的划分]一样,"人"与"兽"[的划分]反应了同样的偏执,尽管这不属于政治—文化范畴;若是看到这一点,小苏格拉底就会预先警惕陷入偏执的危险。可是,异乡人需要第二个例子,这意味着第一个例子本身不够清楚。不过"希腊人"/"野蛮人"的分割本身又的确为人熟知;如异乡人所说,"世上大多数生于此处的人"都赞同这样划分。因此,不是分割本身,而是异乡人断定的这种分割的不足,[23]令小苏格拉底费解;显然,小苏格拉底本人是这"大多数人"之一,且仍持有这种偏狭意见而不能自拔。这有助于解释,为何异乡人转而借助数学范例来澄清政治—文化问题。训练有素的小苏格拉底立即就会明白,对于抽象、非意见性的(non-perspectival)数学工作,偏执的兴趣完全站不住脚,也完全没必要。因此,从所有其他数字中分割出一万,其中的偏执显而易见,而且荒谬。这一分割与"希腊人/野蛮人"之分并置,就会使后一区分中原本潜藏着的缺陷现形,这缺陷也就是其中的希腊人的偏见。最后,第三个例子又回到了政治—文化领域,并略带改变地阐明了这一点。因为弗里吉亚人和吕底亚人特别招人厌烦,根据这些人来定义所有其他人就尤为令人不快;与"希腊人/野蛮人"相比,此例的片面性更明显。但是,希腊人要拒斥这个分割,就也要出于同一理由,丢开"希腊人/野蛮人"之分。可以说,无论出于自爱还是出于对外乡人的嫌恶,都非真正区分的恰当根据。

相反，一个人必须克服一隅之见（"此地大多数人"所想），而以数学家的公正无私来探求真实的分类。在此，我们开始瞥见划分法的政治意义。通过使未经反思的偏爱屈从于二等分原则，划分法检审了派别偏见；由此，它保持从整体着眼。《王制》的回声直白而深长。异乡人由此例说明，小苏格拉底的爱国之心并不像数学精神那样，为他的政治判断提供真正的潜力。而且，异乡人划分法的观念令人想起使哲人胜任治邦之材的显著特性，这就是对整全的爱，这种爱使哲人超出所有派别政治。

可是，为何柏拉图如此费心地提出希腊人对野蛮人这一特别问题？（而他）本可以通过别的简单例子提出偏执问题的。柏拉图想要颠转苏格拉底在《王制》470a以下的立场吗？先看第二个问题，异乡人无疑反对苏格拉底在《王制》470a以下明确提及的内容。可是，有理由怀疑苏格拉底话中所指有多真心实意。首先，苏格拉底看似接受与野蛮人的战争，而在早先时候，他在《王制》第一卷反驳玻勒马霍斯（Polemarchus）的观点，后者认为要猛击或伤害自己的敌人（335b-d），苏格拉底的这两种态度显然是冲突的。①这两段或其中之一是否有反讽，乃至矛盾？② 可是要注意，在《王

---

① "猛击"与"伤害"的原文是blaptein，其一般意义是"去损害"。
② 在《王制》第一卷，与玻勒马霍斯的交谈中，苏格拉底特意激怒忒拉叙马霍斯，很像《高尔吉亚》中，苏格拉底与珀洛斯对谈，以激怒卡利克勒斯那样。苏格拉底否认正义者甚至会"伤害"别人，哪怕是他的敌人，对于"现实的"（或至少"懂得现实政治的"）忒拉叙马霍斯而言，这非常荒谬，由此激发他参与对话。虽然苏格拉底这么说有所企图，但他也的确坚持这种观点；正义之人只会与不义者为敌，并且正义者拒不"伤害"敌人，不代表他不使敌人受到治疗性的强制，强制行为——虽然不义者不太可能起初就认识或接受这种强制——用以惩治不义者，从而使不义者变好。见《治邦者》293d以下，296b以下。对于这些段落的争论，其中可能带有的反讽，以及产生的问题，见A. Bloom的释义（"Interpretive Essay"），与其译文一同出版，载于《柏拉图的〈王制〉》（*The Republic of Plato*），New York，1968，和L. Strauss，《城邦与人》（*The City and Man*），Chicago，1963。参照S. Rosen，"柏拉图的逆转宇宙神话"（"*Plato's Myth of the Reversed Cosmos*"），*Review of Metaphysics* 33，1；第59—85页。

制》470a以下的这一段落本身,苏格拉底同样有着对立的态度。甚至在苏格拉底反对希腊人之间的内斗时,他实际上决非支持反对野蛮人的战争。显然,格劳孔[接着苏格拉底说出]的后半句意见,"对付野蛮人,[我们的邦民]应该像目前希腊人对付希腊人那样(471b),"苏格拉底可从未说过。格劳孔的推论不合情理吗?抑或相反,是苏格拉底专为希腊人之间的关系,而引出希腊人与野蛮人的对立? 倘若如此,反观这一对立本身,是否说明——按苏格拉底在《王制》卷一中的论证——跨城邦的希腊偏执与诸如雅典或斯巴达的派别之争一样不正当? 这些问题都没有解决,[24]它们引起的模糊性说明,柏拉图为何让异乡人离开正题而提出这一主题。我们已经表明,小苏格拉底是阿卡德米学园中年轻一辈的总体代表,《治邦者》这篇对话则是与年轻一辈的间接交流。至少,有些年轻弟子可能按着格劳孔,而非苏格拉底的精神来理解《王制》上述段落? 倘若如此,他们就把这一段落当成了对当时泛希腊主义的认同。柏拉图显然认为有必要消除那种理解,让这些弟子们注意到,这一(至少是民众潮流的)观点之非哲学的偏狭。

(二) 纠正;划分状况(263c—264b)

在首次回答小苏格拉底的切分时,异乡人已向他表明其错误何在,他失衡的划分未能"碰见样式"。小苏格拉底尚未完全明白什么是"样式",对他而言,这些思考主要是否定性的。否定了对"生命物"的清楚划分之后,他要如何着手呢? 在263c—264b处第二系列("此后的下一点",263c)的思考,异乡人试图表面为何他易犯错误,又当如何避免之。这些思考的性质是正面的。异乡人主要以苏格拉底式的节奏,在驳斥错误后,重定思考方向,以便能够重新开始中断的过程。

异乡人从此处开始思考"使我们偏离论证的原因"(263c)。在接下来的话中,异乡人就小苏格拉底的错误切割指出了三点。第一,小苏格拉底切割时 mala prothumōs[血气灼灼](263c5)。该词可粗译为"血气过剩",或更字面、更具解释性的译法——"你的血气太过突出"。异乡人的措辞直接重申了他最初描绘的小苏格拉底的切割,prothumotata kai andreiotata("最具血气和勇敢",262a5);马上,他还会再次重申这一点,也就是在他对小苏格拉底带有温和责备的称呼中,他形容小苏格拉底是 pantōn andreiotate("你这个最勇敢的人哦",263d3)。这并非偶然,如后文确证,① 这些词让人想起《王制》卷四中的灵魂学分析。血气(亦可粗译为"心气"或"精神")是非欲求性的激情,介于欲求性渴望与灵魂中的"理性"部分(logistion)之间。而血气的德性即 andreia,"勇气"。按照苏格拉底的教诲,有关什么可怕、什么不可怕,当血气就这方面听命于"推理"部分的谋划时,血气就是勇敢的。进而,低的部分服从于高的才能,这就是 sōphrosunē,即"明智"。如此服从,或 sōphrosunē 区分开了勇敢与鲁莽,后者乃胆大妄为之举。因此,异乡人的话相当于简介批评或警告。小苏格拉底的血气"太过突出",这意味着,他需要运用"理性"来检审他的热情;小苏格拉底太过"勇敢",指的是他未加批判、未经"推理"谋划,就接受了看起来很像真实的事物。

因此,异乡人指出的第二个要点在于,小苏格拉底在切分时被表象迷惑,异乡人说,

> 你那时切分出一部分,因为你把[263d]所有[这些动物]都统称为"兽",所以你就以为它们构成了一类(263c)。②

---

① 见 306a 以下,以及本书第 106 页以下;亦见 291a-b,对勘本书第 86 页以下,以及 303e 以下,对堪本书第 103 页以下。
② 重点为笔者所加。

[25]小苏格拉底受名称所惑。很自然就假定,有一个通名,就有该名称提及的"一种"事物(在老苏格拉底展示的样式论中,通常是如此)。① 可是,假设并非思考。如之前的例子中,"野蛮人"、"兽"不过是指一个种类的一部分或局部而已。相反,也有一些真正的种类却恰恰无名。事实上,在此之前,异乡人正是碰到了这样一个无名种类:在 260c-e,异乡人创造了 autepitaktikē[自主发令]这一名字,指的是这样的命令知识,其中实践者自身(aut[o]-)构想出他要发布的命令(-epitaktikē)。不管怎样,要辨认名称与真实种类或样式之间的规则差异,就必须能够思考除去名称的真实种类。"推理"最重要的就是要以这种方式思考,这样,"推理"才可规劝并引导血气。满腔热血、不加省察的小苏格拉底还没有学会这种明智。

但倘若不是"推理",又是什么引导小苏格拉底做了这样的切分呢?263d-e 处反讽的对比中,异乡人给了暗示;就此,异乡人提出,分割不均的方法论问题与偏执性的政治—文化问题之间有关联。异乡人谈到,鹤展现出有理性的迹象。假设鹤按小苏格拉底同样的原则,对"生物"也做出它们自身的区分呢?"把它们自己作为独一无二且合乎尊严的一类(semnunon auto heauto,263d7)",鹤会把自己与所有其余的动物(包括人)区分开,"把它们统统归为兽"!这种喜剧的提法反映出小苏格拉底所做的"人"、"兽"之分,就像异乡人早先提的"吕底亚人"、"非吕底亚人",反映了"希腊人"、"野蛮人"之分。毕竟人被称作"兽"很荒谬——尤其(按以上戏言)这是鹤所做的区分!而在原则上,人把鹤以及其他动物贬于那种状态,与此并无不同。在他的类比中,异乡人揭露了小苏格拉底切分时的人类中心论。这是因为,小苏格拉底"赋予"人类"独一无二且合乎尊严",从所有其他动物中挑出"人",这对他而言,明显且必要。反过来说,恰恰同样明显的是,这使得小苏格拉底过于大

---

① 例如,见《王制》596a。

胆轻率。

人类中心论是如此严重的缺点吗？有一种观点认为，对普遍性的喜好，似乎使人类中心论成为一种无害的偏见。就像希腊主义超越了希腊人之间的偏执分歧，而人类中心论——或人本主义——则超越了希腊主义的偏执特性；没人被排斥在外。进而，随着古老神明的衰落，人类中心论以外的其他观点已经不可能；在这种意义上，难免会出现普罗塔戈拉（忒奥多洛斯的老朋友！）主张的 homo mensura[人是尺度]的学说，这并不新鲜。然而，从苏格拉底的观点看，"对任何人显而易见"的事物（《王制》510d）仍然需要灵魂中的"推理"部分的探究和确认。人[对普遍性]的喜好所冒的最大危险，就在于它会掩盖特殊性，而看不到逻各斯真正的普遍性——哲思（我们之后会看到，异乡人的神话以惊人的反讽形式，对此展开更详尽的探讨）。因此异乡人强调，小苏格拉底与他"谨防"（exeulabeisthai, 263e1）这样的错误。

但要如何"防"呢？在结束整个中断了的中间部分时，异乡人与他开始这部分时强调的一样：必须耐心坚持二分步骤。[26]小苏格拉底"匆忙做了"二分步骤，试图立即划分"一切动物"。简言之，小苏格拉底直接跳到了目标，即治邦者所关注的动物中较小那一类，他没有依种类和切分逐步进行，在二者间取其中。只有如此一步一步地做划分，才最能够防止错误。为了阐明这一点，异乡人再次援引了一例。然而，这是从他自己之前的划分中推导出来的，他做的这些划分是在小苏格拉底犯错之前。异乡人指出，他自己也偏离了一些中间步骤。就像小苏格拉底从"动物"跳到了"人"，异乡人从"理论知识的命令部分"跳到了"这一部分中涉及动物的养育，尤其是牧群"（263e）。然而，养育术，尤其用于群居动物，如牛群或羊群，这预设了群居动物本身是驯顺或"温顺"的天性。因此，异乡人暗示，他跳跃了一个步骤："动物"从中间分为"温顺"与"野生"。异乡人本该首先做这一步区分，只有这样，再在"温顺动物"这一类中,继续区分出"群居"动物与"独处"。

异乡人在这一中间部分的所有谈论,包括有关取中与偏执、重新修正之类驳斥小苏格拉底的话,这些都指明:在教育小苏格拉底走向哲学的过程中,二分法起了关键作用。在接受异乡人考验时,小苏格拉底跳到"人兽之别"这一步,这表明他受到一般意见的束缚。他不仅切分错误,偏离了种类结构。更糟糕的是,由于过度自信或"勇敢",小苏格拉底显露出他的胆大、冒失,这其中暗藏错误;由于意识不到自己意见中的华而不实和偏执,他会自以为有智慧。二分法马上揭示出这两个困境。异乡人坚持从中间划分,他以此要求小苏格拉底立即检验他怀有偏见的目标。小苏格拉底必须中止他明显的偏见。进而,要帮助小苏格拉底,直到现在也没有引入样式,也就是不在陌生领域寻找解决方式,因此,异乡人为小苏格拉底提供了平分的方法论规则。小苏格拉底是训练有素的数学家,他应该对这一规则有切身感受。① 因此,异乡人其实想运用小苏格拉底的强项,他的数学敏感性来反对他的弱点,他不加检审地屈从于显而易见的事物。最后,或许也是最重要的,二分法给予小苏格拉底有关哲学责任的首次经历。通过辨别异同,沿着诸多细微步骤划分,可以彻底检审思想。可以分解直观判断,使之易于反思。二分法以这种方式,有助于小苏格拉底自欺状态中解放出来——用老苏格拉底的话说,自欺即不知其无知,这是一味固执己见的实质。

确切地说,二分法的教育方式适用于非哲人,然而,这恰恰指出了一个重要问题。二分法对哲人有何价值?对于一位已经学会哲思的人,不需要异乡人对小苏格拉底的那种检审和训练。因此这一问题涉及这一方法的实质能力。对于首次学习思考样式的人而言,划分法必不可少,但是对精于此道的人,划分法是否就不必要了呢?[27]甚至划分法还会拖累他?亦或者,划分法的原则不

---

① 见本书第二章,注14[中译本第59页注②]。

仅使初学者的心智转向样式,而且,还能够进一步全面反思样式的恰当特性?

因为柏拉图在《治邦者》中仍坚持对话的戏剧特性,所以我们不能期望这些问题有任何直接回答。① 我们可以猜想,这些问题只会出现在异乡人与老苏格拉底的对话中,而非小苏格拉底。既然这些问题以对样式的真正理解为前提,小苏格拉底就难以提出这些问题,更不会懂得如何解答。尽管如此,异乡人的确暗示过这些问题,也不免迂回传达过这些问题(对此的探讨,参导言,页 xxvii 以下)。首先,异乡人第一次反对小苏格拉底的切分时,他说到中间却惊人地做出了妥协:虽然强调了"从中间切"要"稳妥得多",异乡人却指出"最好是(kalliston)直接划分出要找的[种类],倘若划分得对……"(262b)。我们之前看到了,如果非哲人要这么做,可能会非常糟糕。但哲人会如何呢?对于非哲人最好的方法,对哲人而言不就成了次好?第二,异乡人两次说起,他不愿尝试详尽解释部分与种类的关系(见 262c,263b)。我们已经考虑了此处出于教育的原因:直到他对样式有更多经验之前,小苏格拉底都不会明白这个问题。但是,一旦他熟识样式之后,他会发现异乡人现在话中的不足之处吗?异乡人在 263b 处警告,"但现在,你得提防我之前的话——不要以为,我现在说的,是对这个[关系]的确切说法(enargōs diōrismenon)"。这的确说明,更确切的陈述会推翻他现在的说法。我们想起,异乡人这里说的是,真正的种类必定是构成种类的部分,而部分未必是真正的种类。这怎么被推翻呢?② 部

---

① 在对待《斐德若》与《斐勒布》中苏格拉底对划分的陈述时,我们也同样留心,不要把这些话直接等同于答案。这些陈述是对非哲思的或尚未哲思的年轻人而发,还有待在文脉中进一步解释。

② [译按]作者此处的援引及随后的推论与原文有出入。根据《治邦者》文本,异乡人拿不大准的说法,指的是"种类与部分彼此不同"(263b5)。而"种类……必定也是一部分,但一部分未必是一个种类"是异乡人的确切说法。

分必定是真正的种类——这不可能为真。那么这是否意味着,根据确切说法,真正的种类——或样式①——不会是部分?但倘若如此,这就暗示了对划分的分裂为部分(partition)这一含义有所批评。最后,在263d,异乡人举鹤为例来说明偏执切分,其中包含了反讽的幽默。这很明显。在此之前的众多切分和教导,他都一本正经摆出问题的实质。然而,他显露出冷幽默,而且我们不清楚,他是否只是在滑稽模仿小苏格拉底的切分。怪诞的比拟本身也很搞笑——这间隔开了表面与表面之下的意义。确立一个显白意义,同时又反对这个意义。对于发觉这种模棱两可的听讲人,这种模棱两可邀请他探询表面下的意义。

如果异乡人要从264b出发,以258b—261e处相同的步骤、同样的态度继续二分,那么以上这些反思就没意义了。但他没有这样做。如我们开头注意到的,异乡人忽然把冷幽默注入到整个要结束的一系列二分中。他既增加又改变了其基本步骤,这意味深长。二分式的划分法明显有困难,倘若不是缺陷的话。② 因此,我们继续读下去时,应该保持先前心中的反思。事实上,264b—267c,重启划分,包括起始的方法(258b—267c),以及[28]在对话

---

① 见本书第二章,注2[中译本第50页注②]。
② 对该方法的全面评估,见Stenzel,前引书;Cherniss,《亚里士多德对柏拉图及其学园的批评》(*Aristotle's Criticism of Plato and the Academy*),卷一,Baltimore, 1944,第一章,以及《早期学园之谜》(*The Riddle of the Early Academy*),New York,1962,第二讲;Ryle,前引书,尤见第135—141页;J. Ackrill,"为柏拉图的划分法辩护"("In Defence of Platonic Division"),载于Ryle编:《批判论文集》(*A Collection of Critical Essays*),Garden City, N. Y.,1970;以及Sayre,前引书,尤见第四卷。柏拉图笔下角色往往过高地赞扬二分法(如Cherniss和Ryle等人,一般不重视这一点,而Ackrill则强调这一点),而在实际践行二分法时,又有受方法所限的迹象(就像Ackrill前引书,第373页,他承认自己没有考察这一点),尤其是在《治邦者》中,这一张力非常明显,笔者的阐释试图调和这种张力。所有这些解释者(Sayre有部分例外,尽管如此,他在讨论《泰阿泰德》与《智术师》时,从未考虑过模仿性反讽)都没有在对话的戏剧情节和教育作用的启发下,检审对二分法的赞扬与践行二分法时的张力。

最后的主干部分中,重启这一方法本身(287b—311e)都会为发展反思提供理由。

三、二分的尾声;玩笑与问题(264b—267c)

在264b,异乡人用标志性短语 palin ex archēs("再次从头开始"),重启划分。从小苏格拉底做不出的划分开始,把"成群养育"(koinotrophikē)的知识平分,异乡人进而达成了对治邦之材的看似成功的定义:"牧养人类的知识"(参267c,anthrōpono-mikon)。在这一过程的中途,如我们所见,异乡人指出到达目的地有两种路径,一条长路,一条捷径。如果我们从起始划分的中断点继续开始(见页18,图表),行将结束的划分如下页图所示:①

[29]该图很难反映出这部分对话奇怪的复杂性。这部分表面目的是完成治邦之材的定义,但实际上,它包含的东西要多于——且远远少于——它要求的目标。不仅最终的定义不充分,需要新的定义,并且在之后的对话中需要再次划分,而且朝向定义的步骤都模棱两可,很成问题。事实上,异乡人好像同时说出了几层意思,也就是在同一番话中,却对两位苏格拉底各有所指。一方面,他与小苏格拉底的对谈中施教;另一方面,他在前一层次中造成的对哲学的极端限制,他也做了检审性地反思。

(1)首先,这些行将结束的划分所要达到的真正终点,明显是事先给定的。小苏格拉底的错误并不在于挑出人作为治邦者的培育对象,而在于他这么做的方式过于热情或冲动(mala prothumōs)。因此,接近尾声的划分步骤,其中心主旨在于教育。

---

① 我主要顺着 Skemp(前引书)的指引,探索 pezon 的内在模糊性,并按它在长路中的表象将之释作"有足"(264e6,e8,el 2,265b8,c2,c6),在捷径中以其外观释为"陆上"(266e4)。参 Benardete,前引,第194—195页。

第二章　起初的划分(258b—267c)

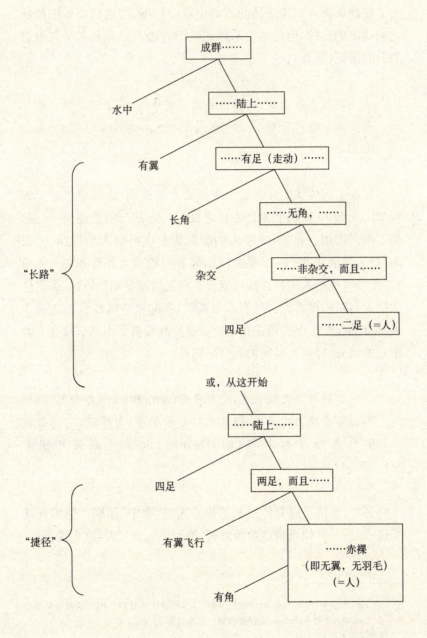

为了使前面插入的离题话的教训生效,异乡人会达到小苏格拉底之前得出的目的,但是他会采用正确的方法。如异乡人早先重启划分时所说(264b):

> 因为也许论证本身,当其被带向结论时,它向你揭示的甚至要比[你切分错误时]你渴望的(prothumēi)更妙(kallion)。①

异乡人渴望实实在在展示离题话中的教训,他的想法对于解释264b—267c处两个稀奇古怪之处——幽默与两条道路——起到了很大作用。首先,异乡人的幽默集中在贬低人的性情。"长路"把人与猪并置——结果也使治邦者与牧猪人并驾齐驱——而在"捷径",他把人的特性描述成没有羽毛的两足动物,这一著名说法把人与鸟相提并论。尽管鹤很高傲,鸟的这些特性也无法赋予人特有的尊严。但关键正在于此。这恰好颠覆了小苏格拉底人类中心的切分,异乡人显明的划分原则是:

> 这种对定义的追求,它与尊贵(semnoterou)与否无关;也不会偏爱较大的荣誉,而否认较小的荣誉,毋宁说,它总是以其自身恰当的方式(kath'hautēn)总是达到最真实者(266d)。②

另外,这两条路具体展示了异乡人的"取中"原则。他也详述了这一点;一开始提到这两条路时,他为了区分二者,这么说道:

---

① Skemp,前引书,他将 *kallion* 译成"更明晰",这种译法不足取。因为这容易掩盖异乡人对262b2处 *kalliston* 的含蓄回顾。见本书第32页。
② 回顾《智术师》227a-c。

一条是捷径,它将自身划分为较小部分与较大部分;另一条路的确更长,但这条路遵循我们先前说过的原则,那就是我们必须尽可能从中间(mesotomein)切分(265a)。

那么,异乡人再次反映了小苏格拉底的错误,并对比了他的错误与正确的步骤。第二,捷径的最后一步,"赤裸"或"无翼"(psilon)不过是两足动物中的一小部分;这只适用于人,而人在数量上多过各种鸟类。再者,通过对两条道路的鲜明对比,异乡人似乎揭露了这种片面区分的不合理。在长路中,ptēnon,即"有翼",不同于 pezon,即"有足"或"行走";这一区分中提到了特定的飞行动物,[30]与足行动物形成对比。因此,"有翼"与其相反者区别开来;每一个本身既是实在物,又是另一物的特定对反者。与此对照引人注目的是,在捷径的最后一步,"有翼"与 psilon,"赤裸"相对。有翼飞翔者却只是与"裸"翼(或无羽毛)相对,而该事物本身则是不能飞翔者。尽管"赤裸"一词的意义并非否定性的。① 因此,"赤裸"只是与"有翼"矛盾,二者并非相反。正如在"人兽之分"和"希腊人与野蛮人之别"中那样,偏颇的切分,事物缺乏实在、确切的特性,事物的意义而是完全依赖于另一事物。唯一不同的是,在"有翼与赤裸"之分中,寄生的事物在更小一边,而非更大一边。

---

① 相反,在长路上的切分中,异乡人运用一个否定性的术语来表达肯定意义。在分辨"有角"与"无角"(akerōn)时,异乡人说,"看(hora)这次划分",并将其描述为"本性上"(phusei),他是在断言,平头或光头是某些动物的内在特性,而从经验上也显而易见(见 265b)。因此,这和"有翼"/"赤裸"的切分形成互补,二者都受名称误导。如随后的切分"杂交"/"非杂交",在引入否定性词汇 amiges("非混种的")异乡人在这里用了两对肯定性词汇,schistōi/mōnuxi(分趾/整趾),koinogoniai/idiogoniai("杂交"/"同种交配")。当然,亚里士多德在《动物学》卷一第二章、第三章中,既反对用否定词缀,又反对用二分法。亚氏对柏拉图划分法的批评,无论在表面上,还是实质上,都是一种误解。见 Cherniss 的两部作品,前引,本书第二章,注 24[中译本第 69 页注②]曾引用。

既然看上去有显著缺陷，异乡人却还是展示了两条道路，那么他的这一举动就很惊人了。就在他对两条道路作出关键区分之后（前揭引文），异乡人马上告诉小苏格拉底，"我们可以选择我们想走的路"（265a）。并且，在展示捷径期间以及在此之后，他都没有直接批评捷径。与立刻反驳"人兽之分"、"希腊人与野蛮人之别"相比，异乡人这里却暂不表态，反倒引人注目。为何他在表面上容忍？令人信服的解释是，异乡人在以真正苏格拉底的方式，实现老苏格拉底的请求。异乡人把两条路摆在小苏格拉底面前，意在考验小苏格拉底对离题时得到的教训的领悟；异乡人貌似对选择哪条路漠不关心，实则激励小苏格拉底自己领会捷径的缺陷。不过，这条解释线索应该更进一步。小苏格拉底根本没有做出检审性的回应；他表明自己还不够苏格拉底。因此，这一责任落在了对话的倾听者身上——首先是对阿卡德米学园中那位年轻人，"小苏格拉底"这个人物实际上是他的化身。他能够领会小苏格拉底显然还不懂的东西吗？

（2）即使我们接受这一解释，并由此思考，解释本身仍要求另一种补充的可能。因为，异乡人拒斥捷径就相当于他肯定了长路。这引发的问题是，他是否赞同两条路中的任何一条。或许他暂不表态，暗中却对两条路都不赞同？事实上，检审性的倾听者会反思长路在方法论上的优越性，从中可能有惊人发现。异乡人带着玩笑在长路上做了最后一个切分，他以此表明，长路包含着与捷径同样的基本缺陷。然而，既然长路合理应用了"从中间切分"的原则，那么长路出现这个缺陷，也就检审性地反映了方法本身的真实限度。

在266a-d处，异乡人开了三个玩笑，要揭示这个问题，我们需要考虑玩笑中的特别暗示。

第一个玩笑（266a-d）在于，应用复杂的几何理论，在两足动物与四足动物之间做个看似简单的区分。① 异乡人这样开始,他宣称发现了一种区分方式特别"适合"小苏格拉底和泰阿泰德的几何学者身份。然后,他区分了两个种类:"对角线"与"对角线的对角线"。在"走路方式"上,人当然是 dunamei dipous,即"能力上是两足的"——但这些词也有数学的意思,指的是 $\sqrt{2}$,其中 dunamis 有"平方根"的意思,dipous 亦可指"二的";边长为 1 的正方形的对角线长度,即 $\sqrt{2}$。[31] 相反一类,其"为[人的]两足的二倍","在能力上是四足";其数学意义即 $\sqrt{4}$,是边长为 $\sqrt{2}$ 的正方形的对角线长度,这便是"[第一个正方形]对角线的[正方形]对角线"。② 表面上,这个玩笑只是以滑稽方式认可了忒奥多洛斯圈内人的特殊能力。但是,这个玩笑也有一个深层含义。异乡人已经把他的二分法描述为"平分",这就暗示了二分法与几何之间有着更亲密、更直接的关联。平方根(dunamis)的概念,戏耍地用对角线和平方,所有这些都指涉,忒奥多洛斯和泰阿泰德尤为专注于研究不可通约(incommensurables)。运用对角线,不仅得到了不尽根,而且在共同的图形中,不尽根与整数一起被看作长度;通过平方得出面积(epipedois,《泰阿泰德》148b),他们甚至可以用间接的方法使不尽根能够通约。③ 异乡人在切分中应用各种这样的概念,由此暗示,二分法有些像这些能力。二分法也能发现、比较,甚至在某种意义

---

① R. Brumbaugh,《柏拉图的数学想象》(*Plato's Mathematical Imagination*),Bloomington,1968,第 257 页,他写道,这个玩笑"……真的是一个玩笑。其中的笑点在于,为了完成一次简单的物种区分,竟毫无必要地把更高的数学置入了生物学的讨论中"。K. Gaiser,《柏拉图的未成文学说》(*Platons ungeschriebene Lehre*),Stuttgart,1963,第 125 页以下,将此玩笑视为对秘传的数论划分法的刹那揭示,并对重建这种划分做了有趣的尝试。没有谁的解释考虑到这段喜剧讲辞的反讽深度,而只是直接反对之:解释者认为,玩笑要么只是玩笑,要么它就是在间接表示什么教义。

② Skemp,前引书,第 139 页,注 1,对这个笑话给出了最好的数学阐释。

③ 见《泰阿泰德》,147b 以下。

上通约那些不可通约的事物。

虽然这些明显是几何的长处,然而,其哲学价值相当成问题。异乡人在他第二个、第三个玩笑中,显示出问题何在。在第二个玩笑(266c)中,异乡人一语双关地揭示,最后切分出成对的事物是,四足动物与作为两足动物的人:人"相应于……最高贵,也是最随和的"物种(c4—6),这一物种"最慢","最后(hustata)到达"(c8)——这就是猪(hus)。这最清楚地阐明了,二分法如何以间接方式通约了本不可通约的事物。作为两足动物与四足动物的猪相配,这只是通过其兽性的一面而揭示人。① 其实从第五步切分开始,就把人置于牧群动物一类,这只不过是归纳了这一整串的揭示而已。正是为了通过平分而达到人,异乡人不得不根据人与别的动物共有的特性来解释人,这种共性只不过是动物特性。可是这些描述——"陆生"、"足行"、"无角"等等——非但没有揭示什么,反而掩盖了人之所是。② 的确,这一掩盖如此明显,以至于这令人注意到没有提及的特性,这种特性使人与他的同等动物不可通约:这便是异乡人从未有时机赞誉的人的心智,亦即人灵魂中推理(to logistikon)的能力。既然在别的物种中,没有与之对应的恰好相反的特性,区分出对反事物的二分法就不能揭示它;但心智仍是人的本质。通过把不尽根和整数的平方转为面积,几何学间接通约了不尽根和整数,与此惊人类似,通过抛开对人的独特本性,转而只把人看作动物,人和猪的共同性就在于此,因此,异乡人的二分法匹配又辨别了人和猪。此外,二分法以相同方式遮盖了治邦之材的本性。这就是第三个玩笑的内在含义(266c-d):既然人与猪"相类",而且,切分得出了治邦者所培育的人,这揭示出治邦者之

---

① 柏拉图之前已经对猪与人的对比做过一次发挥,见《泰阿泰德》161c。
② 参考《书简七》342e,343b-c,其中,对于把知识作为揭示其对象的"殊性"而非"存在"(on)或"什么是"(ti)的这种看法,提出了批评。见本书第 80 页以下。

所是，那么治邦者就与牧猪人"相配"。① 就像如下短语显示的那样，这一玩笑有着严肃的暗示。正是因为这只不过揭示了人的野兽一面，所以，对人的统治会显得像是一种[32]动物照管（animal-keeping），也就是牧羊人的工作。这就模糊了治邦之材的独特性：受到照管的臣民本身都有心智，且都可做照管臣民的统治者的工作。②

因此，显而易见的是，长路包含着与捷径相同的基本缺陷。方法论上，长路的确很优越：相形于"赤裸"（或无翼、无羽），"二足"是真正的对反物，而"四足"、"二足"恰当地区分了整个类。然而，实际上，长路像捷径一样，按照它所展现的人的定义，并未反映出人的本质。换言之，长路的确成功分离出人的种或类；但是，它没有揭示本质特性——人的完全意义上的 eidos［式样、种类］。③ 此外，异乡人在晦涩的离题话中，谈"真正的种类"与"部分"之间的关系（263a-b），那时就注定了二分法必然失败。整个一步步的切分过程，是根据某种共性而划分出的种类；每一次的划分或区分，都预设了有这样一个整体同一性，或多个相同之处。同样，异乡人在离题话中主张，每个部分必须独立成为一个整体，由实在、确切的特性融合成的一类。然而，如今我们碰到了一个种或类别——"人"，其本质共性并没有与其他种类构成确实的对反。心智、欠缺心智这种区别并不构成确实的对反。因此，如果"人"这一种或类按心智这一特性来理解，这样的种类就不是平分所追求的那种"部

---

① Gundert（前引书，第148页）以及 Skemp（前引书，第140页，注2，他没 Gundert 那么确定）指出，这里暗指欧迈奥斯（Eumaeus）。这种并举非常有趣，因为王者奥德修斯，当他伪装起来与欧迈奥斯"并行"时，他们"同气相求"《奥德赛》，第17卷，第218行，奥德修斯的伪装，就像这里"人们的牧者"所示，王者仍隐蔽未明。参照 Benardete，前引，第224—226页。

② 见神话背景中的275c，以及305e—311c 外对治邦者的最后描绘，请参看第106以下的讨论。

③ 见第二章，注2［中译本第50页注②］。

分"。而相反，这种特性或 eidos（意义如前所示）与这一类别的本质相融合，平分无法完全反映它要找出的式样结构。相反，至少从目前的状况看，二分法掩盖了真正的 eidos，因此，对于全面的哲学洞见而言，二分法并不充分。

同时，异乡人为何要限制自己而间接暗示问题，这也显而易见。从外在形式看，根据人类独一无二的心智，而区别开人与动物，这种哲学式的区分与"人"、"兽"之别的偏执划分没有分别。而既然非哲人缺乏对式样结构的洞见，他所认识的也就止于外在形式而已；哲人超越了二分法，而非哲人不懂二分法——非哲人并不懂得这两种情况有何区别。因此，内在"最好"（回想 262b kalliston[直译"最美"]一词）之路必定因与非哲人的单纯意见相关的"更好"（回想 264b 的 kallion）而受到压制。既然二分法是使小苏格拉底从纯粹意见中解放出来的唯一工具，那么异乡人就不愿挑明了批评二分法。

如果上述反思理由充分，那么异乡人最后这些划分步骤则暗含着深刻的教育性反讽。表面上，他好像没有言外之意。但这种看似确凿的话其实是种掩饰。实质上：(1)，异乡人考验了小苏格拉底是否理解离题话中得到的教训；(2)，而对于那些比小苏格拉底优越，成功通过考验的人，异乡人向他暗示自己对平分法的哲学批评。① 再者，除了方法论内容之外，异乡人的反讽也指向了本质的方面。[33]对此，在提到他的第三个笑话时，我们已经指出(266c-d)。把人与猪相提并论，也就使治邦者与牧猪人并驾齐驱。这里异乡人的表面观点是，哲学定义必须无视地位与尊严。但在

---

① 因此，最后的划分给了我们一个显著的实例，Friedrich Schlegel（Friedländer 曾引用过，见前引书，第 1 卷，第 145—146 页）称之为"双重反讽"："两条并驾齐驱的反讽线路，免于互相打扰，二者有天壤之别"。第一重反讽：完成定义的方式，其实是对小苏格拉底的反思和考验；第二重反讽：反思与考验的方式，似乎证明了二分法的意义，并真正把二分法置入问题之中。

此之外，在下一段谈话中，异乡人会暴露出目前定义中这种相提并论所引发的基本问题；治邦者与他统治的人成了牧人与牧群的关系。早在第五步切分中(261d-e)，就引入了这一定义的特殊词汇，那里，治邦之材的特性是"养育"(trophē)，而人是受培育者(thremmata)。更一般地说，牧人与牧群的种类区别遍布了划分始终：治邦者被描述成知识的实践者，在实践中自主发令，而拥护他的人被描述为一群温驯的两足动物，没有提到后者具有心智或自我负责的能力。现在古怪的是，既然异乡人自己很快就反对并暴露了这些困难，那么，为何他会首先提出治邦者和他拥护者的这种形象，令人费解。特别是，既然对治邦之材的特殊变形并非他方法论要点的本质，异乡人为何要以这种方式掩饰呢？

异乡人反讽地践行着糟糕的逻辑和成问题的方法，如果这是一种导引，那么可以说异乡人在考验小苏格拉底。异乡人有兴趣知晓，小苏格拉底是否把治邦者看作"人的牧养者"(anthrōponomikon, 267c)，或是否对这种观念抱有同感。正如他给出长路和捷径，以及在整个最初的划分过程中，他激励小苏格拉底提出检审性的反驳。然而，小苏格拉底却没提反驳。相反，与他片面跳到了"人兽之别"时一样，小苏格拉底如今在267a又带着未经检审的热情，他毫无保留地赞同这个定义：

> 你用这个定义优美地偿还了欠我的债——你偿还的太多了，因为你添加的岔路就像利息。①

异乡人概括了整个起始的划分步骤，最终把治邦者描述成"人

---

① 这里触及柏拉图的精妙反讽。还债是把原则还给债主，这原则本就是债主自己的，再加上欠债人拿出的利息。因此，治邦者作为牧人的观念本是小苏格拉底自己的，而有关方法论的离题话是异乡人所起，而非小苏格拉底原有的。

的牧养者"(267a-c),小苏格拉底对此表示绝对赞同,他回应说:"确实如此。"

然而,如果这有助于解释异乡人的掩饰,那么这也只是激起关于柏拉图的问题。为何柏拉图绕这么大圈子,让他的主角表达这种治邦之材的观念?这一问题包含了两个更尖锐的问题。柏拉图为何把这一观念与"小苏格拉底"这个角色联系起来?为何他把这个观念看得如此重要,以致要暴露并驳倒它?简而言之,谁是柏拉图的真正对手,他们之前最基本的争论是什么?

第三章 论本质与方法的离题话
(267c—287b)

　　小苏格拉底未经检审就接受了长路与捷径,以及治邦者是"人的牧养者"这个定义,这突显了异乡人所面对的特殊困境。虽然异乡人想要考验小苏格拉底的检审能力,但小苏格拉底却渴望听从异乡人的领导。从一方面看,恭敬的年轻人对令人感佩的长者的自然反应,就是亦步亦趋。回想一下,在早期对话中展现的人物之中,《普罗塔戈拉》中的希波克拉底(Hippocrates)最像小苏格拉底。因为他们二人都非常渴望学习,既然他们的学习渴望没有与检审性的反思调节起来,那么这种渴望反倒成了障碍。就像老苏格拉底向希波克拉底指出的那样,没有这种反思,希波克拉底就会陷入危险:满怀热情地"把自己的灵魂托付给这个来到我们中间的异乡人[译按:指智术师普罗塔戈拉]",未经分辨就把自己敞露在"危险"和"有益"的思想中(见《普罗塔戈拉》313a—314b)。而受忒奥多洛斯(普罗塔戈拉之友!)的影响并接受其数学教育同样事关重大。我们已经指出,作为哲学的预备教育,数学的价值有限,这一点既关键又尖锐。数学家把可见物当作符号;作为数学家,由于他集中思考真实对象的非感知性质,因而他无意中冒了依赖可见事物的危险。此外,数学的公理特性突出了推论的"下降"之路,而牺牲了思考公理自身的"上升"之路;从"有目共睹"出发,数学家冒险接受随之而来的结果,而沿着这条道路一直推理,却缺乏真正的基础。事实上,小苏格拉底就是同时具有这两方面的缺点。正如我们开始看到的,最初的划分过程以通俗的形象为基础——牧人或牧羊人——其实这一形象歪曲了治邦者。然而,恰恰由于小苏格拉底没学到哲人的谨慎,他才没有做好认识到这个错误的准备。

忒奥多洛斯式几何与苏格拉底式哲学之间有着隐秘的冲突,作为调解人的异乡人,有责任教导小苏格拉底学会哲人般的谨慎。在双重意义上,起始的划分过程(258b—267c)表明,他想如何教导小苏格拉底。首先,他用间接且模仿的方式。他挑选例子,以离题的方式叙述原则。小苏格拉底要求权威解释,作为回应,异乡人的解说其实是模仿这位年轻人的错误,这些模仿有些被挑明,有些则并未明言。在这些方面,异乡人真如苏格拉底一般。其次,与前者非常相关的是,小苏格拉底想要"向下"冲时,异乡人阻止了他,而代之以"向上"转。这也就是说,异乡人拒绝了小苏格拉底直接跳向肯定正确的结果,他悬置了所有朝向定义治邦者的真实目标的过程,而引领小苏格拉底离开主题,以便引导他反思方法。

[35]在此之前,我们提出过疑问,为何柏拉图让异乡人以不充分的定义开始这场对话。上述反思已经做出了笼统揭示,并且,为我们理解下一阶段对话的作用提供了准备。通过诱导小苏格拉底接受这个定义,异乡人马上为他提供了一个引以为戒的错误,并计划了自己的反驳。异乡人以两个内在错综复杂且冗长的离题话引出这些反驳——首先,他展现出神话(267c—277a),然后,他引入并探讨了范式(277a—287b)。这些内容集中于发现起始定义的实质毛病和方法缺陷。因此,如何以哲思转向"上升之路",异乡人也给小苏格拉底提供了典范。在这个意义上,整个对话的前两个主要阶段,起始的划分步骤(258b—267c)和267c—287b处关键的离题话,结构上与起始划分内部的前两个部分类似。二者的节奏和

典范作用也一样:在两种情况下,异乡人引出的错误,以及接下来的检审反思,为小苏格拉底提供了成为哲人的经验。

甲　第一个离题话:神圣牧人的神话(267c—277a)

一、异乡人的异议(267c—268d)

小苏格拉底刚刚表示他非常认可这一定义,异乡人就对此提出异议。他首先对定义的完善性展开了批驳。"这个定义……还不够完整、充分"(267d)。

治邦之材与所有其他的放牧技艺区别开来。在 264b—267c 最后的划分,以其独特性挑选出治邦之材,作为诸多放牧技艺的"特别一种"(mia tis),因其有着"独特的牧群"(mia tinos agelēs,267d),因而被遴选出来。但是有某一特性,与治邦之材——甚至放牧技艺本身都非常不同。牧人无论如何都不会受到他牧群成员的挑战。例如,牧牛人无可争议地统管着牛群;他对牛的照料面面俱到,给牛当饲养员、医生、媒人、助产士,甚至为牛提供"游戏"以及舒缓音乐(268a-b)。可是,在治邦者的情形中,所有这些形式的培育都由牧群中的成员提供。既然治邦之材是一种培育(或养育),其他人——包括农民、商人、磨坊主和面包师,甚至医生和体育教师——都大可以宣称自己应得治邦者之名。

因此,在目前的形式看,对治邦者的这一定义是争论性的而非辩证的。① 定义宣称是"一",实则是多。定义宣称治邦之材与对人的培育同一,但存在其他培育人的竞争者,这就恰恰表明:治邦之材与培育人是有差异的。因为定义模棱两可,所以当前形势无法解决这场竞争;而"在成千上万余下的争辩者中只挑出一个[治邦者]"(268c),这一断言甚至加深了难度。看来,需要进一步划

---

① 如,见《王制》454a。

分。对人类牧群的培育,成了[诸多牧养职业]完全混同的"一",[36]要想"完全而充分"地挑出治邦之材,显然需要进一步区分许多混同在一起的[职业]。

因此,当异乡人宣称他们"必须踏上另一条道路,从一个不同的起点出发"(268d),实在令人惊讶。他们必须借助于神话。这一转变出乎意料。表面看来,没有其他谈话方式像神话那样,更反对理性的、合乎方法论原则的划分了。异乡人似乎放弃了他自己对灵感的"先知"模样所做的分析(后面还有几次也是如此,同样也是在后面对话的关键时刻。见 277d, 279b, 287c)。为什么呢? 异乡人在 268d 表面上指明——他们需要一些"游戏"(paidian)——这话当然是反讽。在最初的划分临近其谐剧步骤的尾声时,就已经有大量的游戏了。甚至说,异乡人在神话中变得更加严肃了,对于治邦之材的本性,神话大大扩展了背景,并加深了要点。

二、神话的多重作用(268d—274e)

在诸多更本质的方面,神话与划分之间也并非表面上的那种对立。首先,神话的最终结果会由理性得出,之所以抛弃划分得出的定义,恰恰因为那是理性不足的神话心态! 而目前更重要的是,柏拉图的神话很难说是非理性的。在柏拉图时代,对于那些反对传统、宣扬人本精神的人,柏拉图的确极力反对;而反对的理由恰恰源于人本精神自身,源于自治理性的出现。因此,柏拉图没有逃避现实,托庇于古代神话;相反,他重新运用了神话,使之服务于缜密的反思。① 结果,这造就了一种全新的神话,这一 muthos[神话]显然是 logos[道理]。这尤其为异乡人的叙述结构所证明。他

---

① 在这方面,柏拉图使肇始于赫西俄德的思考走向达到极致。见拙文《赫西俄德宇宙论中潜藏的逻各斯》("La logique implicite de la cosmogonie d'Hésiode"), *Revue de metaphysique et de morale 82* (1977),第 433—456 页。

一开始就宣称：人们已经丧失了对宇宙史的整一认识（268d—269b）；他们只保留了传说的碎片——尤其是，宙斯逆转天体运行的故事，克洛诺斯统治的故事，土生人种的故事——这些讲的都是过去被隔断了的碎片。相比之下，通过回忆这些碎片中所反映的灾祸事件（pathos），异乡人的神话会揭示这些断片下潜藏的整体。可是，从这一引言开始，异乡人并没有讲另一个故事，而是以理性细致叙述了宇宙史基本律动的必然性（269b—270b）。这种必然性源于宇宙或"大全"与一位神的关系——并非奥林匹斯神，其实这完全不是传统神，——而"大全"即灵魂自然学（psychophysical）意义上的整全，包含了一切有限的生命体。解释了这种关系之后，异乡人叙述神话本身（270b—274e），即一般的生命，尤其是人如何受宇宙律动的影响。就在这时，异乡人首次运用了传统神话的形象，且首推牧人统治者和克洛诺斯的黄金时代。因为神话本身被理性叙述框住，其形象就有了崭新而明晰的意义；反过来讲，那个时代想要从古代"契合"特性的神话中挣脱出来，而异乡人的讲法也就给旧神话赋予全新的活力。① 这些旧神话的形象[37]也有了新的反讽意义。确切地说，因为这些形象显然是象征性的，它们激起了自身中往昔的意义。在这方面，神话与划分法形成了古怪而有趣的对比：在划分法中，作为思想引导或主旨，虽然未经识别，牧人形象就是直接有效的；但在神话中，以象征性出现的牧人形象，削弱了形象的效力，并使听者认识到这一形象及其清晰的历史细节。

　　作为思想象征的神话的这种明晰性，使柏拉图——借异乡人之口——同时完成了两个迥异的目的。

---

① "契合"是指象征符号与所指事物之间无差别的统一，这是神话—诗的理解。这是Voegelin的词汇，见氏著《秩序与历史》第二卷《城邦世界》第126页以下。这种"契合"被"思索"粉碎，回过头来，在世界秩序和意义源头的超越性经验中，具有"思索"的原初冲动。

首先，从肯定方面看，实用化倾向的人本主义和反传统主义带来了显著的压力，这造成了精神空虚，柏拉图能提供一个全新意义的神话，以便弥补这一精神空虚。[①] 在早期对话中，如《高尔吉亚》和《斐多》，柏拉图专注于灵魂神话。他既借助又参与了那个时代个人自我意识的觉醒；通过展露灵魂的超自然的阶段和命运，柏拉图为个人在今生提供了一个超越的意义，一个更高的尺度。正如我们会认为的那样，异乡人的宇宙史神话以类似的方式，专注于人的政治生活：该神话利用那个时代标榜的政治自我意识，把政治神话置于宇宙史构成的背景之中。通过叙述神与宇宙的关系，异乡人为治邦之材提供了超越的尺度。

其次，从否定方面看，柏拉图明确运用传统象征，由此，他能够检审性地专注于这些象征所对应的思想形式。异乡人忽然问起，对比克洛诺斯时代与宙斯时代的生活，哪种生活才是最显著的榜样（见 272b-d）。他的话中显明，他真正关注的并非克洛诺斯治下受培育的动物，而是思考有关的传统故事的价值。我们会看到，异乡人以某种微妙的方式，利用牧人统治者的形象，专注并质疑当时盛行的希腊政治意识。

要突出这些评论，并为之提供论据，我们需要分析神话细节。我们从考虑神话的积极作用开始，从异乡人叙述宇宙史的必然性开始，然后转而考虑神话中对人的特别暗示。接下来，我们会转向异乡人对传统象征的运用。这里，有必要先对希腊传统做出准备性的历史反思。这会使我们认识到柏拉图间接批评的特定目标——最终，这会帮助我们认识到，促使柏拉图在起始划分中装样子的原因，也就是柏拉图的"真正对手"和"基本问题"。

---

① 柏拉图与其文化之间的关系，参照 K. Reinhardt 的深入讨论，见氏撰，"柏拉图的神话"("Platons Mythen")，*Vermächtnis der Antike*，Göttingen，1966，第 219—227 页。

(一) 宇宙史的逻格斯

异乡人对宇宙史的推理说明,集中于神与宇宙的关系。像他展示的那样,神与宇宙代表一种不对称的比照。一方面,神完全自主,而且居先。他——或"它"——是他自身永久循环运动的原因(auto heauto strephein aei, 269e5)。他不变地持存着,且自我同一(to kata tauta kai hōsautōs echein aei kai tauton einai, d5-6)。神也对宇宙负责,他是宇宙的"创造者"(gennēsantos, d9)。但是异乡人想的不是"从无中创生",而是给原初的无序强加秩序与方向。[38]后面异乡人会提到"无序的全然混沌",作为纯粹"肉身"的特性,是原初给定的(273b)。神"创造"宇宙,就是在原初给定混沌中,产生出秩序与和谐;因此,他说"大全"经过了"调和"(sunarmosantos, 269dl)。反之,宇宙具有从属地位。由于神的创造行为,宇宙具有二分或双重结构:作为"生命体",它具有神赐予的"心智",或思想判断(phronēsin, d1),同时还具有肉身。但这只是反映更基本、更复杂的双重性。恰恰由于神造,宇宙分有了神的特性:稳固并有序。但是如果是完全共有,那么神和宇宙就没分别了。因此,神与宇宙之间的分别要求宇宙与自身有所分别。尤其特别的是,既然神圣的自然是稳固而自我同一的,宇宙的特性就必然既凭靠自然,又凭靠反自然。

宇宙固有的运动形式和宇宙交替时代的对立特性,这些都直接表明了宇宙内部的对立,因此它们也可以通过宇宙内部的对立得到解释。

首先,在运动形式上,宇宙不完美地模仿了神。宇宙也旋转;因此,宇宙保持以同一地方为中心,持续重复同一种方式。但"唯独"神自己(269e)可以做如此完美的运动。因此,即使可能性很低,宇宙也必定有偏差:它必定周期性反转其自身的旋转方向。因此,宇宙不完美地分有了完美,换言之,它消解了自身的完美。正如异乡人269e—270a处的解释,最终,宇宙与神的差别导致这种偏差。异乡人依次排除了这些可能:第一,宇宙永远做自身运动;第二,神是宇宙做对反运动的原因;第三,两个彼此对立的神,使宇宙做反方向运动。倘若是第一种可能,那么宇宙就与神没有分别。倘若是第二种可能,那么神就与自身对立,因此也就缺乏自我同一性,而这是神的自然与宇宙的区别所在。同样,第三种可能会神化宇宙特别的自我差异;因此,神圣自身会缺乏自我同一,它与宇宙的差别会被消解。

宇宙的内部对立也决定了其交替时代的差别特性。每次逆转——异乡人开始时提到的灾难经历——标志着一个时代的终结,及其相反时代的开端;因此,可以推断,整个历史就是两个相反时代的无尽循环。但这种对立很复杂。其中一种时代的确切特性是,有一个神直接在场。这个神作为舵手支配宇宙,命神(daimōn)统领着每一种动物。在这样的时代中,宇宙诚然处于和谐:一切生灵在和平中共生,大地自发为他们提供生存所需。异乡人讲道,神如何把宇宙置于"秩序",使之"不死不老"(273e),他引出了永恒和稳固的最深含义。相比之下,在另一种时代里,宇宙自行其道,其首要特性在于走向无序。然而,特别要指出,宇宙的自我统治,就像其运动形式一样,并非直接与神完全相反或对立。[39]相反,宇宙既包含又排斥自身中的神圣;之所以反对神圣,是因为其自身中有着神圣与可朽因素的对立。因此,神与他的命神们的离去,反衬出宇宙内部在"思想"(phronēsis)与身体,秩序与混沌的因素之间的争斗。首先,宇宙能够"记得造物者与父亲的教导";但最后,它陷入了"遗忘"(273b-c)。就在神撤离之后,宇宙表现出全然的"高贵"(见 273c, kallista panta diagei);而最终,"好事物微乎其微","种种对立越来越多"。变坏的极限是宇宙快要"沉没在无限的差异之海中"(273d),异乡人显然以此象征,身体中无序或混乱因素几近取得支配地位。他说,就在此时,神会复返,而宇宙会再次反转;实际上,神回来差不多重复了最初创造、赋予秩

第三章 论本质与方法的离题话(267c—287b)

序的情形,神会对无序的宇宙重新施加秩序与和谐。

对比两种时代,这为我们思考人及其目前状况提供了特别的背景。惊人的是,异乡人阐明了思考人类的原则,而随后他在关键时刻就中断了。这一原则即小宇宙与大宇宙的类比:人类"遵循并模仿"宇宙的生命(274a)。因此,在神直接统治的时代,人的生活分有了宇宙整体的稳固与安逸。在流行的神话中(源于赫西俄德),这一过去的时代即"克洛诺斯时代"。人从大地中诞生,大地自发养育人,而无需人的劳作。而"神"——是独一的神还是次级的命神?① ——像牧者一样照料人。因此,既没有私人家庭,也没有政治。这是个绝对和平的时代,人与人之间,人与其他物种之间都和睦相处(271e—272a)。相比之下,在宇宙自我统治时期,人也必须自己照顾自己。这就是如今所谓的"宙斯时代"。随着神的离去,大地不再自动供给人类食物;"怀胎、出生、养育"诸事也要人自身完成。人也必须保护自己,对付"野兽",现在很多物种——看来,也是由于这个时代的基本特性——彼此敌对。面临新的需要,人发展了多种技艺:从而,人用思想的力量应对自然生命的浩劫;异乡人简短提到赫西俄德以及普罗塔戈拉讲过的神话:人从普罗米修斯和奥林匹亚神那里得到火和种子。异乡人暗示,人像宇宙一样,留心神圣"教导"。可是,异乡人忽然在此中断。因此,异乡人的陈述留下了残缺,且未下结论,他再次强调宇宙与人的类似,

---

① 271e5-6 读作:Theos enemen autous autos epistatōn…Theos 可能指"一位神",而且指命神(daimōn),许多命神中的一位,由最高神委派统领人类。但我们也可以把 theos 和 autos 联系起来,把这一行读作"神本身"——那就是最高神——"是人的牧者和监管者。"第一种识读似乎不管神(theos)与半神(daimōn)之间的差异,但是异乡人自己分得也并不是很清楚,在 272e7-8,他称半神 theoi("神们"),而称最高神为 tōi megistōi daimoni("最大的命神")。或许,这是在警告我们,不要带着学究气去研读神话中的神学。事实上,关键的区别并不在神与半神之间,而是在神本身与他在克洛诺斯时代采用的牧者形式之间。这就是 269b—270b 以神论(theo-logically)理解神与 270b—274e 中以神话(mythically)理解神之间的区别。见第 51—53 页。

便以此作结。在274d,异乡人说"……人要像整个宇宙那样,安排他们的生活并自我照料";人"模仿并跟随着"宇宙(273e—274a)。

这道理看似足够清晰,却有着以下暗示。我们现今时代的生活,就如宇宙那样,身体支配思想,"遗忘"高于"记忆",无序控制有序。① 就像宇宙一样,人也需要神的再临。然而,异乡人的沉默,意在让我们自己反思神再临的性质。

(二) 批评传统

[40]要清楚反思以上问题,需要我们认识到,对当时希腊盛行的政治意识,神话做出了批判。柏拉图利用传统形象,让人想到当时的状况;反之,通过把这些形象置入整个神话中,柏拉图暗示了他对这些形象的批判评价。我们会看到,通过识别并拒斥这些状况,柏拉图在基本方向上扭转了对治邦之材的探究。

1. 传统形象

为了准备这一分析,我们首先需要认识异乡人神话中运用的关键传统形象。

(1) 荷马的"民人的牧者"与赫西俄德的"克洛诺斯时代"

统治者作为民人的牧者这一观念,在荷马时代就间接出现了。王者们召集臣民,组成军队——首要的是阿伽门农(Agamemnon),也包括墨涅拉俄斯(Menelaus,),奥德修斯和其他人——都被冠以 poimēn laōn["民人的牧者"]称号。而这一称号那时就是老生常谈了,这说明这一观念很古老,源自更早的时代,当时已经不如往昔那么必不可少、举足轻重了。事实上,《伊利亚特》和《奥德赛》的故事内容表明,王者的权威日薄西山、岌岌可危。《伊利亚特》开场,阿伽门农宣称狮子享有战利品,这是宣告至高无上的统

---

① 参Gaiser,前引书,第205—211页。他强调,宙斯时代宇宙的内部[矛盾]或自相反对,恰当地将之与克洛诺斯时代宇宙的一致或无争相比。这种解释高于更简单的观点,后一观点对比了两个时代的有序与无序,却忽视了宙斯时代自身有序与无序之间的内在张力。

帅理应具有的资格,而阿基琉斯(Achilles)对此勃然大怒,这就衡量出阿伽门农的名望徒有其表。更为明显的是,随着阿基琉斯的抗议,后来又有惊人的附和:微不足道的忒耳西特斯(Thersites)竟在公共集会上诽谤王者,指责阿伽门农的动机。① 还有在《奥德赛》中的基本状况是,奥德修斯不在,臣民(求婚者)争相篡夺王位;奥德修斯在自己的宫殿中乔装成乞丐,这更说明,要靠奥德修斯的诡计多端才能保住王位。因此,我们在史诗中得到的是往昔的阴影,也就是说,是早期的王者观念——或许,只有在荷马之前的迈锡尼时代,这一观念才完全有效。②

尽管如此,我们可以通过荷马的间接证词,树立起这一王者观念的意义。"民人的牧者"不止是领袖。我们想想,奥德修斯在《伊利亚特》卷二如何描述阿伽门农。奥德修斯追赶特洛伊海滩上溃散的希腊人,想要重新集结他们,他警告每一个"首领或人杰":

> ……你不知道[阿伽门农]所思所想。他如今只是试探我们,但很快
> 他可能严惩阿开亚人的后裔。
> 我们不是都听到他在集会上的发言?
> 当心他会发怒,惩罚阿开亚人的后裔
> 神养育的王者们的确心高气傲
> 他们的荣誉得自宙斯,而宙斯,
> 一切智慧之主,挚爱着他们

---

① 参 Voegelin,前引书,第 76—83 页。
② V. Ehrenberg,《希腊邦国》(*The Greek State*),London,1969,第 13 页;A. Andrewes,《希腊僭主》(*The Greek Tyrants*),New York,1956,第 9—11 页;M. P. Nilsson,《希腊神话的迈锡尼起源》(*The Mycenaean Origin of Greek Mythology*),New York,1963,第 239—243 页。

……(《伊利亚特》卷二,212—219)①

因此(甚至在崩溃边缘),奥德修斯援用了王者根本优越于他人的观念:对他人来说,王者的意图隐而不彰,[41]不可猜度;王者的力量举世无双;他的荣光来自宙斯,而非凡人。② 奥德修斯本人是一位伟大的领袖,他劝服其他"首领"时,援引这一观念,危急时刻,首领们应该接受这一观念,停止溃逃,证明这一观念对希腊人仍有效力。《奥德赛》中,有人怀念离乡的奥德修斯,他们对他的描绘可以补充这种王者观念。特勒马科斯(Telemachus)告诉城民,奥德修斯"你们的国王,待你们如同父亲般仁慈"(《奥德赛》卷二,47);佩涅洛佩对求婚人说:

> 在他的国家中,他从未对人们行不义,说话不公;
> 尽管这是神圣的国王们的言行方式,他
> 在人们中间会憎恨这个人,喜爱那个人。
> 而奥德修斯从未对任何人残暴(卷四,690—693)。

欧迈奥斯(Eumaeus)记得,奥德修斯如何

> ……对我关怀备至,赠我财产,
> 好心的主人把他的房屋赐予奴隶;
> 房屋、土地和众多爱慕者的妻子……(卷十四,62—64)

这些描述中的共同点不仅是奥德修斯的仁爱,还有他拥有必

---

① E. Rees 译,《荷马的〈伊利亚特〉》(*The Iliad of Homer*),New York,1963。[译按]应为 192—197 行。
② Ehrenberg 写道,阿伽门农的"身份……表明王权神赐的痕迹……",前引书,第 8 页。

要的至高权力。让人哀痛的是,失去了一位对臣民如同"父亲"和"供养人"的统治者,他处事公正无私,从不偏袒。常用的称号"像神的"也指出了同样的观点。就像阿伽门农的"荣光……来自宙斯",而非得自凡人,奥德修斯的权威,也并非以他统治的人民为首要基础。因此,"民人的牧者"这一称谓,暗示着统治者与被统治者之间的地位悬殊,后者倾向于信赖前者。无论如何,我们可以在史诗中瞥见这种王者观念的危机和瓦解。

异乡人的牧人形象可追溯到荷马,而"克洛诺斯时代"则来自赫西俄德。早在赫西俄德的《劳作与时日》中,他劝告兄弟佩尔塞斯(Perses)过劳作和正义的人生,作为其中一部分,赫西俄德叙述了人的五个世代。唯有第一世代,发生在"当克洛诺斯为天上的王"这个时期(111),在泰坦巨人和宙斯掌权之前。赫西俄德塑造了乐园的生活。在克洛诺斯治下,"黄金种族的凡人……活得宛如神灵"(109,111)。他们不遭受"老年"之苦,而死亡轻松降临"仿佛睡眠"(113—14,116)。他们的心情"全无烦忧",他们得在"节日的欢快"中度日,"远离所有祸害"(115)。他们如此休闲,因为"肥沃的土地无偿出产丰富的果实,毫无保留(aphthonon)"(117—18)。因此,赫西俄德描述了黄金种族,摆脱生活所需,无需任何劳作或统治来照料自己,完全由诸神(首要的是克洛诺斯)和大地抚养。

在整个传说的背景中,克洛诺斯时代的突出特性就是和谐。人是诸神的"朋友"(120),他们都活在完美的群体中。其实,赫西俄德写道,aei … podas kai cheiras homoioi[手足相协],欢度节日,[42]赫西俄德表现了一个歌、舞、节庆都协调的形象;没有冲突或竞争的迹象,甚至这种生活没有社会或物质需要的差别。就此而言,这与随后的四个世代有了复杂而鲜明的对比。赫西俄德依次展现了剩下的白银时代(121—139)、青铜时代(140—155)、英雄时代(156—169h)和黑铁时代的人(169c—201),尽管如此,但它们的内在关系却说明有着双重系列。Gatz 认为,白银时代和黑铁时代似乎属于真正的神话时代,而先于黑铁时代的英雄时代,属于英雄传奇中保留的真实历史时期。① 因此,黄金时代,唯一先于宙斯统治的时代,成为青铜时代(黄金、青铜的中间是白银时代)和黑铁时代(青铜、黑铁的中间是英雄时代)的对立面。② 两个系列的基本对比相同。首先,白银时代的人忽视向神献祭,不侍奉神(135—136),还彼此伤害(134—135),而青铜时代的人,将这种不和推向极致,专事暴力和战争,而"终毁于自己之手"(152)。其次,英雄种族在忒拜和特洛伊死于"残酷的战争、可怖的争斗",而黑铁时代的人,再次把不和谐发展到了极端,在各方面都彼此分歧:

> ……父亲与孩子不和睦(homoiios),孩子与父亲不和,个人与主人,同伴之间,兄弟之间都不再亲密。人们不尊敬瞬即年迈的父母……而有人洗劫别的城邦(182—185,189)。③

---

① B. Gatz,《年代、黄金时代与同义表象》(*Weltalter, goldene Zeit, und sinnverwandte Vorstellungen*),Hildesheim,1967,尤其见第 28—33 页。参 Voegelin,前引书,第 144—154 页,他认为,五个族类可以分为两个系列,黄金—白银—青铜和英雄—黑铁,头三个组成了"与神谱平行的人类谱系,而我们在第四和第五个族类见到了真正的人类……"(第 148 页)。
② 由此,我们得到两个系列的衰落:

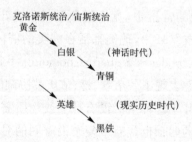

这双重系列促使听者对比二者。(在《神谱》中,赫西俄德用了类似手法,重复对举了克洛诺斯反对天神之罪与宙斯反对克洛诺斯之罪。)这既近似于——通过战争导致自我毁灭的暴力,由此衰败——又区别于——英雄种族鲜明的正义与德性。
③ 这段和随后段落引自 H. G. Evelyn-White 的赫西俄德译文(伦敦,1936)。

第三章 论本质与方法的离题话(267c—287b)

正如我们指出的那样,赫西俄德讲的传说是劝诫的一部分;这是一种劝谕诗(parainesis)。① 这启发我们考虑,克洛诺斯时代有复杂的作用。一方面,克洛诺斯时代是一种标准,它的瓦解、崩坏乃至无序,都为衡量如今的黑铁时代提供了尺度;它表明,必须通过大力扭转基本趋势,恢复内在和谐。另一方面,它也表明了如此恢复会带来回报。赫西俄德灵巧地把理性与舒适、和平、物质丰足的共同体联系起来。② 而重要的是,只能部分达到恢复。黄金时代的人天真无邪;他们的和谐并非后天成就,而是直接出于自然,是神和大地赋予的状态。黑铁时代的人必须靠德性达到成果,而黄金种族则直接得到成果。从后一方面看,并非黄金时代,而是英雄时代——真实历史中被回想起来的第一批真正的人——才是榜样。赫西俄德说,他们比他们的先辈 dikaioteron kai areion[更正义、更好](1.158);据说,这是为何在他们死后,宙斯让他们中的一些人

> ……活下来,为他们安置了远离人类的住所,在大地的尽头。他们无忧无虑地生活在涡流幽深的大洋岸边,那座福岛上,出产谷物的土地一年三次为幸福的英雄们长出香甜的果实。远离不朽的众神,克洛诺斯王统治着他们(167—173,169)。③

---

① 参照 Voegelin,前引书,第 137—142 页。
② 尤其因为作为劝谕诗,整段用来激励听众,值得记住,这段专门讲给堕落的佩尔塞斯。赫西俄德将之与快乐、好处联系起来,使之具有强大的吸引力。很久之后,因为世事有了奇怪的转变,所以另一位教育反讽大师批评了赫西俄德的这种联系——见《王制》363a-b,612b(也见 468e)。
③ 最后一句诗行的真实性问题与意义,见 Gatz,前引书,第 46 页。

换言之,这些英雄用他们的正义和德性赢得了克洛诺斯时代的幸福。虽未明言,但诗人暗示,如今黑铁时代的人也必须这样做。可是,他们的"德性"必须与之前不同。把英雄放在[43]往昔岁月(只有那些未遭杀戮的人才能去克洛诺斯的乐园,见167,这或许也可以说明),赫西俄德强调了贯穿于《劳作与时日》的主题。荷马笔下王者的"争斗"和武勇必须被同行工人的产品竞争(尤见11—26)和艰辛工作的汗水代替(尤见289—292)。只有通过这种新的、完全非英雄种类的德性,黑铁种族才有希望恢复物质丰富,给人带来和平——"食物丰富"、"橡树"和"蜜蜂"和"毛发茂密的羊","产谷物的大地[会]生出果实"(232—237,也见307以下)——这些在神话中都象征着克洛诺斯时代。

(2) 僭政、民主和智术人道主义

抛开赫西俄德说的传说,乃至整个《劳作与时日》中的确切意义,且说赫西俄德描述的克洛诺斯治下的乐土生活,就明显回应着古希腊灵魂中深刻、牢固的激情。① "克洛诺斯时代"成为谚语,象征着和平和安逸的生活,这尤其是大众中的非贵族因素,不可能的生活。柏拉图的异乡人简短提及"现在说的那时[生活]的事情"(272c-d),他指的是赫西俄德之后的文学中[对黄金时代的]象征性再现——有可能特别指的是旧喜剧中的玩笑挪用。②

可是,有另一处挪用,这与《治邦者》神话的问题有更直接的联系。亚里士多德在《雅典政制》XVI(7)指出,人们回想起庇西特拉图(Pisistratus,公元前561—前527)的僭政时期,将其颂扬为 ho epi Kronou bios,即"克洛诺斯时代的生活"。这一挪用意义深远。

---

① 参 Voegelin,前引书,第142—144页;Schaerer,"神话描绘的恶与人的堕落",("The Mythical Portrayal of Evil and the Fall of Man,")Diogenes 11(1955),第37—62页。
② 见 H. C. Baldry,《阿提卡喜剧中的懒人乐园》("The Idler's Paradise in Attic Comedy")Greece and Rome 22 (1953),第49—60页。

庇西特拉图的政策，①首先，他致力于保持希腊政治生活中各个党派的和平：他通过组织贫农，使之成为强有力的第三股力量，从而消除了财富的主要因素冲突——粗略而言，即传统上势力强大的地主和新兴富商之间的冲突，由此，庇西特拉图着重强调激发大家共同分享的文化活动；例如，他鼓励真正的民族性，因此，通过扩展泛雅典娜集会，建立庙宇，设立节日，他结合了雅典娜与狄奥尼索斯的宗教仪式。其次，庇西特拉图对他的新支持者给予了空前的物质支持，贷款给举日维艰的小农户，把自己从对手那剥夺的一些土地分给他们；此外，他数次下乡，在那建立起举行司法会议的政策，声称这是为民众节省开销，不必受到雅典上诉的奔波之苦。这不单单是施惠于民，这些做法也是精明的政治手腕。由于赢得了民众的支持，庇西特拉图获得了稳固的权力基础，这使得他掌控住内部四分五裂的富人阶层；通过确保农民脱贫，让他们在土地上忙碌，避免了农民涌入城市，倘若在城市农民形成庞大而贫困的团体，他们可能会认识到他们的政治意义，进而坚持参与统治。于是，庇西特拉图成功独揽了一切政治大权。这是他享有"克洛诺斯"之名的第三个方面。庇西特拉图在邦民中建立和平甚至新型的共同体，并达成了相对物质充足的状况，由此，他成功地把自己全然抬高到邦民之上，[44]而大致上，相对而言，希腊最早很少记得这种前政治的君主经验。

同时，由于庇西特拉图僭政的内在动力，恰恰注定了它让位于其所压制的"民主权力"（dēmokratia）。庇西特拉图让贵族支持城邦文化，这明显削弱了贵族的实力，通过给民众司法制度，给民众拨款，他间接让民众注意到他们的重要意义，因此，民众就注意到他们对国家事务的潜在权力；在迎合民众而削弱贵族对手时，这就

---

① 关于庇西特拉图，见 Andrewes，前引书，第 IX 章；Voegelin，前引书，第 118—119 页；Jaeger，前引书，卷1，第 11 章。

像在政治谋略上,给他的对手上了鲜活的一课。因此,难免有别人(战胜庇西特拉图的后裔而)步其后尘,对于庇西特拉图既紧握在手中,又首次为民众而制定的政治实权,这些人会将之交给民众。公元前508年,在克勒斯蒂尼(Cleisthenes)改革之下,雅典民主制得以建立,民众的政治天真从此永久地被粉碎了。①

与此非常相关的是智术人本主义的兴起。狭义上考虑,对于寻求权力的贵族来说,他们把"多数人"新生的政治自我意识看作一种政治机会。而要利用这一机会,需要有公众说服力,尤其需要修辞术。公元前五世纪之所以产生智术运动,很大原因是为了应和这种需要:智术师是外来的专业修辞教师。更宽泛地考虑,这种对政治权力的新变化和新意识,属于更深层的觉醒的一部分。在艺术、科学乃至宗教领域,人类能力的新意识爆发了,它召唤出对文化的基本修正,宛如一个新神话,把人置于存在的中心。智术师直接接手这一任务。

至少在柏拉图看来,最重要的智术师是普罗塔戈拉,在《普罗塔戈拉》320c,普罗塔戈拉论政治德性起源的言辞,典型展现了智术式的神话制作。② 我们之所以此处提及普罗塔戈拉的讲辞,是因为后面还会细致解读[见2(2)以下],这一讲辞为异乡人神话的象征意义提供了必要因素。

---

① 关于克勒斯蒂尼,见 N. G. L. Hammond,《古希腊史》,第187—191页;Voegelin,前引书,第119—120页。

② 因此,要么是普罗塔哥拉最初造了这么个神话,要么与普罗塔哥拉无关,是柏拉图重塑的这个神话。见 M. Untersteiner 译,《智术师》(*The Sophists*),London,1957,第72页,注24,以及 W. K. C. Guthrie 译,《智术师》(*The Sophists*),Cambridge,1971,第64页,注1。Friedländer(前引书,第175—176,尤其注7,G. Vlastos 在其对柏拉图的《普罗塔哥拉》的引导性论文中,对此有尖锐论争,见 *Plato, Protagoras*,New York,1956,第 ix 页,注11)警告,不要把神话看作"全然不是柏拉图的"而是要把神话看作柏拉图的,因此其意义是非普罗塔哥拉的,要看到,普罗塔哥拉自己的教诲大部分融入柏拉图的教诲中,并且由此经过柏拉图提供的新形而上学背景的转化。

首先，普罗塔戈拉只是外在形式上制作了一个神话。一开始，他让听众选择听 muthos[故事]还是 logos[道理]（320c3），他暗示，神话象征只是装点门面。这时，普罗塔戈拉因为神话"更雅致"或"更迷人"（chariesteron）而选择讲神话，也就确证了这一点。他著名的不可知论也表明，传统诸神已经失去说服力。当普罗塔戈拉提到泰坦巨人和奥林匹斯神时，他只不过展示了他的修辞技巧：如何以传统形象装点他的学说。①

神话围绕人的创生而展开。奥林匹斯神命令泰坦神普罗米修斯和厄庇米修斯（Epimetheus），要他们分配给所有物种足以自卫的能力，而厄庇米修斯劝说普罗米修斯，把任务交给他。但厄庇米修斯，其名含义为"后知后觉"，他分配光了各种能力，唯独剩下人没有配给。人"从地下"（ek gēs, 321c）生出的时间就要到了，普罗米修斯过来检查，他发现人"赤身裸体、无鞋无褥，也没有武器"（321c）。因此，他从雅典娜和赫菲斯托那里偷来了火和[45]用火工作的能力，把它们交给人，当作人的生存工具（321d-e）。但这还不够。起初，他们"还没有城邦（poleis）"，人"遭受野兽之害"（322b）。而当他们联合防卫时，既然他们缺乏具体的政治德性，那么，他们就会彼此伤害，并再次分散开来。最终，宙斯为了拯救人不遭受灭顶之灾而介入：他让赫尔墨斯分给每个人 aidō te kai dikēn，即"敬重他人和正义感"（322c），也就是政治德性的必要因素。直到这时人们才能够建立城邦，而且也能保护自己。

普罗塔戈拉讲的故事，其基本论点是对人本主义的激昂宣扬。倘若我们剥去这一故事中有关泰坦巨人和奥林匹斯神的修辞象

---

① L. Versenyi，《苏格拉底的人文主义》（*Socratic Humanism*），New Haven，1963，第23页。这表面上相应于柏拉图自己为了逻各斯而利用神话。但对于普罗塔哥拉而言，这些形象几乎完全是修辞性的；他并不为它们的深度——暗含的哲学意义而求索。因此，对比柏拉图，普罗塔哥拉的神话带有反讽，而他的逻各斯内容缺乏深度。

征,这其实就是宣称:人已经发展到了能够自己决定命运的时刻;在经济、政治上,人是与其存在相关的"万物的尺度"。① 物质上,人像制造者(homo faber)一样自足。通过火和技艺,人可以自行培育、自行建造容身之所,并自我保护。而且人在政治上自治;人能组织和决定自己的社会生活。由此推论,正当的政府形式是民主制。既然每个人都有"敬意和正义",那么每个人都平等具备参与政治决策的资质。因此,普罗塔戈拉赞同雅典民主集会(322d—323a)。

(3) "牧者"的重现

一方面,如果说,父亲似的王者的旧秩序,"民人的牧者"的反面,恰恰是智术人本主义,那么另一方面,智术人本主义也标志着,这是重现一种新型"牧者"观念的开端。大智术师本身,尤其是普罗塔戈拉和高尔吉亚,②肯定不会赞同君主制。③ 可是,普罗塔戈拉在拥护雅典民主制时,有着显著的模棱两可之处。他教导的"政治德性"——根据柏拉图笔下的普罗塔戈拉自己展现的——尤其在于"能在城邦事务上最有力地(dunatōtatos)行动和谈吐"(《普罗塔戈拉》319a)。普罗塔戈拉提到这种"力量"没有限度。但若是一个人有着无限的力量,那么这意味着他会颠覆民主制。同样,虽然普罗塔戈拉明确赞同民众参与政治集会,但他却教给学生修辞术,作为操纵民众的工具。如果说,他首先表明要给予民众全新的

---

① 《泰阿泰德》把普罗塔哥拉的"人是万物的尺度"当作知识论来探究。通过回想普罗塔哥拉的神话(见第49—50页),《治邦者》回到了《普罗塔哥拉》中人类起源背景(但把这则神话浓缩到所涉及的神学和形而上学框架中)。
② 高尔吉亚是智术师吗?Jaeger,前引书,第2卷,第293页,合理削弱了高尔吉亚作为修辞学家与智术师之间的技术差异。
③ 柏拉图认真展现了高尔吉亚对滥用修辞的拒斥(《高尔吉亚》456c以下)以及普罗塔戈拉对律法和秩序的保守态度(《普罗塔哥拉》322d,326d-e)。但是,通过向我们展现高尔吉亚的学生,以及在《泰阿泰德》中发展普罗塔哥拉的学说,柏拉图也指出了他们的教诲中隐藏着非常激进的含义,他们自己却不清楚。

尊重,而接下来他便怂恿学生去蔑视民众。

普罗塔戈拉本人很少表露出这一点;例如,在柏拉图笔下,普罗塔戈拉偶尔提及"……至于民众嘛,他们不懂,而只会重复当权者愿意告诉他们的东西"(317a)。但到了下一代智术师,珀洛斯(Polus)或忒拉叙马霍斯那里,这就完全暴露无遗了,这两位后起之秀成为教师,在他们中间还有卡利克勒斯(Callicles)①,此人想把他们的知识用于政治生涯。例如,忒拉叙马霍斯,愤世嫉俗地把一切统治只看作强者与弱者之间的权力关系,强者为了自己的利益而操纵弱者;他宣称,典型的情况如下:

> ……僭政便是,通过密谋和暴力窃取他人的所有物,无论神圣还是世俗的,私人还是公共,不是一点点窃取,而是骤然夺取全部(《王制》344a)。②

[46]惊人的是,他把牧者及其牧群的旧形象,用于统治者与属民的关系之中(343b)!因此,他同时表达了属民的低劣和统治者的自私自利。在《高尔吉亚》中,卡利克勒斯的自然正义论更加清楚地表露出这一点。卡利克勒斯说明,民主城邦的整套法律压抑地表达了对僭主权力的贪欲——如珀洛斯之前主张的那样,人人皆贪婪(449c,471a以下)。对于弱小的多数人,pleonexia[贪婪],欲求比别人得到的更多,必然会采取约束他人一律平等的形式。但并非所有人都是弱者。卡利克勒斯认为,有一些"是王者的(basileon)血脉,他们自己凭天性(tēi phusei),就足以获取某种统治权,僭主制,绝对权力……"(492b)。对这些人而言,民主制就

---

① 真实历史中的"卡利克勒斯",见 E. R. Dodds 所译的《高尔吉亚》,Oxford,1966,第12—15页。
② Bloom 的译文,前引书。

是用来颠覆的，以此表现他的自然力量：

> 但至少我的意见是，自然本身揭示，唯有这样才 [483d] 正当：优异之人就该统治低劣之人；强者应当统治弱者。此外，自然以众多事例阐明，无论在其他动物中，还是在所有城邦和共同体中，事实真相便是如此……我想，如果出现拥有天生十足强大的男人，他撼动、冲破并挣脱一切礼俗，什么法规条例，什么魔法咒符，他会把我们这一大堆非自然的律令统统践踏在脚下；我们的奴隶会翻身成为我们的主人（despotēs），自然正义就此光芒万丈（483—484b）！①

一个人能够从民主制施加的约束中自由挣脱出来，这种自然强者的观点意味着，在当时的希腊政治历史中为君主制重新铺路。卡利克勒斯和忒拉叙马霍斯都想象有一位绝对的统治者，而卡利克勒斯为这位绝对统治者的权力在他与臣民之间奠定了自然上的（tēi phusei）差异。古代至高无上的君王，"民人的牧者"，在经历时代变化之后再次出现——只是其涵义遭到令人憎恶的滥用。

然而，思考"民人的牧者"的重现，也不必过分强调机缘巧合和滥用的因素。从伯罗奔半岛战争的那些年开始，希腊城邦内乱不止，城邦之间为了胜过彼此而不停耗力争斗，希腊城邦就此没落。② 虽然民主形式和商业介入使雅典变得脆弱不堪，但其内政外交上的混乱无序却是整个希腊政治局势的写照。因此，当时普遍认为，需要强势的政治领袖。这是卡利克勒斯观点的另一侧面。

---

① W. C. Helmbold 的《高尔吉亚》译文，New York，1952。
② 例如，见 N. G. L. Hammond，前引书，第 521—522 页；G. C. Field，《柏拉图及其同代人》（Plato and his Contemporaries），Oxford，1967，第 VIII 章。

如果一方面，混乱无序到了极点，自然的"主人"看来也有必要应对这一局面。①

因此，在公元前四世纪，新兴起了对王者的兴趣。② 例如，色诺芬（Xenophon）和安提斯泰尼（Antisthenes），写下了合乎理想化的居鲁士研究。色诺芬《居鲁士的教育》开篇，引人注目地借用了牧人与牧群的对比，以此道出了他的写作动机。色诺芬开篇写道，历史展现各种政体——民主制，寡头制，甚至僭主制——被推翻（Ⅰ，Ⅰ，1）。就此而言，动物看来要比人好得多。因为：

> ……牧牛人是他所有的牛的统治者，马夫则是他所有的马的统治者，而所有被称作牧人（nomeis）的人可能被适当地看作他们所管的动物的统治者……[47]与人服从他们的统治者相比，所有这些牧群更容易顺从他们的饲养人。因为饲养人带领牧群到哪，牧群就跟到哪……但是，当人们看到有人试图统治他们，他们就会联合反对，没有什么比受人统治更容易遭到人们反对的了（Ⅰ，Ⅰ，2）。③

然而，居鲁士，作为"众多人民、城邦以及国家"之王（Ⅰ，Ⅰ，3），显然是个例外。通过探索他的天性和教育，色诺芬希望揭示出稳固的政治秩序的秘密。

转向君主制的另一位人物是伊索克拉底。他清楚看到，内斗如何损害希腊文化；在他的作品中，他对希腊城邦之间的"争吵"充满悲叹。如我们之前指出的那样，伊索克拉底毕生所愿就是希腊

---

① Andrewes，前引书，第 48 页。
② Ehrenberg，前引书，第 46 页，写道，"远古时代的王权一直因英雄时代的神话而停留在古希腊的记忆中；同时，公元前四世纪开始，一个新的君权时代开始了，由此出现了新型的僭政，军阀和独裁者，其统治超越了城邦界限……"
③ W. Miller 的译文，见色诺芬，《居鲁士的教育》，New York，1914。

人联合起来,共抗波斯。但谁来领导他们呢？公元前360年初,伊索克拉底好像开始放弃他对雅典的希望,持续的内争使雅典积弱不振,又岂能担此重任,伊索克拉底开始寻找天性强大的男子以替代雅典,①此人不受某个特定城邦的法律管束,或是行事上并不效忠于某个特定城邦,②这样,他才能团结希腊诸城,听他号令。他曾看准叙拉古的僭主狄奥尼修斯一世（公元前367年）,后转向斯巴达王子阿希达穆斯（Archidamus,公元前356年）,最终相中了马其顿的菲利普（Philip,自公元前346年始,始终不移）。尽管他看上这些人是在《治邦者》成书以后,伊索克拉底的基本观点在此之前必然就展露无遗——更重要的是,其中透漏出他对政治的普遍失望,以及他转向了专制制度。

最后,在写作《治邦者》以前,甚至柏拉图本人也有一些证据表明,他参与了旧君主制的复兴。行文至此,我们对此暂不置评（但请参见页54—55,117—118以下）。此处的关键点在于,有这方面的证据,因而会造成这种印象。首先考虑《王制》,首先提到统治与牧羊人这一类比的,是忒拉叙马霍斯,而非苏格拉底。可是,苏格拉底并未质疑这一类比;而是认为:忒拉叙马霍斯混淆了放牧术与赚钱术,放牧术关注羊群受益,因此,忒拉叙马霍斯也就误解了"真正的牧者"（见345b-d）。此外,许久之后,忒拉叙马霍斯已被击败,苏格拉底为了提出战士阶层与下层邦民之间的正确关系问题,他再次引入了统治者与牧羊人的类比:民众堪比（hōsper）"羊群"（poimnēn, 415e）,而统治者作为"牧人"（poimesi, 416a）,当

---

① 例如,见《致菲力》（To Philip）,111—115。注意他追溯了特洛伊战争,在《泛雅典娜节献词》（Panathenaicus）,74—83 也暗涉阿伽门农。Hammond,前引书,第576页,评论了伊索克拉底政治视野的"荷马"特性。论《泛雅典娜节献词》及含糊指涉菲力,见J. Kessler,《伊索克拉底与泛希腊理想》（Isokrates und die panhellenische Idee）,Rome, 1965,第70—72页。

② 见《致菲力》14—15, 127。

然，战士护卫者就是统治者的"狗"(kunas)，狗温和对待羊群，成为其盟友，而非像主人一般的严酷。一方面，这接近于忒拉叙马霍斯提出的问题，因此，对于苏格拉底而言，重新使用他的类比也很合适。但另一方面，这也暗示，在苏格拉底本人心中，也有他自己认为的忒拉叙马霍斯-卡利克勒斯式的天生君主。尤其是，他强调了统治者的天性卓绝——尽管，这当然也必须经过正确的教育而达到完善。他的"腓尼基的故事"，把金、银、铜、铁分配给土生人的灵魂，这绝对化了几个阶层之间的天性差异——另一方面，尽管如此，这显然只不过是个神话而已，意在表达[人们]同根同源，从而团结各个阶层（见 414b—415b）。再有，苏格拉底讲，要实现他的正义秩序，对现状所做的"最小的改变"，①似乎苏格拉底把他的统治者变成一个君主：他说，哲人必须"实行[48]王政（baleusōsin, 473c）"，或者"现在被称作王者和专权者（dunastai）"必须变得真正爱哲思。专权者指的是独掌大权，不受法律限制之人。② 苏格拉底吸纳了"王者"和专权者吗？哲人，或是变得爱哲思的"王者"或"专权者"，会像专权者一样统治吗？且不说要不要否认这些印象，而由以上推测，苏格拉底对牧羊人形象的使用看来是实实在在的。他的正义的统治者古老意义上的君主，一个天性高迈的统治者，超越了共同体，有着绝对的权威。

首要的是，在写作《治邦者》之前的很多年中，柏拉图本人似乎为了支持他的"最小改变"的理论，而背负了直接行动的重担。在《王制》中，柏拉图笔下的苏格拉底屡次同意这种可能："国王们或专权者（dunastōn）的孩子们凭借他们的天性（tas phuseis），会生

---

① [译按]此处引文与苏格拉底的原话有出入："只需一项改变——但不是轻微或容易的……"（《王制》473c3）。
② Bloom,《柏拉图的〈王制〉》，第四卷，注 24。浅层上（但因此也是表面上），"哲人王"像智术师口中的"强者"，见 E. Barker,《柏拉图与亚里士多德的政治思想》(The Political Thought of Plato and Aristotle), New York, 1959, 第 165 页, 168 页。

而成为哲人"(502a,亦见 499c)。公元前 367 年,柏拉图远赴徐拉古,看来他就是希望找到这么个人。柏拉图到那教育狄奥尼修斯二世,狄氏继承了其父的僭主之位。种种迹象表明(此处我们无法援引《书简七》,因为《治邦者》先于《书简七》而成书),①就像之前伊索克拉底投向狄奥尼修斯一世,柏拉图投向其子,希望在哲学教育的帮助下,这位独裁者会建立真正的政治秩序。

2. 异乡人的批评

异乡人的神话在多重方面回应了君主制的再现。治邦者的最初定义是"人的牧者",小苏格拉底对此表示强烈同意。神话将这一定义置于柏拉图式的洞察之下。正如我们一开始看到的那样[见本章(一)],这是一个复杂的行为。一方面,这个定义遭到了反驳——因而,上溯到"民人的牧羊人"的说法都遭到了反驳。另一方面,有关神以及两个时代的说法重启了[对治邦者的]探究本身,而在此语境下,这种重启建立了[治邦者]定义的一般核心,为了给出全新的具体内容,这一核心被辨认出来,并得以保存。我们会逐一考虑这些重点。

(1) 原初"记忆":古代君主

神话完成了驳斥作用,其方式堪比赫西俄德的五代传说。在这方面,柏拉图紧随赫西俄德。② 如我们指出的,赫西俄德从目前黑铁时代和法官回溯到遥远的英雄时代。英雄种族"如同神明",唯有他们以正义和德性为荣。但英雄时代已一去不返。虽然,拥有德性本身使英雄们如同神明,并使他们成为腐化了的黑铁时代的人的榜样,然而,赫西俄德把他们归于过去的时代,这就暗示,而

---

① 但要注意,《书简七》强调远离暴力,而且支持法治。作者感到不得不清理掉与他教诲相左的印象吗? 例如,见 331c-d,334c-d,亦见 336a—337b,351a-c。

② E. Havelock,《古希腊政治学中的自由性》(*The Liberal Temper in Greek Politics*),New Haven,1957,第 II 章,对这种关联列举了很多证据,但是 Havelock 强调的"退化"历史观模糊了两个神话中的关键动力。

今不会再有英雄的那种特殊德性。可以说,黑铁时代的英雄气概不在于战士的武勇,而在于劳作者的勤奋:他的特殊德性即"我们额上的汗水"(《劳作与时日》,289)。

与此相似,《治邦者》神话,不仅在克洛诺斯与宙斯之间有所区别(见下文第(2)部分),而且在宙斯时代,也分早期和晚期。在273a-b,异乡人告诉小苏格拉底,就在最近一次逆转运动之后,宇宙随即——

> [49]……返回其惯常的轨道,继续运转,它照料并掌管着(epimeleian kai kratos)自身以及其中的一切,它尽其所能地牢记造物者与父亲的教诲。起初,它记得精确而完美,但随着时间流逝,[其记忆]越发模糊。

特别是对人而言,拥有相对"精确"(akribesteron)的记忆,大概就会把握神之前统治的确切知识;因此,与宙斯时代晚期时的人相比,此时的人多多少少会模仿神的典范。在克洛诺斯时代,神以统治人的牧者身份现身。因此,宙斯时代的"开端"阶段,指的是古代君主,他们甚至在死后也受到荷马和赫西俄德的赞美,这个时代,神明般的王者准确模仿牧者—神,作为"民人的牧者"实行绝对统治。而异乡人暗示,在那个时代,这种前政治的统治是正确的事情:"那时最接近[神]放手[使宇宙脱离神的控制]",他在273c这样说道,万物运作得"最高贵"(kallista)。不过,与赫西俄德把英雄归属到较早时代类似,异乡人说宇宙记忆"模糊",这暗示,如今这个时代已经过去了。在宙斯时代后期,"遗忘"(lēthē)的支配地位,这说明了文化的世俗化和人本主义,前政治的权威秩序也随之瓦解。① 因此,后一阶段增长的"不和"需要一种新的记忆。

---

① 参 Voegelin,前引书,第 3 卷,第 154—155 页。

(2)"遗忘":人是万物的尺度与新君主

异乡人的神话让人回想起普罗塔戈拉论人的起源的讲辞,这是柏拉图有意为之。有许多显著的细节,①前者似乎直接借用了后者。某些呼应之处指明了二者的根本一致——尤其是,涉及异乡人的宙斯时代。比方说,宙斯时代最早的人,逆转这一经历(pathos)的幸存者,像是普罗塔戈拉神话中的第一代人,"土生"(gēgenes)或"从土中"(ek gēs, 271a)生发而出。再有,早期的人"虚弱、无力自卫"而"受野兽残害"(274b)。可是,主要借助普罗米修斯的礼物(火)和赫菲托斯的礼物(用火的技艺),人类存活了下来。此外,如普罗塔戈拉那样,这些传统神对异乡人缺乏强制力;他以简略、武断的方式提到,诸神是"古代故事"(ta palai lechthenta, 274c)的主题。在这些观点中,异乡人把普罗塔戈拉眼中的人看作一个足智多谋的自然存在,他发展技术,能够照顾自己。同普罗塔戈拉一样,异乡人也把人看作制造者(homo faber),人自给自足。

或至少这是宙斯时代中人的状况。恰恰是这些一致的线索,显著激发出柏拉图与普罗塔戈拉观点更为深刻的分歧。对于普罗塔戈拉完全真实的人,对于异乡人而言,只是故事的一半。普罗塔戈拉全然不知晓克洛诺斯时代。用异乡人自己的话说,普罗塔戈拉是已经"遗忘"对反时代的人中的一员(273c)——另一方面,是"不相信"对反时代的"如今的众人"之一(271b)。可以说,异乡人此时展示的整个故事,既揭示了普罗塔戈拉"遗忘"的危险,又给出了恰当的选择。

[50]简言之,危险在于:对于当前政治困境中发现的问题,人们只不过提出要反其道而行之。异乡人所勾勒的克洛诺斯时代下的生活,直接建基于赫西俄德的乐土生活的意象之中:物质层面,

---

① Friedländer 搜集了许多这方面的细节,前引书,第369页,注9。

人有幸不劳而获,土地自发提供养育品;社会层面,神像牧者一样统辖,

> ……对他的牧群面面俱到,于是,在牧群中间,见不到野蛮,动物间没有弱肉强食,既无战争,亦无内乱(271e)。

但是,异乡人把这一乐土从实际政治可能的领域中排除出去,他做的甚至比赫西俄德还要坚决。把乐土定在克洛诺斯时代,此时神直接献身并引导宇宙,并且,通过宇宙逆转的经历和神撤离宇宙,克洛诺斯时代便与现今隔绝开来,由此种种,异乡人表明,人不能是他自己的牧羊人。然而,"遗忘了的"人因认识不到这一点而冒险:正是因为他们不明白,神存在,且已经撤离了,他们看不见人与神的差异;因此,他们冒险归于人的力量,实则超出了人力所及,正因如此,人难免遭致误用和扭曲。普罗塔戈拉宣称人是尺度,便是这种"遗忘"的首要例证。而后一代转向了新君主,这也体现出对人的错误认定。"人是万物的尺度"是绝对而永恒的宣称。它彻底排除了这种可能:有比人本身更高的尺度,它宣称这种尺度不存在。① 因此,它为公元前四世纪危险地转向独裁提供了准备:我们先前指出,在色诺芬、安提斯泰尼和伊索克拉底的著作中,盼望有一位强大的领袖崛起,终结政治动乱和内部冲突,从异乡人的神话来看,这其实是混淆了人类君主与神圣牧者。

如此,混淆非但没有终结无序,反而把无序推向极致。异乡人在274e以下和276d以下这两处,修订了最初的治邦之材的定义,由此,他把神话的这种否定性暗示带到了表面。首先,将治邦者描述为人的牧者,没有区分神与人;异乡人宣称,与克洛诺斯时代的神相比,当下宙斯时代的治邦者"在本性上更像他们的臣民,在教

---

① 《泰阿泰德》162c。

育、滋养方面也更像臣民,而非管理羊群的牧者"(275c)。第二,这个定义也没有区分"强力"统治(tōi biaōi)与"自愿接受的"(tōi hekousiōi,276d)统治。无论是否是一片好意,牧者不顾牧群的意愿而向它们施加权力;因此,把治邦者描述为牧人,也就混合了合法统治者与君主(276e)。或者,结合考虑这两处修订,对新的"民人牧者"希望,误把人当成神,由此适得其反,开启了僭政之路。在深层意义上,这正是可以料想的宙斯时代的人。根据神话,整个宇宙遭到了日益增长的无序,就快要"沉入无穷无尽的差异之海"(273d);不经意的转向僭政,以及政治无序之极,最"差异"的状况,公元前四世纪人们的盼望,凡此种种,初看起来,人类状况恰好对应于宇宙状况。

(3) 哲学回忆:神是万物的尺度与治邦者的技艺

[51]如果说,异乡人对照两个时代,意在表明宙斯时代下人力难及之处,他也意在肯定地表明,在克洛诺斯时代,什么是神。而且,可以把这种看法当作一种"尺度",若非人的实际可能,至少通过这些可能,他可以奋发向上。异乡人默默主张:神而非人才是万物的尺度,由此,他改变了"尺度"观念中的存在力度(existential force)。神的存在是超然的。神隐退而去,而不在宙斯时代,这一形象美妙地表达出神的超然。但尽管超然,神却并非与宙斯时代的人无关。相反,一旦神的存在被设想成超越人的存在,首先开启的是[人]奋发蹈厉的可能和需要。知道神不在,是唤起神存在的一种形式。实际上,意识到克洛诺斯时代的神是什么,也便懂得,在神、人有别的限度内,身处宙斯时代的人必须自强不息。

然而,运用"尺度"是一个复杂问题。首先,要克服人本主义的"遗忘",需要一种新形式的记忆。异乡人以"遗忘"象征,关于传统诸神的"信念"的丧失,以及旧神话形象的衰落——要恢复到对诸神的简单、积极的"回忆",像在早期宙斯时代,回想起诸神的牧群特性,已经不可能,而这恰恰是因为"遗忘"这一事实。普罗塔戈拉

第三章 论本质与方法的离题话（267c—287b）

只是为了修辞目的,而利用宙斯和普罗米修斯的形象,我们从中看到了这种无"信念"的例证。同样,公元前五世纪后半期,旧喜剧早就挪用了赫西俄德的克洛诺斯治下的生活形象,并使之破灭。①因此,有一个关键段落(272b-d),插在异乡人描述的克洛诺斯时代和宙斯时代之间,他在那里间接暗示,理解克洛诺斯治下的生活形象,有两种方式。这一段落的确切主题是,克洛诺斯时代或当时宙斯时代的人,谁更幸福。异乡人宣称,如果克洛诺斯时的人利用他们闲暇做哲学探究,那么他们要更幸福;但如果,"倘若他们整天只满足于吃吃喝喝,彼此之间,还有与兽所谈论的,不过是即便现在也还谈及有关他们的故事"(272c—272d),那么,当前的时代就更幸福。这就暗示,单单重复赫西俄德的形象,就会像他们所描述的生活一样懒惰——"即便现在",在如今的交谈中! 不过,获得高度评价的另一种方式,更适用于当今:哲学探究的方式。而事实上,这恰恰是整个神话所体现的,异乡人就是这样讲神话的。如我们一开始指出的那样,异乡人把许多传统形象放到理性论证的宇宙论背景中,由此,他赋予了传统形象一个崭新而清楚的含义,具有思想的明晰性。因此,他展示的形象结构就相当于从字面的直白的意思转向了普遍的概念性意义,而意思只是表征了意义——尽管哲学是事后聪明。这种"回忆"超越了普罗塔戈拉和赫西俄德;恢复理性原则,这就是 anamnēsis,或哲学回忆。但是,第二,要通过这一反思来理解"尺度",还不适用。知道克洛诺斯时代的牧者是什么,[52]也还不知道宙斯时代的人如何做事。因此,还必须把牧者的本质转换到非常不同的存在者的相应条件中去,也就是人在其所处的非常不同的条件下,在宙斯时代的无序中。既然如此,如果要运用神圣的"尺度",首先要做的是重整乾坤,其次是重新规

---

① 参 Baldry,前引书,第 60 页:"希腊文学的其他地方也梦想有更幸福的存在,那是一个逃避现世病痛的所在,但在旧喜剧中,这些作为讽刺手段而非现实的避难所。"

范人在现实中的具体位置。

事实上,在讲述神话的过程中,异乡人没有阐明运用[神圣"尺度"的]双重运动。如我们前面指出的那样,异乡人让我们自己好好反思神去而复返的特性,而神的复返是宙斯时代的人所需要的。但正如我们将会看到的那样,对话余下的部分回答了神话中蕴含的这一反思。首先,异乡人默然区分了神本身与牧者,由此指出了牧者的本质。牧养着人的是神自己还是一个小神(页39,注5[中译本第89页注①]已指出过这个问题),这有些含混。但无论如何,通过描述神如何进入宇宙万物,异乡人同时谈及两个方面,有关神和有关职责(role);这让后者追溯到前者。因此,牧羊人的工作,"监管"和"扶持"(epistatōn, 271e)反映了神的"统治和照料"(ērchen ... epimeloumenos, 271d)。此外,牧羊人防止"野蛮……弱肉强食……[还有]战争和内乱"(271e),这反映了神"照料整个(holēs)[宇宙的]旋转"(271d)。这也照应前面描述的神,他"命令"(kosmein),"协调"或"配合"(sunarmozein)——首要的是,在宙斯时代末尾,神按周期重又参与其中,"担心(kēdomenos)[宇宙]……沉入无限的差异之海,他……,神规整,使之重归正途(kosmei te kai panorthōn)……(273e)。第二,在274b-d,临近神话末尾,异乡人再次间接提议详述人的状态。异乡人在274b的开场白中,提醒我们这一段落的重要性:"如今,我们终于抵达了我们整个叙述起始所向的目标。"然后,他描述了神撤离宇宙时,人忽然遭受的"匮乏"(chreia)。"没有技艺"(atechnoi),"没有防卫"(aphulaktoi),那么他们必须发展技艺。一方面,很清楚,技艺是提供物质生存的适当手段。在克洛诺斯时代,劳作和分工都没必要,宙斯时代的技艺恰好类似大地和牧羊人无偿的礼物和养育。不过,尚未言明的是,[技艺]这种全新、分工化的人类之主,如何恢复它所知道的克洛诺斯时代的共同体。通过回顾他所描述的克洛诺斯时代没有的东西,异乡人暗示了人类所经历的某种形式的分裂:城邦之间的"战争"和城邦中的"内乱"(271e),进而分裂成私人家庭(272a)。因此,有发展一项"技艺"(或"知识")①的任务,这多少能"调和"人们,形成一个有凝聚力的社会整体。作为一项技艺,它本身是多中的一,技艺把劳作和分工看作共同体的前提条件,这种治邦之材本质上与宙斯时代相契,而不同于[53]克洛诺斯时代的牧羊人。而在宙斯时代中,"照料大全"试图恢复增多的无序或"差异",这正是人与神的统治相似之处,这借鉴了神的统治。

三、修正最初定义(274e—277a);小苏格拉底与学园

在神话结尾,异乡人利用神话修正了最初的定义。这些修正(之前已简短指明)以两种新的二分形式给出,那就是神人之别(274e 以下)和强迫统治与自愿认可(276d 以下)。

尤其是第一个修正,它展露出神话的基本观点,依照神的尺度,重新定义了治邦之材。在这么做时,异乡人也暴露了自己在最初划分时所隐藏的东西。异乡人在 275b 指出,神话使他们得以

> ……更清楚地看到他,惟有他掌管人的养育,才符合牧羊人与牧牛人的范例(kata to paradeigma),惟有他才真正配得上[人类牧群的放牧者]这样的称号。

而业已证明的是,在克洛诺斯时代,这一牧者不是人,而是神。异乡人现在反思,混淆的起因早在第五次二分的中间,当时命名为 agelaiotrophikē,"养育牧群[的知识]"(275c-d),这是一步危险的跳跃(euthus)。因此,他指出的那一确切时刻,正是异乡人引入牧

---

① 在对话中,技艺与知识交替指称治邦之材。

羊人范例之时！① 二分末尾的反讽也显示，这不会是一个无意的错误。不管怎样，通过区分神圣的牧者与人类治邦者，也是时候修正这个错误了。既然二分预设了大量同一性（见第二章第一部分），那么，异乡人的反思就从"养育"到"照料"（therapeuein, 275e），前者是作为牧者的神的特性，后者以"养育"为典范的大全。既然神与人类治邦者有着这一共通之处，那么，他们能够从"照料"接收者这一点得到区分。此外，治邦者的"照料"，被刻画为一种关涉"整个人类共同体"（anthrōpinēs sumpasēs koinōnias）的"技艺"（technē）（276b-c）。② 因此，异乡人以二分形式回顾的正是我们所发现的神话中暗含的东西：反思的双重运动。

第二处修正有两层意义。首先，最初定义促使了前面的"争论"（267a—268d），似乎得到了完整解决。第一处修正会平息大多数"争论者"；如农夫、商人、面包师傅，他们与治邦者竞争"养育者"之名，而如今他们不会与治邦者竞争最大"照料""整个共同体"的实践技艺（276b）。第二次修正继续消除最后可能的争论者：通过区分他们的统治"方式"（tropon, 276e），分别是"强迫"和"自由认同"，异乡人把僭主放在了一边，因此分离出治邦者。此外，第二次修正[54]与第一次修正有更深、更实在的关联。在分析神话中的

---

① 这是"双重反讽"的小例子（回想第二章，注37[中译本第78页注①]）。表面上，异乡人暗示，他们整个错在对 agelaiotrophikē（牧群养育）这个名称不够小心，因为前缀 agelaio-（"牧-"）暗含着治邦者是牧人的观念。但回想261e这段本身，异乡人非常小心，让小苏格拉底在 agelaiotrophikē 与 koinotrophikē（集体养育）之间选择。小苏格拉底没看到首个词的危险所在，对此漠不关心，他把这个选择扔回给异乡人。那时，异乡人因小苏格拉底"免于在名称上争辩"而表扬了他。这样对吗？如果小苏格拉底"好辩"，他就能免于牧人的观念：这两个名称都包含了-troph-（"养育"）。异乡人区分"养育"与"照料"，这正揭示出，在引入牧人的观念时，"养育"的概念很成问题。小苏格拉底不仅不争辩名称；他也不鉴别概念。

② 不能忽视的是，繁殖（multiply）强调了整体的观念——sum-pasēs koinōnias[整个共同体]。异乡人已经暗示，他随后会指出，治邦者重新整合分裂的"宙斯时代"共同体，其意义何在。

关键含义时——"人是万物的尺度"和由"遗忘"而导向专制,我们已经看到了这一点。期望有一个强壮的领导者,期望一种新的"牧羊人"来恢复邦国的内在和外在秩序,事实上这种期望为僭政扫清了道路。在身为"牧者"的治邦者的观念中,暴露出这种危险,从最初的二分和神话中的观点及其所驳斥的观点看,它们清楚拒斥了希腊政治君主的再现。

* * *

在第二章末尾,我们曾提出问题:谁是柏拉图的对手,以及为何柏拉图把"小苏格拉底"这个角色与治邦者的这一定义——治邦者是人的牧者——联系起来。我们讨论过,有人强烈支持君主来解决希腊政治困境中,由此,第一个问题差不多已经得到解答。但我们只对第二个问题做出了一般的回答。首次划分过程的任何错误结果(258b—267c),都会为辩难的经验——更一般地说,为哲学"上升"运动的经验——提供充足事实(见前面34—35)。那么,为何柏拉图让小苏格拉底赞同这一特殊定义,而又让他经历了对这一定义的驳斥?

如果我们结合之前的两个发现,就可以作出可能的解释。在我们分析戏剧人物"小苏格拉底"时,我们阐明他就是阿卡德米学园中年轻人的代表;柏拉图用这个角色,把年轻学子们搬上了舞台,呈现在他们自己面前。而我们对"牧羊人"形象的统治者做历史研究时,我们曾指出,在《王制》中有很多证据给我们造成这一印象,即柏拉图本人把他的"哲人王"想象成那种 dunastēs[专权者];在公元前367年,柏拉图走访狄奥尼修斯二世,这只会加深这种印象。总之,这些观点说明,年轻的阿卡德米学子不加检审地接受柏拉图的这种印象,而小苏格拉底热情赞同最初定义,这便可看作是柏拉图对学子们的戏仿;或者,几乎同样,柏拉图预见到了将来有人也会不加检审地接受这种印象,因此戏仿了这种可能。反之,神话对最初定义的拒斥和修正,则是柏拉图对这种印象的否认。异乡人拒斥这一定义,把该定义与僭主而非治邦者联系起来,柏拉图好像警告阿卡德米学子,有见识或有知识的治邦者并非独裁者——或用《王制》的话说,真正的哲学统治者并不像专权者那样掌权。①

在修正末尾处的戏剧行动证明,(至少柏拉图认为)有必要否认[错误印象]并提出警告。甚至显然找出治邦者时,异乡人和小苏格拉底还根本没检验出治邦者的具体性情,或治邦术的内容。但异乡人提问时,小苏格拉底宣称:"异乡人啊,我想,我们当真完成了对治邦者的定义(apodeixis)"(277a)。这种自以为是的理解很危险。一个年轻的阿卡德米学员,熟读[55]《王制》,并误以为借由通晓该作而真正理解了治邦之材,以哲学之名夺取政治权力,那么他更可能只是得到权力,僭主的专权(dunasteia),而非哲思。这种统治不会信任哲学,同时还会损毁掉治邦之材(危险的真实,见本书尾声)。因此,柏拉图致力于预先阻塞这种政治的可能性。

如果这一解释足够充分,那么异乡人谈论对话中的实质问题时,他面对小苏格拉底的姿态,就对应于他方法论的姿态。异乡人考验小苏格拉底如何理解划分法和治邦之材的形式。在两个层面上,小苏格拉底都径直(euthus,异乡人用该词汇来说明未经反思的假定性意见②)作答,得出结论:262a 的"人、兽"之分,以及从第五步开始往后的牧者范例。因此,在这两个层面上,异乡人必须中断并反驳他的结论,检审小苏格拉底的冲动:正如他在 262a—

---

① 因此,尽管 Skemp 拒斥的理由充分(前引书,第 52 页,第 54 页以下),G. M. A. Grube 把神话解释成柏拉图放弃哲人—王[《柏拉图的思想》(*Plato's Thought*),Boston,1958],在一定程度仍有道理。柏拉图削弱了哲人—王的观念。

② 如 262b2,275d1,283b1,285a6,286e6。

264b处坚持二分步骤,因此通过神话,他对治邦者和僭主做出了一个强有力的实在区分。但到头来,这却并非异乡人的定论。正如在划分的结尾之处(264b—267c),其表面之下暗含的反讽与方法论相关,同样,教育小苏格拉底的时机与问题的真正复杂之处存在张力。异乡人一直受限于施行教育的迫切需要,随后,他会更极端地处理这两套问题。

乙　第二次离题:范例与中道(277a—287b)

修正收尾的情形(277a),类似于起初划分收尾时的情形(267c)。定义步骤又像是完成了,小苏格拉底坦然承认这一点。然而,异乡人仍不满意:就如之前那样,小苏格拉底一接受定义,异乡人就表示异议。小苏格拉底宣称,"我们真的完成了治邦者定义"(277a),对此,异乡人做出的直接回应是,

这于我们当然会是一件美事,苏格拉底。不过,你这样想还不够——我也应该持同样看法才行。而现在,至少我的意见是,我们的王者看来还不具有完美的形象(teleon ... schēma),相反,我们就像那些个雕塑家一样,他们赶忙工作,却操之过急,过分精心打造细枝末节,超出了原本所需的程度,因此,这延缓了他们自身的工作。我们想快速表明我们先前解释中的错误,既然我们认为大的范例恰当,我们就想用恰切而宏大的形式(megaloprepōs)。因此,我们举了惊人的大神话,并且不得不过多地利用了其中的部分,超出了原本所需——正是因为这一原因,我们的示范过于冗长,而且终究无法为神话带来适当的结局(telos);我们的定义也像一幅未经雕饰的肖像画,虽然看起来外形轮廓已完整,[56]但尚未获得上颜料并调色后所具有的那种生动(enargeian)。但要记住,

对跟得上的人而言，要揭示活物，概念叙述及定义比绘画及任何一种手艺模型更恰当；对于跟不上的人来说，通过可见的模型会更合适(277a-c)。

这一冗长的反思直接点出，目前治邦者的特性尚不明确。"外形轮廓"尚未填充颜色，治邦者的特性就是如此这般的不完整。这一类比的意义很清楚。如我们所主张的那样，神话以及对起初划分的修正，的确不再将治邦之材等同于某一种类的放牧"养育"。但另一方面，既然"照料"更普遍，它还包括作为子类的"养育"，那么，治邦之材的特性被重新描述为"照料"，也就既重申又扩展了治邦之材与牧养的同一。确实，一旦治邦者的本质基于他对城邦整体的照料，那么其他手艺人就不会宣称，他们同享治邦者之名。尽管如此（我们稍后会再论及），这种"照料"为治邦之材与其他技艺所共有；因此，治邦者没有被"鲜明地"（enargōs）揭示出来，没有展露他自己的非凡本性。在神话和定义中，都有此缺陷。通过并置克洛诺斯和宙斯，通过确切而想象性地叙述克洛诺斯时代神作为牧人的统治，异乡人准备好为宙斯时代人的统治提供正面说法：这会成为神话的"恰当收尾"（telos）。而相反，如我们注意到的（页39,52以下），他暗中留下人类的治邦之材未表。至于把这个定义修正为"照料"，用亚里士多德的话说，这只提供给我们属，而没提供种差：因此，需要进一步划分，以便揭示治邦者的特性。那么，神话与修正所需要的正是重启划分，在287b以下，构成了第三次划分，这也构成了整个对话接近尾声的部分。

可是在得以重启划分之前，异乡人必须先处理一个需要。由什么引导进一步的划分？无论如何，要是他独自一人（或者，如果他只讲给老苏格拉底听），异乡人会直截了当地着手，而如今他必须与小苏格拉底共同进行。而从小苏格拉底最初划分时的表现看来,他仍依赖于一般意见和感官形象:因此,他才在 262a 一下就跳到了"人"这一步,又在不经意间,受到治邦者的牧人形象诱导。不管怎样,如今神话建基于"庞大"的"范例"之上,得出了牧神形象,而且神话已经表明,这一形象不适用于人类统治者。对这一形象的拒斥使他们持续探究,却没有指导性的形象或范例。因此,在重启划分之前,异乡人必须为小苏格拉底提供一个新范例;神话的否定意义,即对牧者形象的拒斥,必须要由另一种新的导引形象加以平衡,新形象是肯定性的、经过调整后的建议。事实上,这就是277a—287b,整个第二次离题的中心论点:在 279a—283a,异乡人提出了编织者形象。

可是,在这两个需要之下,仍潜藏着更基本的问题,异乡人必须提出这个问题。他在 277a-c 处的一长段反思在几个层面上暗示了这一问题——尤其把这段话与小苏格拉底的前言后语放在一起考虑。[57]甚至在 262a—264b 处的离题话和神话之后,小苏格拉底几乎仍未表现出哲学的自知。因此,小苏格拉底全然赞同修正后的定义,这表现出同样的"急躁",一种朝向结论的假想、莽撞的冲动,这既表现在他跳跃到"人"(262a)这一步,也表现在他对首个定义的赞同上(267a 和 c)。尽管异乡人把他们的探究比作雕塑家和画家的工作(277a),小苏格拉底却显得没认识到自己对可见模型的依赖。的确,就在作出这一对比之后,异乡人随即区分了"那些能够"用"概念叙述和定义"的人与"不能这么做"的人(277c),小苏格拉底好像以为,他属于第一种人。这也就可以解释,在异乡人点出后一种人必然依靠可见模型时,为何小苏格拉底对此漠不关心。小苏格拉底答道,"是的,真是这样",由此确认了这一点;"但是",他接着说道,并直接回顾了异乡人思考中的主要问题,"请说清楚,你在我们的定义中发现哪还不足"(277c)。他的答复中带有轻微的不耐烦,这说明,小苏格拉底缺乏自知之明带有最危险的含义:他没认识到自己的限度,就此而言,他不会理解哲学方法与他自己的发展有重要关联。既然划分和(我们将分析的)范例都是针对这种限度,又因为他自以为超越了这种限度,所以,小苏格拉底轻易地忽视划分和范例,而且厌倦了他们需要的"漫长"的辛劳;但如果他这样,他就有损于自己的哲学教育。因此,与创造新范例和发起新的划分相比,异乡人身负的教育任务要更根本。某种程度上,他必须唤醒小苏格拉底,脱离他不知自己无知的状态,而后,唤醒他对哲学方法的需要,以便保护他的哲学前途。

第二次离题话(277a—287b)在内部结构中反映,异乡人认识这些多种多样的需要,并对此做了复杂的回应。第一个子部分,277d—279a表明了范例方法的价值和结构。这为切实展现279a—283a处编织者的范例定义铺好了道路。此外,所有这些讨论段落,异乡人找到了向小苏格拉底反映他局限的方式;像之前那样,异乡人混合了他明显积极的教诲与教育过程之中全然苏格拉底式的间接提点。这很大程度上回应了小苏格拉底的失败——至此,这明显建立起特性来——反映了这种间接交流,在283b—287a,异乡人展现了"必要尺度"的学说,以此结束了交流。

一、范例之范例(277a—279a)

异乡人第二个主要反驳,突显了基本的教育问题。小苏格拉底顺服于他的权威,渴望听到他对这个定义的批评——虽然在提出批评时,异乡人的真正目的是唤醒[58]小苏格拉底本人,提醒他注意自己的限度,并提示他超出这些限度的多种操练方法。因此,在277d,异乡人选择从他的批评(277a-c)转向批评中反映出的在学习中的基本危机。小苏格拉底将会对这种转向——用《王制》的比喻来说,这是"上升"而非"下降"——出乎意料,对此,异乡人非常清楚。正如这里指明的,他在语言中注入了悖论的新调调,而他用呼格向小苏格拉底发话,带有嘲讽般的预言色彩。①

> 异乡人:[277d]你这机灵鬼,要彻底阐明任何较重大的[存在者],很难不借助范例,因为,我们每个人就像在梦中知晓一切——却冒了这样的风险:清醒时发现,原来一无所知。
>
> 小苏格拉底:你说的是什么意思?
>
> 异乡人:[d5]这太玄了(kai mal' atopōs),不过,此刻我好像切中了与知识有关的典型经验。
>
> 小苏格拉底:是什么?
>
> 异乡人:你这有福的人呐!此例本身(to paradeigma auto)似乎尚需一例……

首先,通过"较重大的[存在者]",异乡人提到的存在者,不能单纯借助感官经验来理解。(在《智术师》216c以下,在与忒奥多洛斯的交谈中,已经以这种方式描述了"哲人"。在285d—

---

① 这种诉诸于预言术语与预言口吻,反映更高的观念,或真正哲学的观点,由此,柏拉图笔下的主角如今讲的,是各篇对话中的典型结构特征。做出基本驳斥后——这里,是驳斥了牧者形象和所涉及的人类中心论框架——异乡人如今提出了自己的建议,或者,按我们在引言中的说法,"新奇光亮"(回想第 xxx 页以下)。对于非哲学的交谈者而言,预言口吻和术语恰恰反映了哲人"新奇光亮"之奇异性;悖论的是,既然这如此奇异,非哲人可能完全错过了,由此新口吻和新术语也间接预示出更高的观念及其奇异性。在其他情形中,哲学主角通过预言暗示保留了他自己观念的导引标志,见《吕西斯》(*Lysis*),216c 以下[苏格拉底用一种预言洞见(apomanteuomenos)打破了众人的困惑];《美诺》81a 以下[苏格拉底诉诸于"男女祭司","虔信问题上的智慧",来解决美诺悖论];《会饮》201c 以下[苏格拉底展现了爱若斯(Eros)不是神,由此削弱了在场众人的讲辞,这时,苏格拉底诉诸于女先知第俄提玛];斐德若 242b 以下[苏格拉底亲自检审了吕西斯的话之后,他感到了他的"命神的指示",并坦言自己,"懂预言",接着讲了他充满灵感的神话故事]。亦见《克力同》50a,对参 54d;《伊翁》533c 以下;以及《卡尔米德》167a 以下(作为反讽的线索,注意 169b 的 manteuomai[预示])。

286a，异乡人会更细致地描述。)有的人，没有发现表面与实在之间成问题的关联，在这等人看来，可以非常完美地理解一切；的确，这是我们的习惯假设。可是，在遭遇"更重大"的事物时，它的实在性并不明晰，或者，实在性不足以在感官经验中表现出来，这时，此人会忽然发现他的无知；而正如他曾自以为通晓万事万物，如今他会猜想，他根本一无所知。他先前的"知识"宛若幻梦。在此"借助范例"恰逢其时：如异乡人会解释的那样，小事物由直观得到正确的理解，与"大"事物相比，就可能展现出二者都具有的相同因素——由此产生出有关后者的知识。但在他能深入这一问题之前，异乡人先面对这个问题：对于尚不具备"清醒经验"之人，无论"经验"本身还是应对经验的方法都会失效，可以说，在"较大"的存在者中——提出它们的人，甚至在探究过程中，似乎都在扯玄谈[atopōs]，直译即"奇异且出格（out-of-place）"。在后面的段落中（见291b），异乡人会讲到，"出格"（to atopon）是如何通过无知而降临到每个人身上的。在当前的语境中，他暗指"清醒的经验"，并诉诸于范例，这些之所以会像是"出格"，恰恰是因为小苏格拉底仍不知其无知。可是，由此如何解决这种双重无知？异乡人的回答都完全合理，而乍听起来，又稀奇而悖谬。"范例本身"——因为它本身既然尚不被人知晓，却又成了从无知过渡到无知之知的桥梁——"尚需一例"。因此，在给出治邦者范例之前，异乡人会提供一个范例，正是用于经验对范例的需要和使用。①

[59]为此目的，异乡人选择了刚刚学习拼字母的小孩们的共同经验。尽管，当这些字母——stoicheia[字母、因素]——出现在

---

① 参P. Stöcklein,《论柏拉图神话的哲学意义》(*Über die philosophische Bedeutung von Platons Mythen*), *Philologus Supplementband XXX*, Heft 3, Leipzig, 1937, 第54页。

"最短、最简单的音节"中,孩子们能分别念诵并识别出它们,当他们遇到更长、更复杂的音节时,他们就会困惑,并犯错。范例方法①是引导小孩获得知识的最好方法:必须把孩子们通过"真意见"能够正确分析的音节,与让他们困惑的长音节并列在一起,然后观看并指出二者的相似性。以这种方式,孩子们一开始就正确认识的字母"成了典范"——也就是,用作首先令他们困惑的字母的范例;到头来,孩子们就能够认识每个字母如何"不同于其他字母",又在各种音节中出现着"同一个"字母(278a-c)。

在几个方面,这一例子都堪为范式。首先,学会区分和识别音节中的字母,十分贴近于学习"形式"——也是 stoicheia 一词,在异乡人的教诲中,指实在性的"因素"——如何能够或不能融合。②第二,像小孩子学习拼写字母一样,小苏格拉底在后一种学习中,同样是个新手。因此,异乡人运用了范例之范例,他把小孩的经验与小苏格拉底的经验并列在一起,并尖锐地向他提问,

……那么,我们是否会感到非常奇怪,如果,有关万物的元素(stoicheia),我们的心灵经历同样的事情,有时候受真理引导,而理解某些组合中的每个因素,而有时候,在别的组合中,又对这一切感到飘忽不定?对于某些混合,大多能得出正确的意见,但重组后,这些同样的元素置于又长又难的事物的音节中,无法辨识它们(278c-d)。

小苏格拉底在这一镜像中认出自己了吗?他的回应很典型:热切赞同异乡人,他重复了疑问性的短语,而把它变成了肯定句。

---

① 有关柏拉图使用范例的专门研究,见 V. Goldschmidt,《柏拉图辩证术范例》(*Le paradigme dans la dialectique platonicienne*),Paris,1947。
② 《智术师》253a;也要注意《泰阿泰德》207d 以下对此的准备。

"这不足为奇,"他说(278d)。此处柏拉图式的反讽锋芒毕露。相形之下,如果小苏格拉底感到惊讶,哪怕是轻微的不知所措,难道不会更令人鼓舞吗?重复别人的话,以此表达自我意识,这种方式(至少可以说)很古怪。对老师言听计从,这种观念实则是哲思的"障碍",这里表现的方式尤为突出,虽然很短暂,而我们不禁想知道,这一交谈是否暗指柏拉图与他学生之间的关系(后文展开)。

无论如何,异乡人选择继续运用范例之范例。在关涉治邦之材这一又长又难的音节中,如果"我们的心灵"实在感到困惑,那么,下一步就是找出短而简单的事物,把它用作范例。异乡人和小苏格拉底需要"从较小的存在者"中选择——那些从直接经验轻易知晓的事物——与治邦之材有着"同一样式"(tauton eidos)(278e)。与治邦者并列在一起,这一存在者能够向他们展现出,如何继续划分,并给他们一个恰切"生动"和"有色彩"的"轮廓"(279a)。

二、编织者范例(279a—283a)

[60]可是,什么是适于用作治邦之材的"最小[存在者]"(smikrotaton)范例呢?异乡人提出这一问题,却没等小苏格拉底回答。如他的范例之范例暗示,老师的任务是一开始为简单、熟悉的范例配上复杂、奇异的范例,因为这预先确定,学生正缺乏后一种知识。此外,异乡人要尽力给神话一个"恰当的结尾",那么选择范例是其中一个必要的步骤:如我们后面会看到的,之前得出的人治与神治的类比这一主题,就预先决定了异乡人的选择。因此,他采取了主动。从一个罕见的起誓开始,这既更换了他在277d处起誓时的语气,还让我们想起他是探究宙斯时代的治邦者,他提出,

宙斯在上!苏格拉底,倘若我们手边别无其他准备,那么,就让我们选择编织术——如果你同意,那也不用整个的编

织。羊毛织物就足够了(279b)。

此外,异乡人也提议,以二分方式来找编织定义:

> 其实,前面的谈话,我们一部分一部分地分割,区分出每种存在,现在,我们为什么不像先前那样,也对于编织做同样的事情呢(279b-c)?

第二个提议的效果,是在复杂的双重意义上,给编织"范例"下定义。一方面,编织者(更准确地说,羊毛织物的编织者)会成为治邦者的模型。另一方面,在最初划分过程中的定义方法和修正,会用作定义编织术的方法范型。

初看上去,范例关系的第二方面有些惊人。"较早交谈"中的划分已被证实不令人满意,而且也不够充分。那么,为何异乡人在定义编织术时,还选择反映[二分式的]步骤?一部分答案是,异乡人同意二分的重要教育价值。但是,这并不是全部。事实上,编织定义的过程和内部结构映照的是整部对话,而不单单是划分的早期段落。一旦我们看到这一点,并在异乡人的深邃意图中检审之,那么,这种映照最终就会与范例方法的修正作用完全一致。

首先分析编织定义的过程和结构。非常显著,通过构成整个对话的同样三个阶段,异乡人引导小苏格拉底:第一,朝向定义的划分过程,在表面的成功中达到顶点。第二,离题话表明,这一成功如何只是表面的,只不过提供了一个基础,继而——第三,重启划分过程,并达到真正完成。异乡人首先在十个步骤中划分了人的"制作与获取",最终达到了"尤其是关涉衣裳[或大氅(tōn himation)]的技艺"(279e6)。可以勾勒出清楚路线,如下图所示:

[61]

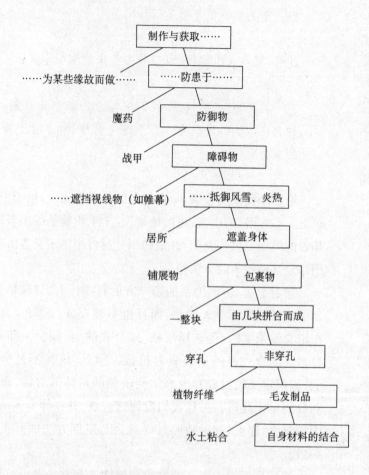

[62]异乡人以简略概要结束了这一最初的划分（279c—280a），小苏格拉底表示赞同。不过，接着异乡人反对这一划分，指明划分不充分——或更尖锐地指出，假设"有人"以为这很充分。问题在于，与编织者相近的特性太笼统了：即便编织者的技艺"尤其关涉衣裳"，可是仍有很多其他技艺"协作"这种工作，且并不是真正的"编织"。反思这些动机，并为重启划分提供了基础。进一步的划分（281d—283a）步骤如下：

第三章 论本质与方法的离题话(267c—287b)

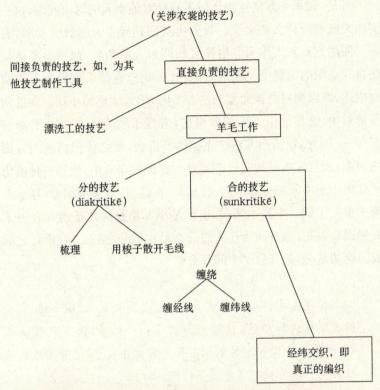

在整个探究编织定义过程中的镜像作用,反映出异乡人引入范例方法的意图的两个方面——实在性与教育性。实在方面,他关注于给出治邦之材的充分定义。但探究已陷入僵局:表面上虽然完成了,但最初的结果却没有从其他照料城邦的技艺中分辨出治邦者。通过把定义编织者的过程带到一个恰好类似的僵局,然后经过这个过程,由提出质疑,到为了解决质疑而进一步划分,异乡人用例证展示了这条道路,亦即,重启划分并完成治邦之材的定义。[63]我们后面会看到,划分的特殊形式为后面的划分提供了具体引导。在这方面,这一映像是预示性(anticipatory)并计划了一条道路,从第二次迷惑,到整个对话确切的第三阶段。

可是，如果小苏格拉底认识不到针对他本人的这个问题，这一实质突破就没什么意义了。我们再次回到异乡人的教育动机，有必要回溯到异乡人作为苏格拉底的调解人的角色，回到小苏格拉底自我意识的情境中。在这方面，这一映像直接堪比异乡人先前的描述，即在面对奇怪而复杂的音节时，陷入困惑的小孩。在这两种情形中，他都给出了尖锐的模仿，表现了探究中事物的实际状态①——因此，这给小苏格拉底提供了机会，使之认识到他两方面的困难，而且这些是他自己的困难。在编织定义中，这样一种模仿尤其集中于中间部分（280a—281d）。在这里，有关编织者，异乡人两次重复了同一个基本错误，也就是小苏格拉底关于治邦者犯下的错误。首先，通过间接让人想起在最初划分之后，又在修订之后成问题的状况，他开启了中间部分：

> 而现在我们一起来认识，有人或许会认为（doxeien），编织衣服被这样描述，就够充分的了——那是，这人无法认识到，尚未区分编织与其他紧密相关的协作技艺，尽管编织已经与其他相近的技艺区分开了（280a-b）。

这个"某人"指的当然是小苏格拉底。在 267a 和 c，小苏格拉底热情赞同治邦之材的定义是"养育"，尽管如此，就像异乡人马上指出的那样，许多别的技艺可以同样（若非更强有力地）宣称，他们才是共同体的养育者（见 267e—268a）。虽然把"养育"修正为"照料"，多少缓和了这个问题，可是在另一方面这又扩展了这个问题：如我们已经指出的那样，"养育"是"照料"的子类，

---

① Gundert，前引书，他注意到异乡人反映出探究治邦者达到的僵局，但奇怪的是，Gundert 从未考虑到这对小苏格拉底或（更重要的是）对听者的教育作用，听者明白了小苏格拉底没认识到自己和情形，因而他们自己面临着克服这种失败的挑战。回顾引言，注 10［中译本第 6 页注①］。

第三章 论本质与方法的离题话(267c—287b)

照料则是治邦者与其他技艺的共通之处。可是,在 277a,小苏格拉底再次认同这一定义最终完成了。如今展现的这个有关编织者的错误,恰好与[小苏格拉底此前的]错误类同,而小苏格拉底似乎无法建立两个错误的关联。当他以问代答,"这些同类技艺都是什么?"异乡人语言讥讽地答道,"看来你没跟上前面的话",而重述了第一阶段所做的区分(见 280b-d)。然后在 280e,结束了重述之后,他再次尝试:

……[已经排除了所有其他技艺],我们会认为(docaimen),剩下的就是要寻找的技艺,它用于制造羊毛防护品,抵御冬日的暴风雪,被冠以"编织"之名。

可是,小苏格拉底又没能认识到问题。他答道,"的确,看来就是这样。"因此,异乡人必须再次反驳,"但是,孩子啊(pai),这一描述还不完整。"

异乡人用呼格,让人想起困惑着的小孩形象,这是他恼怒的唯一迹象。但是,他接下来的解释非常清楚明白,这展露了他的判断:小苏格拉底现在还无法接受他的挑战。在小苏格拉底那里,发现不了自我意识或主动检审的自发性,异乡人[64]显然感到别无选择,而只好为了小苏格拉底,对定义的不完整补充上详细、推论性的解释。因此,在 281a-c,他指出,每一种协作技艺虽然必然涉及"照料衣服",可是,却不同于真正的编织。因此,他建立起了进一步划分的需要和领域,在 281c-d,他赢得了小苏格拉底明确同意:倘若没有进一步的划分,定义就会"既不清楚,也不完整"。

在一致的基础上,他们到了探究编织的最后第三步,就如我们已经指出的,在最后子部分的基础上,也就是他们能够到达的整个对话的最后第三次——重启划分。因此,从治邦之材定义的实质发展来看，探究又重回正轨，并稳步向前。可是，从苏格拉底考察认知的观点看，对话正处于危机之中——恰恰从其本性看，危机就隐匿在唯唯诺诺的小苏格拉底身上。在回应这一点上，异乡人延迟对治邦之材定义的重启，以便引入中道学说。

三、异乡人有关必要尺度的预防学说(283b—287b)

我们已经专门研究了异乡人所讲神话的形而上学和文化—政治含义。可是，仍有另一层完全的意义，在对话中，这紧密关系到交流中隐含的危机。首先回想一下，克洛诺斯时代，人类羊群的处境。一方面，这是一个天真无邪的他律(heteronomy)时代：养育牧群的牧人具有完全、直接的权威，并应对畜群的所有需要，养育畜群，做畜群的医生、助产士，甚至提供游戏和音乐(见 268a-b)。但是，这有一种危险：既然极端满足于牧人的统治，畜群就没理由猜想到命定的宇宙逆转和牧人的撤离，更别说为此作出准备了。当时间到来时，人发现自己"处于巨大的困境中"(en megcdais aporxais, 274c)：他们只能依赖自己的能力，而由于他们依赖牧人，又缺乏预见性，他们没有发展自己的能力。如果他们得到的一种援助是早前"牢记造物者与父亲的教诲"(273b)，虽然这并不稳固；最终，如异乡人所言，无序盛行而"遗忘滋生"(273e)。

这与小苏格拉底的戏剧设定情境有显著对应。小苏格拉底完全依赖异乡人的权威。确实，他本人不去认识这些，而把他所有的教育需求都留给异乡人来应对——在神话中(见 268d)，是养育，更具体说，是"游戏和音乐"；在范例的映照游戏中，是接生术；在论中道的后面的文本中——是治"病"(见 283b)。宙斯时代的人的命运已经预示了这种他律的危险。异乡人即将离开雅典；同样，老苏格拉底会被处死。小苏格拉底将来会变成什么样？[65]小苏格拉底缺乏内在的发展，更不具备自知，让小苏格拉底独自应付，他极难继续哲思。真的,他会确切记住异乡人的"教导"(didachē)。但有两点都不安全。首先,这种记忆保存了异乡人的工作,就此而言,虽然他本人没有认识到他自己需要它,他最终会失去兴趣;特别是,划分法将会看起来多余。第二,在其积极特性上,这种记忆仅限于异乡人所处理的特定主题,就此而言,在面对其他主题时,这不会有助于他;也是这一原因,这一方法可以看似无用,甚至有所妨碍。

关涉自我认知的接生术考验已经失败,而小苏格拉底毫无保留地赞同异乡人下的编织定义("完全正确",283a),克洛诺斯时代的人天真而受到统治,这体现在小苏格拉底身上。异乡人选择此刻提出有关未来的问题。

> 异乡人:就这样吧。不过,可真是的,为什么我们不径直(euthus)断言,编织就是纬线与经线的编结缠绕,而是绕了个圈子,做了许多无用的区分?
>
> 小苏格拉底:哦不,异乡人!依我看,至少,我们说过的所有这些事情并非无用。
>
> 异乡人:你如今这样想我并不感到惊讶;不过,有福的人哦,以后你会有不同的意见。鉴于这种毛病,以后还会多次折磨你——这绝不令人惊讶——现在且听听与所谈的这类困难相称的学说(283b-c)。

我们会看到,异乡人的学说,用来拯救小苏格拉底脱离"遗忘"。学说的确切核心是"必要尺度"观念。等到小苏格拉底"有了不同意见",也就是,当他认为,一种划分的言辞,做"许多"区分实属多余或无用,那么他就会用"必要尺度"来解决它。让小苏格拉底回想起言辞的必要目的,由此会恢复他的眼力,抑制他的急躁。但这还不是全部。在首次展现中道观念之后(283b—285c),异乡人继续分两步(285c—286b 和 286b—287b),[①]将之用于对话本身。[②] 因此,他意在预先护持小苏格拉底免于"遗忘"——或者,进一步与神话对应,使小苏格拉底产生同一种探究本身的"哲学回忆",异乡人自己在他"回忆"牧—神时,曾展现过这种探究。这样一种协调,超出特殊,遍布到普遍意义,这会允许小苏格拉底理解对话自身,把这作为例子,使用对话本身,以后当他孤身一人,被迫使用自己的智略时,他就会建构自己的哲学教育。

(一)"必要尺度"的划分显示(283b—285c)

这一"疾病"可能会"日后多次"折磨小苏格拉底,在其根本特性上,这种病是对哲学方法的厌辩、鄙视;对编织定义这种井然有序的言辞报以急躁的态度和轻蔑[66]的判断,认为这些话"冗长得超出需要"(283c)。治疗这种疾病的解毒剂是评价长短、过度与不及,诸如此类的哲学方法。

这种评价是"度量术"的工作。但异乡人指出,有两种度量,只有一种适合于手上的工作。通过二分,他区别了

一种基于大小彼此相对而言,另一种则基于大小乃生成之必然存在(kata tēn tēs geneseōs anangkaian ousian)。(283c)

小苏格拉底首先受这种区分所惑,这情有可原。第一种度量不难认识。在 283e 中,小苏格拉底的回答表明,他具有通俗的假定,即无论什么东西,"较大"只是相对于"较小"的事物而言,反之亦然;异乡人的第一种度量包含了所有那些度量,即对照一个事物

[①] 异乡人在 283c3,285c4,286b4—5 处等关节处,标识出这一段落的内在划分。A. Capelle,《柏拉图对话:〈治邦者〉》(*Platos Dialog Politikos*),Hamburg,1933 注意到这些划分。

[②] 参照 Gaiser,前引书,第 107 页,第 197 页,第 212—213 页。

第三章　论本质与方法的离题话(267c—287b)

与另一个事物的大小,表达出这种相对性。可是,第二种度量对小苏格拉底而言,并非一目了然。异乡人提出的"必要尺度"是什么,又何以"对生成是必要的"?

在283e,异乡人部分阐明了这一点,他问道,"……我们难道不会声称",

> ……我们闻其所言,观其所行,①都有超过中道的本性,或被中道的本性超过——真是这样发生吗(hōs ontōs gignomenon)?再有,这种合于中道,也区分了我们中的好人与坏人?

异乡人心中所想的这种"生成"(genesis),首先,是言辞与行动的生成——那就是践行(praxis)的目的性活动(见284c)。这种"生成者"(gignomena)是时间中的殊项(particulars),因此,并非适合样式意义上的"存在"(ousiai)。不过,样式的"存在者"对这种生成者是"必要的":作为目的,言辞与行动必然受认识或呈现(instantiate)样式的目标所界定。因此,塑造一个相关的例子,治邦者得以认识到正义状态,那就是在社会—历史事实中,实现正义政体之理想。好坏言行之别,与之相关,好坏行动者和言说者之别,是如何全然完成这种呈现(instantiation)的问题。因此,我们看到第二种度量的意义不是"相对的",而是"必然的":这种度量评估一种生成者,并非通过思考它与其他生成者的关系,而是思考它与自身本质的关系,这一本质即界定它的"存在"。②

但是,这里描述了一个重要区别。以"必要尺度"度量生成者

---

① [译按]原文为ἐ λόγοις εἴτε καὶ ἐν ἔργοις,依希腊文直译当作"在言辞,抑或在行动中"。
② 把"生成"绑定在"存在"上的"必要",参照《斐勒布》54c,也见26d。

的规范并非样式之类,而是"中道"(to metrion)。必要尺度追问,是否有一种生成者超过或不及或实行中道(见 284c,d, tēn tou metriou genesin)。这很重要,有好几个理由。样式的"存在"(ousia)与事物之生成(genesis)不可通约;因此,虽然涉及相关样式,但必要尺度仍需要一种居间者,一个可以与生成事物对照的中间项。此外,必要尺度需要感知(样式之类则不感知)环境中的生成限度。在 284e,通过同位的 to prepon("合宜")、[67] ho kairos ("适时")以及 to deon("需要"),异乡人详述了中道的意义。① 所有这些观念都暗涉了具有导向性和限定性的具体历史语境。"合宜"指相宜于形势;"必需"指某人需求某物;尤为重要的是,在一个场合中"适时",而在另一场合可能就不合时宜。在这些方面,中道都弥合了样式与殊项(个别事物)两者之间的存在论裂隙。对形式的最完全可能的实现,基于语境限制,中道用作践行(praxis)的规范,借此标准,必要尺度能够判断言辞与行动。②

　　引入必要尺度的最初明确动机,正是为判断哲学言辞提供这样一个标准。异乡人担心,小苏格拉底"日后"会对编织定义这种冗长、"绕圈子"的话变得不耐烦。如今异乡人已经讲出这种标准,不

---

① 完整清单如下:to metrion kai to prepon kai ton kairon kai to deon kai panth'hoposa eis to meson apoikisthe tōn eschatōn,即"中道、合宜、适时、必需以及所有那些处于中间而远离两端的[词汇]"(284e6-8)。在这一段中,潜藏着一个重要的含混之处。清单中的最后一个,即"所有那些[词汇]……等",作为其中一员完成了清单,还是描述了之前那些词汇,是对之前词汇的解释说明呢? 从语法上讲,第四个 kai 只是一个连词,还是有"即"、"那是"之类的作用? Krämer,《柏拉图与亚里士多德论德性》(Arete bei Platon und Aristoteles),第 161—162 页以及随后几页,他表明了选择后一种的优点;两端之间的中道的纲要,作为一种结构,把自身引导到重构一个积极、正式的秘密学说的强烈意图。但缺点在于存在判断所涉及的因素,如认识"适时"或"合宜"或"必需"——赋予这些词汇的因素——并不易于图示化;因此,围绕中道/极端图示所建立的学说,容易遮蔽异乡人或柏拉图在具体践行时得到的洞见。见本书第三章,注 60[中译本第 138 页注①]。
② J. Souilhé,《对话哲学中的柏拉图中道观》(La notion platonicienne de l'intermédiaire dans la philosophie des dialogues),Paris,1919,第 62—66 页。

过,他还不着急用它。为了思考方法,之前时常打断实质的探究过程,如今相反,为了实质洞见,他中断了对方法的思考(283e 以下)。

必要尺度对治邦之材必不可少。最初划分伊始,异乡人就确定,治邦者的知识属于理论和命令性的,这二者本身都非践行,但又特别关涉到其他人的实际行动(见 258d—260b)。现在,他指出,治邦者和编织者以及每一个匠人,都关注由必要尺度所引导的践行:

> ……它们[这些技艺]谨防其践行活动的危险:对中道的过或不及,因为它们以这种方式维持尺度,所以它们在制作的一切东西上都尽善尽美(284a-b)。

这种内在关联,使得对必要尺度和中道的接受,对于定义治邦者的计划变得关键起来:既然中道对治邦之材而言是必要的,就不会认可,中道之存在会"使治邦之材消失"(284a,b),反之,这又使整个探究"无路可走"(aporos)。这堪比《智术师》中的情形:在那里,泰阿泰德和异乡人遭遇了一种观念,"非存在"(to mē on),像中道一样,这在存在论上也很成问题;而与此相似,因为这牵涉到智术师的本性,他们只好接受"非存在"之存在,并为了对此提出正当理由,而着手详尽的反思(《智术师》284b-c)。可是,在《治邦者》中,异乡人决定不为这种详尽的反思停下脚步。这一基本问题——晦涩地被指称为 tàkribes auto,即"精确性本身",是度量原则——显然太难了,因为异乡人把它延至将来,"有朝一日"(284d)。① 这时,他只是决定强调治邦之材与中道之关联。他三

---

① 为何一定要延后这种思考? 这正取决于"精确性本身"是什么。如果它只是多种样式之一,那么应该像《智术师》和《治邦者》中被讨论的事物那样唾手可得。即便如此,异乡人对比《智术师》中心的离题话,由此暗示,这是为其他样式提供特性的样式,应该讨论这种样式;倘若异乡人可以与泰阿泰德集中于"非存在"展开讨论,那么如今重提上次讨论,异乡人就不该与小苏格拉底深入探讨"精确性(转下页注)

次强调之(284a,c,d),第三次,他认为已经"极大(megaloprepōs)援助了我们"。

异乡人回想过去的探究,并预见未来,无论过去未来,都偏离了目前对治邦之材中必要尺度作用的思考。[68]反过来,这一思考也偏离了方法论导向中对必要尺度的引入,从而延迟了异乡人对必要尺度的应用。最后,小苏格拉底开始感到极为轻微的烦躁不安。"很对,"小苏格拉底说道,并赞同异乡人所宣称的治邦之材与必要尺度的关联,"但接下来呢?"(284e)异乡人十分"绕圈子"的方式看来最终已经惹怒了驻于小苏格拉底心中的几何学者——那是直接从假设走向结论的渴望(见前文,页4,页34)。异乡人对此的回应恰如其分:他原路返回,回头重述他划分这两种度量之起点。

但在他的重述中,有一种新维度。他如今通过提及有关数学的"诸种技艺,包括度量数量、长度、深度、宽度、还有速度"(284e),以此讲明第一种度量,即相对度量——这些技艺是算数、平面几何和立体几何,以及运动学(kinematics),也就是在《王制》中老苏格拉底所确立的作为哲学预备教育的核心学科。在重新说明他的区分后,他继而转向批评忽视这种区分的"众多饱学之士"(285a):这些人正确地说"度量关涉到一切生成者",但是他们错误地把度量当成了相对度量。

(接上页注)本身"吗? 然而,我们之前看到,异乡人感到他无法深入什么是样式这样的基本问题。回想263b,"精确性本身"多少涉及样式的基本构成吗? 倘若如此,尤其如果新柏拉图将样式完全等同于善本身的解释是正确的,那么当然可以解释异乡人的沉默。的确,既然作为"差异"的"非存在"只不过触及了样式之间的关系,而把"精确性本身"当作善本身(the Good)的解释达到了样式存在的基础(《王制》509b),后一种任务的确如异乡人所说,"比这[前一种]重大得多"(284c)。对这种解释的关键注解,见对亚里士多德《雅典政制》辑语79的引用和讨论,von Fritz 和 E. Kapp 版,New York,1950,第214—215页。

但是，由于他们还不习惯以式样来划分事物（kat' eidē ... diaroumenous），他们径直（euthus）混同了这两个如此不同的种类①——把它们当成相似，此外，他们又犯了相反的错误，划分出其他[种类]却并非根据它们的部分。然而，一个人首先察觉众多事物中共通的东西，尽管必须（deon）如此，但在他能够看清其中的所有式样差别之前，他不该停止探究；相反，若在杂多之中看到各种各样的差异性，他要把所有亲缘性的存在者聚拢在同一个相似性中，并用某种共通的种类来把握它们，在此之前，他不得悻悻然放弃（285a-b）。

这些段落中的间接暗示引人注目。很可能，老苏格拉底在《王制》中的课程建议是阿卡德米学园中从事研究的基础；因此，异乡人在284e列出的数学科目，指涉的是这位年轻的阿卡德米学子[苏格拉底]自己当前的研究。转而，尺度的普遍性的观念，是毕达哥拉斯派论点"万物皆数"的逻辑推论；而且——非常自然，基于对都强调数学这一点——毕达哥拉斯派在阿卡德米学园中具有高度影响。因此，异乡人说的"饱学之士"可能指的是毕达哥拉斯派。②

倘若这些联系正确，那么，整个论必然尺度的段落担当的角色，是检审性地建议年轻的阿卡德米学园。柏拉图像在说，毕达哥拉斯派误把数学等同于哲学，而阿卡德米学子沉浸在《王制》所规定的数学研究之中，则有犯毕达哥拉斯派错误之险。我们回头看，小苏格拉底起初没能认识到必然尺度（283e），其实是不经意间犯了"饱学之士"的错误。无论如何，只是关注相对尺度，就是让有关

---

① [译按]原文没有出现"两个"和"种类"字样，此句直译当作"混同了这些全然不同之物"。

② 见Skemp，第173页，注1。

践行的技艺"变得不可见"。再有,只有必然尺度从生成物(gigno-mena,genesis)的领域,转向安排生成物与其必然样式之间的关系。① [69]因此,忽视了"必然尺度",同时也就缩窄了哲人的关注领域,进而忽视了他的主要目标。年轻的阿卡德米学园——在对话中的模仿剧中,也就是小苏格拉底——因此必须区分数学与哲学,并且离开数学,转向哲学。而且,这种特别段落与整个对话都展示了如何这样做。异乡人说,"必需"(deon)借助他自己的中道论,指明哲学在当前环境下最完全可能的实现,对于阿卡德米学子而言,就是"让自己惯于这样的研究:根据样式划分"。作为近似数学的方法,划分法可以检验"直接"(euthus)意见,并以规则结构的方式,从生成者转向对样式的思考(见前文,页 21—22,页 26),那么,划分法既恰当又适时。②

(二) 对话目的;对话作为范例,对小苏格拉底的价值(285c—286b)

首先,要把必然尺度应用到言辞的长度,需要确认其必需的定义目的。因此,异乡人在已确立起这种尺度之生成后,"紧接着"③提出了对话目的的问题。

他一开始先回到小孩学字母的例子。当老师把一个词汇放在孩子们面前——"无论什么词"(285c)——让孩子们拼出这个词,要确定这个词的真正拼写,还是让孩子们能更好地拼写所有词汇,

---

① 柏拉图暗示《王制》531c 类似对毕达哥拉斯派的批评。
② Krämer,前揭,也联系了中道与划分法(不止是对划分法的实践),他强调异乡人把划分描述为"从中间"切分(262b)。但是,他似乎没有考虑二分法本身是一种中道,他也没有处理中道的生机活力和自我超越的特性。部分上,这似乎是 Krämer 面对柏拉图文本的基本姿态。Rosen,前引书,页 xvi 以下指出,Krämer 脱离对话表达的内容来研究口传学说,因此有错过对话隐含内容的危险,我认为,当我们寻找对话表达内容的交流作用时,就会显出不可言传的维度(见引言,第 xxviii 以下)。
③ 第三章,注 52[中译本第 132 页注①]。

二者中的哪个才是探究的要点？"显然，"小苏格拉底回答说，要点是后一个。异乡人由此把这作为整篇对话的范例。"我们目前探究治邦者又如何呢？"他问道。

> 主要是为专门探究治邦者，还是为了在一切事情上更有能力辩证（285d）？

小苏格拉底显然懂得这种类比。"这种情况也是，"他说道，"我们意在变得在一切事情上更有能力。"

在对话的教育情节中，这是一个重要时刻。尽管是在异乡人的显著引导下，小苏格拉底表明了整个探究的典范价值。正如拼写教师的问题是所有其他问题的范例，因此，对话本身是所有探究的范例。如果他能坚持这种洞见，小苏格拉底会对于对话的意义涌现出一种哲学感觉，而不单单是确凿感觉。他会能够看透其特有之物——包括异乡人本身引导态度，以及治邦之材的目标主题——达到一般性；正如异乡人的类比暗示，这是辩证的划分法，可以由任何人践行，涉及所有的"词汇"，那就是参与存在的样式。

可是，小苏格拉底还没有完全清楚。他的断言中没有区分对话中两种划分的差别，这也没有表明为何划分法如此重要。因此，在285d—286b的漫长反思中，异乡人把它当成离题之处，确证这一区别，还提供了三个相关限定。第一，"的确是，"他答复道，"人们没理由[70]想要探索编织技艺的定义，至少，为其自身的缘故。"这里未曾直言，而是暗示：相形之下，治邦者的技艺，是值得"只是因其自身缘故"而定义的。因此，异乡人默默地依照其主题价值，区分了两种探究。这并不新奇；起初引入范例法时，他对比治邦之材与"编织"，前者为"较大的[存在者]之一"（277d），后者为"较小"的（278e）。第二，如今，他转向这种语言，以给出第二个含义。"大多数人，"他间接说，无法认识到"存在者"之中关键的区别。有一些有"可感的相似之处"——那就是分有者——这"很容易理解"。异乡人这里提到了相对普通的存在者,如编织(或之前说的牧人技艺)。① 既然这些样式通过其分有者,有一个不成问题的表象,一个人就可以通过"指出"后者来识别并研究它们;不需要逻各斯,理性探究和陈述。"最大和最有价值的存在者"——那就是,如治邦之材,这种存在者本质上值得尽力理解②——正是相反。这些"没有让人[看到]鲜明、完全显露的可感知形象(eidōlon)"。因此,理性探究和叙述必不可少。在归纳有关定义治邦之材的困难时,这一意义应该是清晰的。因为在起初划分的末尾,由于很多人有权声称,他们"养育"或(修正为)"照料了整个共同体",探究陷入了僵局。而且,我们在后面会看到新的大众,"党派政客"(303c),他们佯称会实现真正治邦之材的具体作用。甚至一位真正的治邦者会在这众多"表象"之中吗?无法做此推测。然而,即使有(而我们想到老苏格拉底,见前文页 2,13),有这么多自称治邦者的人,使人无法仅仅凭直觉就认出谁是治邦者。人们多少能够"直接"认出真正的编织者。但真正的治邦者必须首先被概念化理解,根据原则整合其本质,把他与许多冒牌货分开。第三,异乡人的区分表明,为何划分法如此重要。至少对小苏格拉底而言,这是理性辩证探究的恰切模式,这有必要揭示"最大的"存在者。但是,这也有不确定之处,将这一方法用于可以单纯感知的较小事物,为何重要。异乡人用他最后一点解答了这个问题。由于这对理解最大存在者必不可少,我们"需要践行(meletan)能够给出并领会逻各斯,"异乡人说。"但是,"他补充道,"如果我们从小的而非大的[存在者]着手,做起来就更容易。"

---

① 或者,还有《智术师》218e 以下的垂钓者。
② Stenzel(前引书,第 133—134 页)和别人一样,把"较大的存在"限定为《智术师》中所检验的"最大的种"。但是 278e7—8 和 285c4 表明,异乡人必须心中有治邦者,可能还有哲人。见 Goldschmidt,前引书,第 56 页,注 16。

由此，异乡人完成了对话典范性的说明。这不仅仅是所有探究的一个范例，而且对小苏格拉底至关重要，为了他将来的哲学发展，他需要做出这一系列探究。异乡人以这种方式为以下任务提供了一个范型，他刚刚推荐了这个任务——"根据样式划分，以此让[一个人]自己研究"(285a)。一个人从划分探究像编织者之类的"较小"存在者开始。这种"践行"的真正目的并非赢得这些知识——直观上这些东西一目了然；而是[71]为了寻求发展一种一般才能，而采用这种方法，为的是着手更困难的"较大"存在者，比如治邦者。这种教育次第的最大优点是，小苏格拉底总会有一个向导，一种方式来检验自己的步骤。刚开始，他受到对主题的感性认识的诱导。而之后，当他到了过渡的微妙时刻，而没有感性的协助，这时候他能够转而求助于他之前的划分。就像编织划分有助于对治邦者的划分，因此，他早先的划分可以作为后面划分的引导性范例。①

（三）必然尺度的应用(286b—287b)

整个对话在别的方面也是一个范例。如果小苏格拉底确实留心异乡人的"教诲"，以此"让自己惯于"通过"践行较小的存在者"来划分，那么他会把自己置于一个危险的诱惑之下。恰恰是因为"较小的存在者"感性可知，划分工作就可能成为一个不必要的负担。其实，既然一个已经感性地认识到划分在概念上所揭示的东西，这些工作看上去就像是兜圈子。②（当然，正是在这一意义上，

---

① 因此，这种教育过程涉及一系列转向，从感官为主到以逻辑训练的推论思考为主，再到——异乡人早先在 264b—267c 处暗示，而且会在 287b 以下间接重申——以直观样式为主。
② 他们是在兜圈子，而这有重要意义。如果感性主题使之易于学会根据真实种类而思考，那么后一种思考的最终目标是唤醒对样式的直观。然而，这种直观如今尚未成熟，从一开始作为暗中潜能，因此，整个教育过程真有恢复或重配属己之物的效用。如果我们问，引导哲学新手的感官如何首先建构其自身，那么这就变得明朗了。按柏拉图的观点，样式已经起作用了，虽然它们并不向新手的质朴反思展现自身作为样式的鲜明特性。

异乡人在 283b 用了这一短语：en kuklōi，"绕圈"，在 286e 又重复了一遍。）因此，正是他如此需要"践行"的事情，可能让他误以为他不需要这种方法，因此不需要践行本身！现在，异乡人试图解决这个错误，以便为小苏格拉底提供先例，好让他将来依此方法应对错误。

当然，这种方法就是对必然尺度的应用。现在，他已经展露该对话的必要目的，异乡人准备考虑，是否其各个部分的长度——尤其是编织定义，还有神话，甚至包括之前探寻智术师时有关非存在的离题话——是过度了，还是恰好合适。

异乡人：那么，让我们回想（mnēsthōmen）一下，什么促使我们说了这一切。

小苏格拉底：是什么（Tinōn）？

异乡人：是急躁和恼怒（tēs duscherias），有人感到编织术定义的冗长——也有关于逆转宇宙的说法，以及在讨论智术师时，关于"非存在"之存在，我们意识到，这些言说过长了，我们为此自责，担心说得过多过长。那么，请你明白，我们说的这番话，目的是为了今后无需忍受这种忧虑。

小苏格拉底：就这样。请着手接下来的事情（Taut' estai. Lege hexēs monon）（286b-c）。

小苏格拉底的回答再次展露了异乡人意在挑明的那个问题。可以理解，他已经忘了（"是什么？"）异乡人在 283b 所指出的动机上的困难；小苏格拉底全然不由自主，一心渴望跟随异乡人，就像 283b 他一开始的回应所显示的，他还完全不知道动机的困难。可是，[72]通过巧妙并置小苏格拉底第二次回答，柏拉图暗示，小苏格拉底以后的确会受这些苦：异乡人辨明他们各种离题的缘由，对此，小苏格拉底甚至给出了直接的认可（"就这样"），他渴望了结离题本身(请着手……)！这种渴望反映了他作为几何学者的倾向：从每个点径直移向其逻辑推理——hexēs,如其所言①——朝向结论。如我们先前所探讨的(页4),这是哲人的"上"—"下"运动中的唯一短语,这种运动必然是反思性的,并因此是离题的。因此,小苏格拉底的第二次回应,虽然立即肯定了异乡人的实际领导力,却仍抵制其哲学特性。对小苏格拉底"未来"的哲学发展而言,这种意义看似清晰。小苏格拉底还没出自己非哲学的性子,没有异乡人的亲自引导和调解,他还会任由这种性子摆布。②

表面上,异乡人最后的话好像屈服于这种情况——可是,更深层地观察,他们展现了一个深层的教育反讽。在286c,他给小苏格拉底的正是外在权威和结论性的判断,后者尤其是:"那么我主张,你和我必须记得已经建立的……",他这么开始,并重申教诲,即用必然尺度来估价言辞。然后,在286b—287a,他根据实行划分的较早教诲,讲出了这一点。在估价一个言辞的长度"适合"(prepon)与否时,必须把对"快乐"以及"容易迅捷"的考虑搁置一旁,仅当作次要的事情；唯一真正的价值必须是"按照样式的划分"的"探究方法"。根据实际情形来表现这一原则,异乡人告诉小苏格拉底:

> ……若有人参加讨论,而指责论证过长,或拒斥这种绕圈子的道路,必须不让他仅仅宣称这些话太冗长,就匆忙离开；而是应该认为他必须还得证明倘若言说简短些,会使对话者

---

① 因此,他说话就像忒奥多洛斯那样！见257b8—c1。
② Ryle,前引书,第26—27页,提出了有趣的见解,他认为286b—287a是后来补入的,"部分是辩护,部分是指责一个真正外行的听众,这人直言不讳,他对《智术师》中有关非存在的困难展开表示不满,又不喜欢《治邦者》中看似无意义的长篇大论编织和逆转宇宙的部分。我反倒认为,这些用来进一步提醒年轻人——当然,他们现在是很"外行"——将来,他们会感到这些困难"可理解"但潜藏着巨大的激发性。见尾声(2)。

更具辩证能力,更有能力发现一种方法,使事物之所是在言说中更清晰地显现。[a5]至于那些着眼于别处的褒贬毁誉,我们完全不必去关注,对此类言说,我们必须充耳不闻。

这里的教育反讽在于,目前权威与未来自由之间的互动。异乡人借助于他的外在权威来建议小苏格拉底,一旦接受并应用这种方式,小苏格拉底日后就可以从对权威的需要中解脱出来。倘若小苏格拉底在守卫划分法时,援用必要尺度,他就会采取异乡人对他本人所做的事情。此外,"有人"责难划分长度或相关思考,在反驳这种人时,小苏格拉底会反驳他自己"轻易迅疾"的倾向(虽然他没意识到)。因此,他会通过自身并朝向自身,接受引导并检验,直至达到异乡人从外部进行检验的那一关键点。反过来说,这样一种内化,抵消了其最初依据的非常外在的权威。质言之,小苏格拉底自身变成"牧羊人",他就不再需要异乡人的个人指导。

第四章　最终划分(287b—311c)

[73]讨论伊始我们业已确立,在《治邦者》中,异乡人的讲解是为了回应老苏格拉底提出的不同的请求。苏格拉底想要治邦之材的定义,还想看到揭示他自己与小苏格拉底之间内在关系的测试。这两个都是调解的任务,首个任务的背景是苏格拉底受雅典人审判,第二个任务的背景是他个人友爱的真实困难关系。

在离题话结尾,异乡人看似很好地安排并满足了第一个请求。首先,神话净化了首次划分的牧人这一误导形象;神"照料大全"作为人类治邦之材的尺度,通过确立这一点,也就重新导向了探究。可是,正如在第二次离题话开头异乡人指出的那样,他并没有给神话"恰切结尾":尽管他描述了"宙斯时代"的技艺如何出现,他根本没有辨别和描述出具体的治邦之材。他所展现的范例,用以满足这些需要。一方面,28ld—283a 结尾系列的二分法,暗示了用来辨识出治邦之材的进一步划分的大致轮廓。另一方面,编织者的形象提供了小范围的"照料"例证(279e),因此用作描述治邦者的一种新引导,以此取代了牧人的形象。因此,在 287b,异乡人准备回到对话的主要任务,通过"运用"(pherontes)编织定义的范例,对治邦之材作划分定义。

可是,正如我们跟随这种"运用",我们必须不忘老苏格拉底的第二个请求。事实上，异乡人的教育任务极大地复杂化了其实质[考验]。异乡人已经把小苏格拉底置于许多"考验"中——特别是，在262a，他邀请小苏格拉底划分，在267a-c和276e，展现了看似真实却并不真正充分的定义，在278d和280b及e处的榜样（mirrorings）。在每种情况下，小苏格拉底都无法哲学地回应。在成功定义治邦之材的过程中，这肯定设置了真正的障碍。异乡人如何实在充分地与老苏格拉底交谈，同时又适应教育小苏格拉底？问题于是集中于两个关键点。首先，异乡人如何向一个人展露治邦之材的形式，而这人目前为止还没表现出对任何对形式或知识的理解？如果他胜任揭示治邦之材的实质，他对小苏格拉底就不是难以理解的吗？但如果他把自己限制在后者理解的范围内，他还能胜任吗？第二，他之前通过264b—267c处幽默表示，二分法揭示样式的最大能力有些疑问；可是在第二离题话中，他已经强调，小苏格拉底如何需要"使自己习惯"并"践行"这方法。完全揭示治邦之材需要放弃或修改划分法？倘若如此，[74]异乡人对小苏格拉底的教育责任，而需要放弃完全的揭示吗？

异乡人要以某种方式生成一个"中道"——当然，同时向两位苏格拉底发言，并一起实现其实质的任务和教育任务。如我们会看到的，在对话最终部分的过程中，这种陈述有几个奇怪的时刻——伴随着这些时刻，表面下的丰富意义就出现了。

正如在此之前，我们的疏解与对话的内在结构安排一致。定义的完整性（287b—311c）有两个组织原则。一、如我们已经指出的，异乡人"运用"范例行进。运用第一方面——使用编织划分，制定出辨识治邦者的辨别步骤——在287b—289c和289c—305e的自然划分，分别检审了"间接因"和"直接因"诸技艺（因为异乡人明确借用和使用辨别，构造完整部分，见287c, 289c）。第二方面——使用编制者作为治邦者的范例——在305e—311c处总结对话。二、整个"运用"，假设治邦之材本身是一项技艺，要将之与其他技艺分别开。

因此,在291a,当混杂的一群党派政客进入视野时,令人惊讶并由此中断:他们不是技艺人或任何意义上的知识人,可是,他们却成了对于治邦者的称号的最大竞争对手。因此,在291a—303d,对这些政客的长久思考,在运用范例的中心点上,形成了一个离题话。

同时在心智中有效保持这些交织的三分,我们将在五部分中,着手最终的划分:运用的第一阶段(287b—289c),第二阶段第一部分(289c—290e),从运用的离题(291a—303d),第二阶段第二部分(303d—305e),运用的第三阶段也是最后阶段,在305e—311c。可是,在对待这些细节之前,我们必须采取最终划分中所预期到的前几个"奇怪时刻"。

一、改变划分形式(287b以下)

就在最终划分的开头,出现了头一个"奇怪时刻"。就在此时,不仅在《治邦者》中,而且在之前的《智术师》中,划分一直是二分。特别是262a以下,属于异乡人的方法论课程。异乡人似乎实际上把方法等同于"从中间分"(262a),以及编织的划分——一个铺垫性的范例——每一步都是二分。① 因此惊人的是,在转向一大堆尚不同于治邦之材的技艺时,异乡人默默地丢掉了二分法。"你认

---

① 强调这一点很重要。有一种倾向,低估一分为二的划分。例如,见Ackrill,前引书,第383—384页,他引用了《治邦者》287c和《斐勒布》16c-d,这两处暗示,"二"只是先前原则中把样式划分为最小数的最好情况,他又以《斐德若》265e为证,说明形式原则服从于真正原则,而真正原则是追索事物的内在或"自然"结构。这些观点虽然不错,但有失偏颇,因为这没能解释,为何在《智术师》以及《治邦者》直到287b以下,异乡人如此持续使用二分。Ackrill似乎没有看到,对于首次接触"自然"(即样式)结构、需要引导的人,一个有规则的方法具有特殊的教育价值。只有解释者认真对待对话中的戏剧互动,这种教育价值才会变得明显。小苏格拉底,代表了学园中的数学家,表明他需要类似数学的引导,更适合对反的逻辑原则,以便首次进入样式结构。如果异乡人按Ackrill的这两点去做,他就无异于退回到了未经思考的意见,就如262a处那样。

识到了吗,"他问道,"很难把这一分为二?"(287b)显然,小苏格拉底还没准备好,因为他没回答。异乡人没有选择直接解释。他只是用了一个奇怪的短语说,"我想,原因会随着我们的深入而清楚的"。但是,他们如何"深入"? 异乡人保持沉默,只是提供了一个形象:"那么,让我们如切割献祭的牺牲般,将之节节肢解,因为我们没法一分为二"(287c)。

[75]异乡人的话提出了很多问题,这对我们理解整个最后的划分至关重要。正如什么是"困难",以及什么是克服这一困难的划分的新形式? 这一"困难"标识出二分法的某种真正的界限——因此,这种困难对哲学状况有一种丰富意蕴? 最后,异乡人在引入新形式时的缄默几乎与新形式本身一样惊人。他只是为小苏格拉底的未来发展而强调了划分法的重要性。基于此,为何他不止于沉默,却解释了新形式及其意义?

(一)"困难"与新形式

如果跟随异乡人的建议,我们让二分"困难"的"原因""随着我们深入"而出现,那么,明显的事实似乎在于,划分的技艺有很多,不止有两个基本种类。① 事实上,异乡人区分了十六种,从 287d 的制作工具类技艺开始,到 305e 的治邦之材结束。因此他遭遇的情形,像是在《斐勒布》16c-d 中,老苏格拉底对对年轻的普罗塔库斯(Protarchus)提及并描述的划分步骤;在那一段落中,苏格拉底说,"无论我们处理什么",

> ……我们应该……假设一个单独的样式,并探究之,因为我们应该找到那所包含的样式;然后,如果我们已经抓住它,

---

① 因此,二分没办法"切分自然关节"(diatemnein kat' athra hēi pephuken),《斐德若》265e。如 Goldschmidt 表明的(见下文注 4),但这不是问题。

第四章 最终划分(287b—311c)

我们必须从一个样式转到寻找俩,如果允许有两个的话,否则,就要三个或其他数目的形式。①

在目前的情形中,根据这一解释脉络,"情况"正是不"允许有两种"样式。因此,二分法也有"困难";其实,二分法"不可能"(参照 287c,adunatoumen)。

可是,在关键检查之下,这种说法还是半真半假。其实的确有两种以上的技艺。但这还不足以说明,为何要抛弃二分法。划分过程的目标,是要挑选或"甄别出"治邦者,"剥离"其他技艺,"挑选出他[治邦者]"(268c,287b),就此而言,二分法是充分恰切的方法。异乡人的编织划分是二分法的范例,甄别出编织划分中诸种技艺的特别之处,这个类比就暗示了二分法的充分恰切。其实,有位学者甚至认为,诸种技艺的特别之处实际上并非遵循二分的步骤。古德施密特(Victor Goldschmidt)指出,异乡人的划分有多种组合,通过命名这些组合,在整个划分过程中揭示出所遵照的二分形式:②

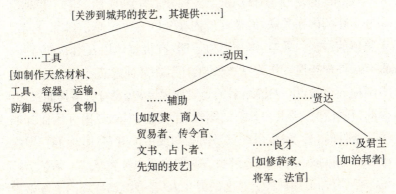

---

① R. Hackforth 译文,见《柏拉图对话集》(*Plato, Collected Dialogues*),Princeton,1961。
② Goldschmidt 的编组(前引书,第 270—271 页)删掉了冒充者、派系政客,大概以为他们缺乏技艺,他们不在关涉城邦的诸种技艺中。Goldschmidt 根据自己的分析,坚持"划分的哲学方法一直是二分(bipartite)",在划分诸种技艺时看到"划分法表明的失败"是一个错误(第 266—267 页)。

[76]古德施密特对划分步骤的二分组织很有价值——可是，这并非因为它表明了异乡人对诸种技艺的区分真的是二分。其实，在划分的二分形式中，所有放在方括号内的划分步骤也可以删掉。毋宁说，分析的主要价值在于这一事实：这表明了，异乡人可以成功地用二分步骤分离出治邦之材，只要他想这样做，也因此，当他选择放弃二分法时，他心中必定另有企图。显然，他的目的远不止是要分离出治邦者。

如果我们考虑287c，异乡人对新形式的划分所做的非常简短的描述，这一深层目的开始呈现。他会区分技艺，他说，"节节肢解(kata melē)，像是献祭的牺牲(hoion hiereion)……""献祭的牺牲"这一"肢体"形象在两方面都引人注目。首先，异乡人把各种技艺对应于整个身体，也就是对应于一个有机整体。多种技艺对应于这一身体的许多"肢体"或"器官"。就其本身而论，它们必然是相互关联，不仅仅是抽象意义的自然连接，而是协作的意义上，彼此配合，并各自以其特殊方式，为整体的幸福而贡献自身。因此，"节节肢解"的划分，不仅识别出多种分工有别的工作；它也识别出多种工作的内在关联，而彼此的内在关联意义又暗示或部分展现了整体的幸福。第二，这一形象说明，有机整体以及对它的分析，都有某种神圣性。作为"献祭的牺牲"，在某种意义上，它是某种供奉诸神的礼物，作为礼物，目的是要取悦诸神，要符合诸神的意愿。因此，在某种意义上，"献祭的牺牲"是技艺整体，反映并因而证明了神圣目的。① 当然，目的只是向先知或占卜者显明，他们知道在准备和举行牺牲时如何肢解牲畜。把这些象征转化成对话情节的说法，唯有知道如何区分技艺的异乡人（还有沉默在场的老苏格拉

---

① 在古老宗教中，牺牲与预言有着典型联系。牺牲会被开膛，先知审查动物的多种器官，以便发现神的心思；这可能因为人认为举行牺牲时，神与牺牲动物同一。见 R. B. Onians,《欧洲思想的起源》(*The Origins of European Thought*),Cambridge, 1954,第60页，注28。

底),能够看到这层意义:技艺的整体性,以及其组成部分的含义,体现或展现了神圣。

乍一看颇为奇异,异乡人的比喻含义,实际上反映了技艺与神话之间的差异关系。一开始,在摆出神话时,异乡人暗中表示,自己具有对神圣事物的特殊知识。在269b-c,异乡人说,宇宙的剧烈反转运动几乎完全被遗忘了;整个历史只有碎片还保存着。可是,他宣称超出了这一遗忘,"记得"宇宙的交替运动,以及(这里展示的)人与神的整个复杂关系。此外,他记得的事物表明这一特殊意义:相连的整个技艺要设想成有机而神圣的。简单重复一下:在克罗诺斯时代,神是人的至高牧者,完全负责维持人的生存,调节人事。由此,具体地之于人,一般地相对于整个宇宙,神是"造物者"(demiurge)和"和谐者"。无论如何,[77]随着剧烈反转与神的退隐,刹那之间,人被夺去了生存的必需品,他们发觉,要靠自己照顾自己的幸福。他们必须变成他们自己生命和生计的制造者(dēmiourgoi)。当然,没有单个的技艺能够恢复这种整体照料;之前神圣牧者所做的工,如今必须要分工、分配。因此,有很多不同种类的技艺,要达到效果,就需要合作运用,或者根据"肢体"形象,要有机合作。后一种需要——尽管异乡人按下不表——可能是城邦发展的原因,在哪里技艺可以聚集,而能够最好地协作。这也是为何还需要一种特殊技艺的原因,虽然一方面这是多中之一,而另一方面,这也负责协和其他技艺的最高任务;这种技艺——为治邦者所有——会致力于保卫并保存技艺的合作秩序,并保卫和保存操行这些技艺的邦民。通过这些发展,现实中人假设与自己的关系,就像是先前神向他发布命令;作为政治动物,他内化了神的照料,变成他自己的存在和制作的造物者及和谐者——在他能"记住"的范围内——以人的条件达到神一般的秩序。因此,的确有一些神圣的有关有机整体的技艺:这以内化和特别的人类方式,表现了神对人的照料。

为何对技艺的二分会"太难",以及为何异乡人引入新形式的划分(我们将简短描述这些划分)是正确的——以上的思考对这两个问题提高了基本的观察。

有关第一点,异乡人在 264b—267c 处就以玩笑点明,二分法有着同样的问题:即便二分法成功挑出治邦之材这一种类,却会掩盖其样式,也就是其必然特性。① 但此处,二分法的这一问题以不同的方式出现了。此前,二分法掩盖了人类,仅仅通过人与其他动物类型的关联性来展现人;这里,二分法会通过极少地展现治邦之材与其他技艺的关联,而掩盖治邦之材。如我们刚刚指出的那样,治邦之材是整个技艺中的一员;尽管本身并非"实践性",而作为"主导性"技艺,治邦之材关涉维持这种整体的工作完整或和谐。二分法在几种方式中会模糊这一点。从中间分会使得许多其他技艺—成员没得到区分,没有命名;正如古尔德施密特的修正,这些只有根据非常一般的作用才会涉及到,如"提供工具"、"助动因"等等。此外,因为在二分步骤中,左边的分支总是被扔掉,不同于治邦之材的技艺之间的相互关系,它们彼此以及它们与治邦之材本身的关系,会完全被隐藏。但这就是说,技艺合作的共同整体,即治邦之材的必要背景和目标会隐而未现。

划分的新形式意在让这一工作共同体出现。当然,正如在二分法中那样,异乡人如今也从一个整体开始,即所有这些技艺都关注于城邦。可是,他不再切出相反的一般类型,而是直接混合特殊的类型,而且他通过追溯从至少最接近城邦的统一性的工作做起。从真正的治邦之材那里,区分出不同于它的技艺,以此方式,异乡人标识出每一步[78]——直到最终,后者本身得到了揭示,这一活动就完成了。因此,他表述的这一系列当然不是算数规则,每一种特定类型的技艺并非与前后技艺等距。正如接下来的分析将显示

---

① 回想第 31—32 页以及第二章注 2[中译本第 50 页注②]。

的(古尔德施密特的图表已经指明了)有内在归类,标志着分析过程的阶段以及子阶段。心中的整个运动可以由图表展现为一个坡度进阶,如下:

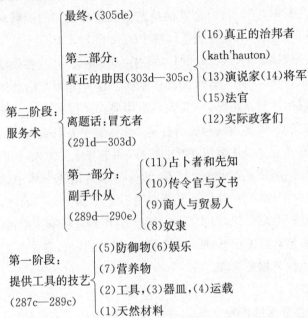

这种新形式的划分,关键特性是它对分割和结合的特殊调节,以及其旨在趋于对真正治邦之材的揭示。划分过程趋向于揭示治邦之材这一目标;因此,在305d-e,划分过程的顶点,挑出了治邦之材,而与其他种类的技艺区别开来。这是这种区分的特性,还有其他技艺之间彼此的区分,都不同于二分法所表现的区分。这种不同预示了亚里士多德在分析 kath'hen[一致性]与 pros hen[相关性]时所做的重要区分:鉴于在二分法中,唯有在更高项之中,分裂出两极相对的项,在较高项中,相对项平分秋色,而且互不相关,而在新形式的划分法中,各项因为在较高项的参与等级不同,而有所区分;再有,虽然二分法的较高项与较低项的等级不同,在新形式的划分法中,较高项本身是其引导的

一系列较低项中的一员。① 因此,在把各项技艺与真正的治邦之材区别开时,异乡人正是显明,这是治邦之材的一种形式,并分有治邦之材;同样,当异乡人终于在最后一步从其他技艺中分隔出真正的治邦之材时,[79]可以把其他技艺当成是对城邦的照料和责任,虽然这些技艺本身是在较低等级中。

我们还没搞明白,区分时的具体秩序等级是怎样的,在隶属等级中有暗示,反映了技艺合作的具体结构。这要等到我们具体研究划分阶段后才行。可是,一般观点很明显。通过展现这个统一体,异乡人强调,他尤为反对统治者是牧羊人这一专制观念。治邦者的臣民们并非被描述为傻呼呼的牧群,而是有才智的人,他们参与"照管"他们所需的生活;治邦者,就像他本身是统一体中的一员,包含在共同体之中,他的技艺是多种技艺中的一个。因此,虽然他真正处于最高位置,而正是在异乡人分析的这种形式中,就体现出治邦者是其臣民的伙伴——其实,治邦术的践行意义必然与臣民施行的技艺相互关联。

(二) 二分法的自我克服

早先我们说,异乡人对他避开"饱学之士"(285a 以下)详加解释,自此之后,二分法作为中道,是为了使忒奥多洛斯一派人分裂的灵魂状态——沉浸在数学中,但其他事情上却受到意见和感官支配——达到对样式的哲学关注。中道(to metrion)的观念是动态的。"对样式的可能的最完满实现,给背景限制"(页67),指明了可能与实现之间的张力。"认识中道"(284c,d)会消除这种张力,使可能性变成现实。反之,这种背景转换,又会消除起初作为中道的中

---

① 主要例证是,亚里士多德决定不把存在当作一个种类(genos),他转用类推方式安排存在的意义,他的做法,似乎与异乡人对划分形式所做的一般改变相同。异乡人对技艺的划分和其他柏拉图对话段落(另一处是在《会饮》中,第俄提玛所说的美的等级),似乎一起构成了亚里士多德相关性(pros hen)观念的分析基础。

道；如今，基于这种新的可能性，展现当初的中道甚至还造成了妨碍。在这个意义上，中道的真正本性恰恰意味着克服自身。

如果我们在分析异乡人在 287 以下对划分形式的改变，以及他在 265 以下的玩笑话，那么我们可以发现，他在这两段中向我们展现了他的自我克服。诚然，这留给我们这些有辨识力的对话听众来认识这一点［详见(3)以下］。但要考虑，在 265a 以下，异乡人挑出人这一类，却隐藏其本质特性——显而易见的是，这其实激发我们来认识后者。一旦我们有了这种意识，我们回头来看二分法，它最初帮助我们与种类相谐，最终却成了遮盖样式的障碍（样式，还是指该词的完全意义）。因此，我们需要一个新的分析模式，一种划分形式，而非需要一种确认我们正确方法论规则、本身结构与样式本性相符的样式。准确地说，这就是异乡人在 287c 以下通过改变划分样式而提供的东西。但是，如我们主张的那样，二分步骤会掩盖治邦者的本质语境和关注，这一系列划分意在让这一切显现。

只有在《治邦者》中，才详细显明了二分法克服自身的这一悖论特性。而与其他作品一样，《治邦者》也展现出典型的柏拉图式思想转动。例如，在《会饮》210a—212a 中，第俄提玛（Diotima）叙述了爱欲向美的上升：[80]每个领域中对美的显现，尽管可能是自闭的，而最终是指向对话人之一，这结果成了指向超越这一领域的阶段，而达到了更高的领域。① 以及，在《王制》的第二卷至第四卷中，苏格拉底从邦国之正义上升到灵魂正义，这只是为了揭示：对于第五卷到第七卷更彻底的检审而言，他们已经达到的目标至多

---

① 前三个交谈者以为展现了他知道的爱若斯（Eros），也以为展现到了极致。斐德若专门从叙事诗传统中，揭示爱若斯是个人的热情；泡赛尼阿斯（Pausanias）通过辨别律法，揭示出爱若斯是有道德的男童恋所展现的高等情爱；厄里克希马库斯（Eryximachus）通过医学、其他技艺和科学，揭示爱若斯是对立的和谐。但第俄提玛揭示出，每种样式和背景都标识出一种上升之路——这些事物是爱若斯升华中的变形——朝向超越一切之美。在这个意义上，每种爱若斯都暗示着与之相关的美，只有在转化为一种新生的、更普遍的一种美时，才能实现这种美。

只是个开始。① 然而,最显著最重要的是在《书简七》中引起争议的②哲学离题话。

在《书简七》342a—344e,柏拉图指出"三类目标"——名称、言辞(logos)和影像(eidōlon)——"由此,知识(epistēmē)必然显现"。可是,对于"实际的知识目标和真实的存在(alēthōs estin on)",这些全都不充分(342a-b)。他解释道,不充分的最基本原因是"因为语言的缺陷,正如这些试图显明每样[事物的]存在(to on),它们也试图显明关于每样[事物的]属性(poion ti)"(342e—343a)。他在后一段再次强调:

> 但最重要的问题是,如我们刚才所说,是两种东西——存在和属性(tou te ontos kai toupoiou tinos)——灵魂寻求认知存在(to ti),而非属性(ou to poion ti),这四样事物[即名称、言辞、影像、知识]各自以概念(logōi)和实际呈献给灵魂的,皆非灵魂所寻求的属性(343b-c)。

某物之"存在"(to on),这一最终的表达很明显,是其 ti("什么");因此,柏拉图提到了样式。留意这一点,柏拉图的抱怨看来完美地把这个问题用于《治邦者》的二分法中:二分法是给出"知识叙述"的方法,它揭示了"属性"——如陆生、两足等——二分法把对象分为一类;但二分法一直没有揭示"存在"(being),只是揭示"什么",基本是对象之"是"(is)。尽管如此,柏拉图并没有排斥这四个等级;相反,他把这些视作先决条件,不可或缺的发展阶段

---

① 见《王制》502e 与 504 以下(对参 435d)。(亦见本书尾声,注 6。[中译本第 210 页注②])
② 如果我对异乡人使用和批评二分的解释是正确的,那么《治邦者》为《书简七》342a—344b 的离题话提供了内在或确凿的证据,离题话若非柏拉图亲笔所写,也是一位得到柏拉图真传而富有洞见之人的手笔。

第四章 最终划分(287b—311c)   157

或——在我们的观念分析中——是寻求"存在"或"什么"时的启示工具。在柏拉图所有宣告中最著名的段落中，

> 研究有关德性或恶，必须伴以谈及一般存在(tēs holēs ousias)的虚假和真实，必须长久践行才能做到……只有细致对比了名称、言辞(logoi)、可见物和其他感觉的相互磨砺，友好的辩难，使用不带嫉妒的问答，以此检审它们之后，最后，关于万物的睿哲(phronēsis)和心智(nous)就突然闪耀，达致人力之极限(344b-c)。

有许多关键细节，这一段读起来差不多是在解释《治邦者》的情节。[①] 对话有关德性与恶，对柏拉图而言，其中治邦之材是一种道德关注；但是，异乡人在存在论上处理治邦之材，集中于治邦者之存在的真伪(这一方式会很快达致顶点，就在291a以下，假冒的治邦者，即党派政客们挑战"真实的"，alēthōs，或"真真的"[really real]，ontōs on 治邦者)。此外，对话检审名称(如261e,275c等)，并对照诸种感官等，即作为范例的牧人和编织者。通过划分的努力，[81]对治邦之材有充分"陈述"(logos)；这既界定又例证了长期践行此道的重要性。可是，所有这些表面一致的特殊细节，都指向了更重要的底层问题。在265a以下，异乡人的笑话中，通过让心智从"属性"过渡到"存在"，从类别过渡到样式，他不就是在想法子激起"睿哲闪耀"吗？还有，在287c以下，改变划分形式时，异乡人不就是依照式样直观(eidetic intuition)而行的吗？他让他的方法结构回应并反思样式，而不是把方法自身的规则施加给样式，如此这般，样式才向他显现。在这方面，整篇对话的典范价值有着显

---

① M. Schröder 为此辩护，见她充满趣味的博士论文《论柏拉图〈治邦者〉的布局》(*Zum Aufbau des platonischen Politikos*),Jena,1935。

著重要的实在维度。从"较小"的存在物运动到"较大"存在物,我们已经看到并强调,这如何示范了一条教育之路:小苏格拉底以后必须以划分法训练自己。对话如今似乎向我们显现了这一工作的实在目标:操持二分法,其本身的难度和难得之处,在于有机会洞见到超越种类的样式——因此也就意识到二分法本身的局限。惊人的是,如此这般的二分法,即异乡人"非常肯定性的学说",结果倒更像是老苏格拉底典型否定性学说的一个导引:已经唤醒了对样式的直觉,二分法就恰好实现了价值,也就不再需要二分法了。

(三) 异乡人(和柏拉图)隐约其辞

改变方法形式的理由非常重要,这使我们最后的问题变得更急迫了。异乡人在解释这种改变时,为何如此隐约其辞?异乡人给了先知在"献祭的牺牲"的奇怪形象,然后就"继续"了,为何他只满足于此?当然,没有对此事的解释,小苏格拉底也不懂。小苏格拉底更像《斐勒布》中的普罗塔库斯和其他年轻交谈者,在这种特殊情形中,他无疑认定,二分法就可以分出特别多的种类了。因此,在他自己以后的做法中,他会跟随编织的范例划分,驻足于二分步骤中。

一开始,小苏格拉底的局限和要求,就给异乡人施加了明确的限定,这使他很少能直言相告。这方面的情况,也与起初划分的最终阶段形成鲜明对照:异乡人批评二分法的实质重要性与二分法对小苏格拉底的教育价值,异乡人必须衡量这二者。此外,对话中的这一关键点,小苏格拉底以后作为哲人的危险之处,甚至比之前更清晰、更突出了。他不断表明自己的无知,不仅是对样式无知,而且更关键的是,对这件事的无知:他还没认识到他对于辩证还多么孩子气——想想异乡人的范例之范例。早些时候,异乡人想要通过讲笑话间接交流,甚至这种间接交流因此也很冒险。一旦小苏格拉底发现异乡人区分了类别与样式,他就以为自己懂了,这完全是小苏格拉底的个性。而按这种假定的基础,到了小苏格拉底的"践行"期伊始,他就感觉自己有理由抛弃二分法的步骤了。这就成了灾难,当然,既是对他的灾难,也是他对苏格拉底哲学的灾难。没有二分法步骤中的形式上的对反,小苏格拉底就没有受到引导,而且他未受检审的意见——再有,[82]他本人会错认作样式直观。以想着自己为目的,他甚至都无法开始哲学。

以上思考表明的不止是异乡人隐约其辞的理由。这也指明:第一,其适用于先知的影像;第二,其适用于他坚持他们"继续下去"的理由。

我们已经注意到,在对话的很多关节处,异乡人都戏谑地诉诸于先知口吻。具体表现在,异乡人介绍范例之范例(277d)和编织者(279b),还有"献祭的牺牲"的形象(287c);而异乡人在宣称"记得"宇宙方向的巨大逆转时,也自认有先知视野(268e以下)。异乡人使用戏谑语言的直接效果,就是他的下一步提议对小苏格拉底而言是多么出乎意料。先知说话就像来自另一个世界,这个世界的源头对听众而言完全封闭;因此,只有先知能真正知晓他与听众的距离,却很难克服。如今,我们能明白什么造成了这种距离。上面四段,异乡人从样式直观,谈到了神话中的神和宇宙,第二段离题话中提到了"范例本身"(to paradeigma auto)和编织技艺,以及287c以下的治邦术。而且他知道,"当前情形中"(回想262c)无法让小苏格拉底明白这个观点。

与此同时,异乡人也知道,可以克服"当前情形"。关键是,小苏格拉底要"继续"——不仅是直接询问,而且小苏格拉底要按这种模式,经过"长期"的"持续践行",这在《书简七》中也描述过。要弥合小苏格拉底与异乡人的见地差别,亦即意见与式样直观之间的差别,唯一的方式是让小苏格拉底本人拥有这种式样直观。这无法得到保证;方法实践与真正的洞见之间,顶多是偶尔有关联,而没有因果关系。而且,如二分步骤所提供的检审意见与揭示种类,在起始阶段必不可少。在教育场景下,异乡人为何必须保护他需要超越的东西,这正是原因所在。异乡人奇特的沉默,以及迅速转入划分技艺的实际工作中,如我们所言,这正是他在这些必要条件中所走的"中庸"之路。

二、第一阶段:助因的技艺,器具制作者(287b—289c)

基于我们说明划分形式上改变的原因,我们必须在两个层次上研究最终的划分。正如我们注意小苏格拉底如何看待这些切分——如主项所允许的划分最小数,①我们也必须领悟,这些切分对于老苏格拉底而言更深层的含义是什么。那就是,我们必须明白,连续统一的样式反映了这些技艺的方式如同"肢体",它们共同合作,组成了一个有机、自理的整体。

在表层,最终划分的第一阶段,直接应用了编织划分范例的相关部分。早先作为引导,他划分制作工具的技艺,犹如编织的"助因"(xunaitioi),而不同于"本因"(aitiai)[见281c,d以下],[83]异乡人通过"与城邦相关"(kata polin)的技艺,整理出与前者相类的事物。不过,"工具"(organon)的观念非常含混。狭义上指用来制作其他东西的事物,广义上指任何有用的事物,用作其他事物上的工具(287d)。异乡人利用这个,首先假定那些技艺指狭义上的制作"工具",即(2)容器,(3)运载物(ochēmata),(4)防御物(problēmata),(5)玩具,(6)天然原料以及(7)营养品。②

---

① 其实,异乡人在287c4-5说,"必须总是划分到最小数"(eis ton eggutata ... arithmon),他似乎在鼓励小苏格拉底相信这一点。Lloyd,前引书,第229—230页,他对eggutata[最小]的数学意义做了有趣的解释。但Goldschmidt的分析(见第75页,我列的图表)表明,异乡人并不是要得到"最小"的划分,或按Lloyd的解释,eggutata这个词是指"最近的"划分。这是一种假想。

② 异乡人直接数种类,由此突出这个序列——接下来也以此突出修改序列,头两个最突出,然后是"第三"(288a3)、"第四"(b1)、"第五"(c1)、"第六"(d5)、"第七"(289a1)。

但这并不只是一对明显相同事物的清单。可以说,异乡人提供了两条线索,引导人反思这一系列的更深层结构。最明显的是,他在289a-b的大纲中,修正了这一系列:

　　……将[出产]天然材料[的这种技艺]置于首位是最恰当的,之后是[制作]工具、容器、运载物、防御物、玩具、营养品(thremma[ta])。

因此,他阐明了序列本身有意义,序列指明了技艺的关系,不仅仅是心中闪念而想到的连接方式。起初,序列改变的意义似乎就足够明显。获取天然材料首先是制作发生的顺序。没有这些材料——"天然"的意思是指它们"还没有聚合"(asuntheton),没有以任何明确的技艺结构聚合(288e)——其他技艺都还没有开始;其他技艺就没有材料可以加工。这个意义上,这些获取原料的技艺"一开始"就要有。此外,注意,这些技艺同样优先于随后的整个六个技艺。作为提供塑造原材料的技艺,它们的品性不同于塑造技艺。异乡人在概述纲要时,用分节短语"紧接着这个[类型]"(meta de touto)把它们分开,就是这个缘故,在表达含混的系列中,他把剩下六种类型归拢在一起,也是因为这个缘故。

不过,这六种技艺之间的关系是什么呢?这一系列也有意义,但这个线索在别处,在前面段落中,异乡人对不同种类做了否定,把六种技艺与治邦之材区分开来。异乡人否定前三种技艺与后三种技艺,而这之间有性质的差别。工具"肯定不是"(ouden pou,287d),运载物"绝对不是"(ouden atechnōs,288a),还有运载物都"根本不是"(ou panu,288a)治邦之材的产品。相比之下,在异乡人考虑后三种技艺时,他的否定即便不含混,也够不确定的。在讨论防御物和营养时,异乡人说,要"更正确地"(orthoteron,288b,289a)把这些归因于提供防御和营养的技艺,"而非治邦之材"。那么,把这些归入治邦之材,会是正确,或者至少有争议的吗? 至于做娱乐的目的——如视觉艺术、音乐和诗艺——异乡人只是说,"不是为了严肃目的,而是为了玩(paidias)"(288c)。这确实区分了这些技艺与治邦者特别严肃的工作;但这也[84]回避了前一问题,也就是"玩"是不是严肃工作的一部分。异乡人既给我们讲了划分的笑话,又有"儿戏的"(268d)宇宙神学故事,同样是这个讲述人,如今真的是如此区分游戏和严肃的吗?

否定时的反差效果,把最终六种类型的技艺分成了两组,并激起了对二者关系的反思。出现了几个点。如果中间三个类型与治邦之材有如此明显的区别,简言之,这是因为它们是为了别的事物制造东西:工具,是指用来制作其他东西的工具,而容器和运载物包容并支撑其他东西。相比之下,后三种类型的技艺像治邦之材,它们的产品是为了制作者本人,因此就像共同体自身:防御物(特别是城墙,还有毛织品)保护城邦民,而娱乐、诗篇和绘画能可以愉悦城邦民。甚至可以说,作为滋养术——就像异乡人在大纲中显得的那样——其真实产品是城邦民本身,"受养育者"(thremmata)。

实际情形上,这个对比并没有像我们前面想的那么尖锐;在289b,快要论及制币、雕刻术时,异乡人本人让我们注意到这一点。可是,在七个基本类型中,的确出现了基本的三部分,而且,这指向了划分的根本结构,以及城邦内的劳作集合。基本的制造业活动——制造有用的东西——以获取土产原材料为前提,就像样式需要事物一样。制造业反过来又催生出要求更多制造业的社会环境,这些技艺又照料了制作者本身。在非字面的解释性意义上,制作者本身是后三种技艺的"素材",就像前一种技艺的原材料制作是后三种技艺的素材一样。

特别是这么看时,后三种技艺像是接近治邦之材。治邦者必须关注安全、文化和公共健康。同时,恰是这种汇聚为心智带来了更基本的划分。后三种技艺与前四种技艺的共同之处在于,它们都制作有用品,即广义上的"工具"。① 相比之下,治邦者并不造东西——毋宁说,他指导这种制作。这种思考以典范的方式显明了划分的连续形式特别适当。每一步都让我们靠近治邦者;可是,越靠近就越会发现,真正的治邦之材恰恰不以别的为先决条件,而且最终引导其他技艺;反过来,从治邦之材的整个必要关注之物入手,这会看得更清楚。

三、第二阶段,第一部分:本因技艺,辅助奴仆(289c—290e)

列举了七种技艺,最终划分由此达到一个转折点:排除"助因"技艺,显明"本因"。后者提供的不是东西,而是服务。这些技艺人与治邦者的关系,犹如"纺纱工、梳理工等"与[85]编织者的关系,异乡人"预言",从中会出现最重要的挑战治邦者之人(289c)。

首先出现的几种服务术——奴隶的技艺(289d-e)——似乎使异乡人的预警变得多余。奴隶正是工具与服务之间的转换:实际上,奴隶把自己当作工具,服务于主人要求的工作上。② 奴隶完全受制于人,因此他正与治邦者相反。可是,在真正的服务术中,预警的意义就显露出来了。异乡人陆续区分了以下技艺的权力级别:零售商和贸易人(289e—290a)、传令官、文书和公仆(290b-c)、占卜者和先知(290c-e)。

这一整个技艺群,在划分中被精心挑选,阐发其深远规划,会反映出和谐城邦的四个关键维度。尤其是这些技艺更为细化,更

---

① 此外,如 Bernadete,前引书,第 213 页以下,他指出,有几处,异乡人用的词汇与《蒂迈欧》中蒂迈欧命名人体部分的名称相同。尤其是,头是"容器"(aggeion);身体是"运载物"(ochēma);皮肉是"防御物"(problema)。这直接暗示了显示人的身体能力的七种技艺。

② 参照 Skemp,前引书,第 184 页,注 1。异乡人对奴隶的安排既不同于亚里士多德,但肯定也预示甚至唤起了亚里士多德对奴隶作为"活工具"的分类(《政治学》1253b28)。

有技术性,而许多工具技艺需要大量劳动力。奴隶提供了劳力。另外,这些技艺需要特别结构,以完成制造术出产的物品交易:必须有联系城邦与乡村的市场,城邦之间的贸易,还有作为交易手段的货币,以及这种商业生活,进而,需要零售商、贸易人和银行家(289e)。第三,有了商业,调节性的政府变得重要了;需要一个能干、善文墨的行政官和法官,而这种需要由新的"公仆"阶层构成(290a-b)。这三组看来是在物质方面扩充了共同体,但异乡人很难轻易越过第四类技艺,即预言和先知。事实上,诉诸于神谕和仪式,赞颂城邦的守护神是公共生活中的传统因素(尽管如今过于仪式化了);[1]因此,如异乡人指出的那样,宗教人员常常具有政治地位,而政治官员常有宗教职责(290c-e)。

通过他一开始的"预见",异乡人尤其把后三类技艺变得模棱两可。正如他依次承认这几种技艺的重要性,他也绕着弯子——警示其力量——或驳斥(290a),或撇开(290b),或颇为尖锐的讥讽(290d-e)。异乡人在290d-e的讥讽中达到了顶点。为了证明先知的重要性,异乡人引用了(传闻中)[2]埃及人的规定,国王必须在先知阶层中选拔。"而且,"异乡人补充说,"如果某人出身于其他阶层,凭借暴力上位,那么随后他也必须加入先知阶层。"换言之,穿上先知服饰,便可掩盖对先知阶层和国家的暴力。这只是埃及人的虚伪吗?异乡人随后发现几条线索,可以进一步证明先知的重要性:

> 我所指的事情,在你们雅典人那里尤为显著。他们说,你们城邦最威严的古代职位,是指派给由抽签选出的王者执政官。

---

[1] 宗教职员的社会重要性,见 Ehrenberg,前引书,第 74—77 页。
[2] 见 Skemp,前引书,第 190 页,注 1。

这并非偶然的发现。毋宁说,它唤起了对话突然聚焦于此的存在形式。就在前一天,老苏格拉底正好因渎神罪去王者执政官那里受审(《泰阿泰德》210d,亦见《游叙弗伦》1a)!

[86]显然,异乡人这里只是顺便关注城邦中妄用宗教的事情。毕竟,王者执政官只是担任主持——篡取治邦之材的人,以及拥护这些人的陪审团才拥有控告权;反过来,这两种人的成功都要归于雅典通行的民主系统,由此这些控告才首先得以施行。异乡人暗示了王者执政官和苏格拉底审判,因此也促使他面对苏格拉底在整个谈话开始时(《智术师》217a 以下),给异乡人出的重要问题。当哲人遭遇非哲人的邦民,谁是治邦者,谁是智术师?

四、离题话:哲学与一般意见;治邦之材与实际政治秩序(291a—303d)

随着现实政治领袖及其支持者的出现,探寻治邦者陷入了最深刻的危机。为了标明这一点,异乡人特别古怪地描述这些人:"一大群……来到眼前了,"他说,"非常古怪的(出格的,atopous)一群。"他补充说,

> ……一群混杂的东西——或者因此,它们才首次现身。有些像狮子、有些像人马或诸如此类的怪物。更多的像萨图尔,以及软弱、狡诈的兽类,他们彼此之间飞快地变换着样貌和能力(291a-b)。

表面上,这些奇异的形象反映了异乡人自己的困惑:"这些东西之所以古怪(atopon),"他解释道,"是因为我们对它们的无知"(291b)。因此,这一段显示的,就是在描述范例中的范例时,他提到的那种困惑。在平稳朝向揭示治邦者的进程时,看似理解了一

切,他"幡然醒悟",也就是发现了自己实际的无知。现在,他的任务就是由此着手,辨识这些古怪的兽类,"区分它们,并冲出兽群,以便"超出它们,"明显且尖锐地看到"真正的治邦者(291c)。

异乡人这么说,或者是为小苏格拉底好。事实上,异乡人的任务既比这简单,也比这困难。从第一点看,他采用的形象,正表现出他装作自己所缺乏的洞见。狮子和人马是暴力和贪欲的讽刺画——或者,按苏格拉底在《王制》中展现的灵魂学,这两个形象代表了过度的"心气"(thumos)和感官嗜好(epithumia)。① 反过来,萨图尔代表了胆怯的欲望;由于"软弱",它们转而依赖于鬼鬼祟祟和狡诈多端。这些"兽类"统统缺乏智慧;由于狮子的"思考能力"(to logistikon)萎缩,萨图尔则以"思考能力"作为谋取邪恶目的之手段,因此它们都否定"思考能力"在灵魂中的正当主导权。因此,异乡人选择这些形象,正是以老苏格拉底的方式,完成了辨识和区分的任务;这些政客缺乏认识洞见或智慧,也就是缺乏治邦者的本质。如果他们真操持一项技艺,那就是"智术师"的技艺(219c)——也就是说,按异乡人先前描绘的那样,是一种模仿术,只是以意见为基础,不是以存在为基础(见《智术师》264c以下)。

[87]但是,异乡人(或老苏格拉底)可以辨别清楚的东西,对小苏格拉底而言却并非如此。哲人的眼光能看到政客缺乏的东西,非哲人却看不见。政客们的智术欺骗为何如此有效,这便是原因所在——更甚者,政客们不经意间在自我欺骗!而且,治邦之材与"较小事物"之间的区别也在于此,比如,可以一目了然地认出编织。要理解真实的治邦者与只是徒有其表的治邦者之间的差别,需要具备知识(epistēmē)。反过来,这样需要哲学教育和有关样式的知识本身。

---

① 对比异乡人运用的形象与苏格拉底在《王制》588b以下想象中的怪兽,这些影像是用来描述灵魂的作用和状态。

因此,政客的身份对哲人而言并不算"奇怪"——正是哲人的观点,特别是他的尺度可以认清政客,而对于非哲人才真会感到奇怪。异乡人完全明白这一点。异乡人也知道,在小苏格拉底成为哲人之前,需要长久的教育训练,他要克服巨大的隔阂。因此,异乡人的任务很复杂。他必须既表达哲学观点,又避免引起误解。此外,这也是具有重要政治意味的任务。由于误解而否认政治知识,以及同样冒昧地假想政治知识,都会有严重的后果。

如我们所见,这些既是教育上的困难,也是政治上的困难,这说明为何需要一条漫长、盘错的道路,时而推倒重来,时而自我否定,异乡人在离题话中探索着。

(一) 唯一真标准:治邦者的知识(291a—293e)

此时,异乡人打算区分"奇怪的一群"与治邦者。异乡人以起初开始探索时的方式,给出了看似切题的一连串划分;然而,真正切题的是,它们接触的只是表象,并非治邦之材的实质。小苏格拉底一接受这些划分,异乡人就马上反对。这典型是一种模拟反讽。无论如何,实际上这在新的深度上揭示了哲人与非哲人的区别,即便这削弱了他们之间早前难得且看似确凿的一致。

异乡人的划分分辨出五种政体。以数目为标准,"我们得到"(hēmin)君主制;"有人接下来可能会提到"少数人的统治;然后是多数人的统治,"被称作'民主制'"(291d)。此外,考虑到统治是凭强力还是自愿,穷人统治还是富人统治,合法或非法,"有人称"(直译"他们称",①prosagoreuousin)前两个政体就又各自分成两个子类,得到不同的名称。君主制可以是僭政或"王政"

---

① Diès,前引书,第 IX 卷,第一部分,译作:"大家称"(on appelle), Schleiermacher,《柏拉图全集》(*Platon, Sämtliche Werke*), Reinbek bei Hamburg, 1964,第 V 卷,译作"人们称"(man benennt)。异乡人的"他们"标识出普遍一般的意见。

(basilikēi),少数人统治可能是贵族制或寡头制(291e)。对于民主制,异乡人说道,"通常没人改变这个名称"(292a)。异乡人只能提到后三组标准,而没有详细应用之,因为它们是约定俗成的。他含糊地归因于"某人"、"他们"、"通常没人",这暗示,异乡人重现了普通意见的观点。① 可是,小苏格拉底没注意到这种反讽,恰恰因为,这正是[88]他本人的观点。他接受这里摆出的每一种区分,而当异乡人最终反驳时,小苏格拉底瞠目结舌。

  异乡人:那么,我们是否可以认为,在这些标准定义的政体中,能发现真正(orthēn)的政体?
  小苏格拉底:为什么不能呢?(292a)

  小苏格拉底专注于通俗标准,看不见治邦之材的本质特性。因此,异乡人让他想起他们在起初划分的前几步中,取得的基本一致(参照 260b 以下):治邦之材是一种引导众生的知识。② 尽管他们"仍不能充分指明它"(292c),异乡人让小苏格拉底再次确认,这种知识的出现和缺席,是辨别"真正的"政体的唯一标准,因而,也是真正治邦者的唯一标准。这是一个关键点。探究的基本特性——这能否是苏格拉底—柏拉图意义上的哲学——正处于紧要关头。众多习俗尺度只是经验上的。它们确实互相清理出实际的城邦,从各自设置的标准看(一人/少数/多数,富有/贫穷,等等),它们互相排斥,每一尺度都在一定程度内具有每个实际政体的必

---

① Barker,前引书,第 173—174,他总结了柏拉图之前的政治类型简史。Skemp,前引书,第 192 页,注 1,引用第欧根尼·拉尔修(Diogenes Laertius)的亚里士多德传记,其中称,政治分为五种类型是阿卡德米学园的思想。倘若如此,那么柏拉图借异乡人之口,批评了学园中(至少某些)政治思想的非哲学特性。这种可能性,见本书尾声,(2)。
② 就在他引入破坏性的"养育"观念和牧人之前,异乡人在前四个划分时确立了这一点。

要特性。然而实际上并不必然"真实"(orthēn)。哲人必须看到实在样式或本质特性；而且他必须检验实际样式的表象，以便判断表象是否完全实现了样式，又是如何实现的。用之前的术语说，哲人把握了事物的"必然尺度"。

异乡人现在所坚持的就是把握尺度。要区分治邦者与这"群"政治领袖，就有必要问：在五种实际政体中，"如果在其中，要在哪一种"中才能找到治邦者的知识(292d)。可是，答案并非显而易见；首要的是，这强调了两种尺度的不同特性。一方面，异乡人肯定排除了民主制。就像小苏格拉底的反问那样，如果打比方说，一个城邦中甚至没有五十个博弈高手，又怎么可能有五十个人懂治邦之学呢？因此，多数人，民主制中的大多数邦民都不在此列。只有"一二人，顶多寥寥数人"懂得治邦之学(293a)（注意，尽管如此，这排除此种可能：在民主制城邦的多数人之中，刚好有"一二人"是真正的治邦者，可以说，就住在不真实或只是看似真实的政体国度中。异乡人在297c—301a处会回头论及这一点）。另一方面，民主的无知特性意味着，其余几种政体中也没有确切的东西。异乡人进一步指出，区分这些政体的世俗标准与有知与否没有一点必然的关联。任何一种世俗标准可能有知识规则的特征，相反，也可能会采用世俗标准所区分的各种形式。因此，

> ……我们必须认定这些[有知识者不过一二人或几人]，并只认定这些——无论他们统治的臣民自愿与否，无论统治依法与否，无论统治者是富是贫——这些人是依照技艺(kata technēn)统治，不管他们的统治采取何种形式(hētinoun archēn)(293a)。

[89]真正的治邦之材不关心采用何种具体政制，这让人回想起266a以下的笑点。真正的治邦者与一般政客没有可比性。不

能以二分法中找差异的方式来区分二者,因为二分法只是在同一中揭示差异。例如,两足动物和四足动物,都是"有足",正是依据这种包容二者的同一或属的同一,它们才会作为明确相反或对反的两个东西被区别开。相比之下,治邦者和一般政客不是由二者的共同点得到区分,而必须由一者具备,而另一个缺乏的东西得到区分——那就是对城邦有益的知识洞见。在这方面,真正的治邦者就像医生。从技艺的外在形式上,无法区分治邦者与"冒充者"(292d),真是要从人性来区分。无论病人愿不愿意,也无论他们采用具体的外科手术或净化术、用不用写好的处方,也无论穷富,这些都不能定义医生,都无法揭示一个人是真医生或仅仅是冒牌货。毋宁说,必要的是践行"技艺"以及关注的"纯粹是身体良好,他们改善身体状况,并且……拯救他们照料的人"(293b-c)。同样,真正的治邦者无法从其具体施政或其统治的政制形式来区分,必要的是"诉诸知识和正义,他们拯救[城邦],尽可能改善邦民"(293d)。

原则上,这完成了对治邦者与一般政客"群"的区分。"只是看似"(dokountas monon, 293c)有知识,这些人与治邦者的区别,犹如隐蔽的空无与存在之间的区别,或者就像逼真与真理本身之别。因此异乡人得出表面的结论,

> ……至于所有其他政体[而非知识政体],我们主张,它们不该被看作是真正的政体,也绝非真的存在(ontōs ousas),毋宁说,它们只不过在模仿这一个(memimēmenas tautēn)——那些具有良法的模仿得好些,其他的则模仿得差些。(293e)

可是事实上,异乡人解决"奇怪的兽群"的身份问题,只是对于治邦者的身份提出了新的困难,而且难度更深。尽管知识的标准会让哲人感到满足,随之而来的对无法和暴力的漠视却会让非哲人深恶痛绝。异乡人当然完全明白这一点,在293d-e,他甚至故意

触及这个问题,生动地提到净化用的死刑和放逐。果真,他完全没想过就此结束;相反,就像整个离题话第一部分(291a—293e)的第一子部(291d—292a)①那样,异乡人想要引出小苏格拉底内在的习俗意见,以便敞露这个问题,批判地进行自我检审。因此,如果他看似要加剧习俗意见与哲学之间的隔阂,其实是要对二者做出真正可行的调节。

异乡人之所以有必要诱导,恰恰因为实质上隔阂一直潜藏着,且已经非常深。想一想区分政体类型的多种习俗标准的特性。我们之前谈论过(见第 22 页以下),[90]由于党派之争(stasis),公元前五世纪到四世纪的希腊城邦陷入祸患,相反利益集团之间的派系斗争,尤其是穷人与富人之争。争斗持续不休,有时引发战争,为一己私欲而颠覆整个城邦。习俗标准反映出对这种状况的基本消极的态度,默默接受了以党派之争为准则。在 292a,异乡人把民主的核心描述为"对有钱人的统治",也就道出了党争的问题。所有标准都以四分五裂的城邦为前提,而且,只是依据派系权力的可能分配区分政体(一人统治或少数人统治,或多数人统治,富人统治或穷人统治),并且用多种手段建立和维持该政体(通过暴力或是自愿同意[不过也暗示了有煽动性的劝说,见 292d],根据法令或没有法令)。因此,这些标准恰恰排除了哲人构想的这种可能:一位有知识的统治者"照料整体"。而且,默默地排除了这种可能,没有声张,因此就没机会让人认识到这一点,更别提真正深刻地反对它了。当然存在有限的反对。有法或无法的区分,反映了法律检验统治因素是否变化无常的权力。再有(尤其对于雅典人来说),在有限的意义上,②多数人的统治可以抑制党派之争,不那

---

① 见附录中的对话结构提纲。
② 但请参见 J. P. Maguire,"有关民主与极权主义的某些古希腊观点",*Ethics 56* (1945/1946),第 136—143 页。

么排他，而比少数人的统治更能代表全体邦民。然而，这种约束力会引起反作用，这只会缓和党派之争，而不会消除党派之争。无论多么持久，法律最初总是一个党派或另一个党派创建的（如异乡人在后面暗示的那样，见298c）；无论多么包容，多数人的统治都反对有产者的利益。如果习俗意见将以上这些看作最佳可能政体的特性，那么对于哲人而言，这些只是相对的善罢了，是在根本败坏的情形下所做的改善罢了。因此，这些也反映出了对哲人观点的预先否定，这种否定是不经意的，因此也很难反对哲人的观点。

表面上，重新应用牧人统治者的形象，看来就会与此矛盾。我们已经看到，对牧人的渴求先于哲学，植根于最远古的希腊政治传统。渴求一位高于牧群的伟岸之人，超越牧群的差异，这似乎暗示着相反于党派斗争的另一极端。但是，如果牧人形象有几分真实，那就是渴望一睹神的风采，而在人之中寻找这样的牧人，而这无意间模糊了神人之别，因而误用了这种真实（柏拉图如何批评"人是万物的尺度"，见第44页以下和第50页以下的疏解）。因为强调统治者对被统治者的自然优越性，对牧人的渴求也就掩盖了获取知识之人的杰出性；它忽视了心智这种内在的差别，以及在人类共同体自身的责任担当。结果，这种渴望陷入了党派之争的最极端形式——僭主统治。异乡人修正了起初的划分之后，尤其是他以习俗标准（如今很明显）区分了暴力统治与自愿服从的统治，从而区分了牧人统治者与真正的治邦者之后（276d-e），他之所以反对僭主统治，原因正在于此。

无论如何，异乡人如今想要更深入地探究下去。通过援引习俗意见，异乡人已经消除了独裁者对治邦之材的占有权，如今异乡人转而消除习俗意见对治邦之材的占有。因此，他现在否决了早先对"暴力"与"自愿服从"的区分，而是主张，[91]这种区分并非出自治邦者的知识，与之毫无关联。有知的治邦者不会肯定这两种统治手段。对于小苏格拉底，他还没有理解治邦者的知识，在他看来,对话兜了一圈似乎再次回到原点。早前无意间接受的独裁制,因"暴力"与"自愿"的区分而被排除,如今小苏格拉底听到异乡人消除了这个区分:这不会再次开启独裁之路吗?这个暗示足以强到让小苏格拉底提出反对,这是他本人在整个对话中最坚决的反抗。小苏格拉底抓住习俗意见做出的一般与之相应的区分,他抗议道:

> 异乡人,你其余说的都很棒;但说治邦者不按法律统治,这太难理解啦。(293e)

因此,异乡人开启的治邦者与"群怪"之分,大有启发作用。[①] 小苏格拉底本人感到与非哲学意见越来越疏远,而这种意见难免会误解哲学的建议。异乡人如今转而调节这种疏远感。

(二) 调节的多种方式(293e—301a)

当然,最后的调节会揭示治邦者的知识——那就是,把非哲学的意见转化成哲学洞见。这其实是异乡人最后的计划,这既是对小苏格拉底的长远规划(他如今正恰切训练小苏格拉底辩证"实践",让他以此为典范),也是让深层听者理解并超越小苏格拉底的限度。可是最后的计划还不够。从计划的眼光看,通俗意见与哲学的疏离是一种中间过渡状态,而从政治实践看,这更是事物的永恒状态。苏格拉底的审判足以让人回想起这一点。因此,也必须有一种次好的调节方式,甚至当哲人做出极端改变时,他也必须进入到不可改变的现实,并由此着手他的工作。

在这些限度内,异乡人的调节从两个主要阶段开始。首先,如

[①] 注意异乡人的回答,他在其中间接揭示了引出小苏格拉底真实同情的目的何在:"我想好好问问,对于这些话,你是全盘接受,还是感到厌烦(duscheraineis)。"

果非哲人的意见,只看到治邦者行使暴力的可能,而没有看到治邦者的知识,就让治邦者屈从于法律,那么有必要显明治邦者的知识如何优越于法律。而反过来,如果治邦者的知识不可见,以至于不可能直接证明其对法律的优越性,那么就有必要婉转曲折地诉诸于一般意见中显而易见的事;就此,异乡人已经引入了范例法。在调节的第一阶段,即293e—297c,异乡人通过远游在外的医生这一范例,解释了治邦者优越于法律之处。可是,重要意义上,这还不令人满意。至少,医生相对易于认识;可是,有很多医生。但他们已经一致同意(292e—293a),真正的治邦者却很稀有。既然是真正的统治者,那么就很难把他动用暴力比作医生做手术——但既然只用暴力,就难以确定这是真正的统治者,而非区区的政治"骗子"。哲人完全[92]明白这种危险,因此明令反对。既知道治邦者的特性和稀有,他甚至比非哲人更好地理解法治的相对正当性,以及法治的恰当导向性。在297c—301a,调节的第二个阶段,异乡人向小苏格拉底表明,虽然法治状态抑制了真正的治邦者,然而却可以使邦民免于自专。

1. 治邦之材与法:"最好"的路与多数人看法的"谬误"(293e—297c)

异乡人以如下宣称开头:"最好(to…aristion)的不是法律,而是拥有绝对权威的圣明君主"(294a)。但作为开始论证的论辩结构(293e—295a)暗示,异乡人的态度很复杂。一方面,人类共同体具有太大的异质性,而人事也过于千变万化,任何不够格的统治都无法胜任。这里回应了神话和中道论。克罗诺斯时代,人类牧群的内在同质性,其稳固而平静的生活已成明日黄花;宙斯时代被描述为"无常"(anomoiotēs,273d,294b),这各个方面都展现出人类的生活——最明显地包括性与劳作。在这种状况下,统治术的目的就是认识中道,也就是"对人人都最好、最正义"(294a-b),或是"适合每个人"(295b)。可是,恰恰就自然而言,法律无法胜任。

法律"简单单纯",或抽象出一般原则,一直对所有人发布同样的命令,漠然约束所有人。反讽的是,这种迟钝性使得法律的特性如它反对的事物,其恣意霸道接近僭政:法律"……像某些固执己见、专横跋扈之人,"异乡人说,

>……这样无知的人,不允许别人违逆他本人发布(tēn heautou taxin)的命令,甚至有人质疑也不行,其实,即便新出了个事情,会带来比他起初立法时更好的局面,这也不行(mēd'an ti neon ara tōi sumbainēi beltion para ton logon hon autos epetaxen)。(294c)①

另一方面,也有这种情况:有知识的治邦者无法一直认识适于每个臣民的中道。不过,其中缘由却大大不同。虽然,法律的内在特性导致它失败,而对治邦者来说,并非他的洞见不够,而是因为他有太多的条件限制和压力。就此而言,治邦者就像体育教师:尽管他有一对一地培训众多"健儿"的能力,他却没那个时间,因此也就没有实践能力去这么做;结果,他也必须利用普泛化的教诲,倾向于多数人和平均水平。这种教诲——成文法与不成文法——就是获取中道的工具,也就是以此切于中道:无法达到"适于每个人",他却可以接近这个标准:根据邦民在整个共同体中的一般作用,尽可能全面地对待"每个"邦民。

因此,异乡人接受了法律,但只是作为治邦之材的辅助。这直接反驳了小苏格拉底对"甚至没有法律的统治"的质疑(293e),[93]因为要把真正的治邦者本人置于法律之上。小苏格拉底被说服了吗?他本人似乎这么想,但是,他的同意还很浮泛,表明他没有完全认定,就服从这个论证了。这时,异乡人做出重要暗示:

---

① 翻译最后一段时,我主要采用 Skemp 和 Diès 的译文,而非 Schleiermacher 的译文。

如果，

　　……在那些理解真正的王者之知的人中，有些人能够[每次处理个别情形]，他就不会写下这些个法令条文，以免阻碍自己。

小苏格拉底只回了句"从前面的话看，异乡人，当然是这样"(295b)。这就促使异乡人做更切实的论证，他在 295b—296a，论证的第二阶段，引入了医生的范例。异乡人提到，假如一个医生必须长期在外远行。因为他本人不在，他会给病人写下如何照顾自己的处方。无疑，医生鲜活的洞见远胜于这些处方。医生碰巧提前回来了，由于偶然的原因，他发现病人的病情好转了，他会毫不迟疑地改变他当初的指示。这种情况还坚持之前的指示就"荒唐透顶啦(gelōs ... ho megistos, 295e)"。正是以同一种方式，治邦者鲜活的洞见同样优于他自己的立法。远行的主题本身表明，必然只是在治邦者"不在"的情况下，才制定法律(295c)，事实上(异乡人之前在 295b 说过)，治邦者无法"一直坐在每位邦民身边，给出适合他的确切规定"。一旦治邦者"回来"(295e)，他或"如他这般的其他人"亲自在场，政治环境需要对法律做出改变，那么治邦者犹豫是否要变法就"同样荒唐"(ouden hētton ... geloion, 296a)。"禁止"这种改变，事实上就是使知识屈从于旧法，在已经变化的环境中，旧法只是"障碍"，而没有适应新的环境。那么，有知的治邦之材就会超越法律。虽然治邦之材可以通过法律表述自身，但本身并不必然等同于法律——治邦者一定是一种知识。

再有，小苏格拉底本人似乎明白而且同意。"当然，"他在 296a 表示赞同。但异乡人的探索，正是要把小苏格拉底转向这一"禁令"的实际情况。

第四章 最终划分(287b—311c) 177

异乡人：那么，你是否知道，多数人对此怎么看？

小苏格拉底：这我完全想不到，至少现在不行。

异乡人：其实他们的说法很有说服力。他们声称，倘若有人发现(gignōskei)法律比实际有过的法律更好，只要他能先说服他的城邦，那就可以订立这些法律了，否则不可以。

小苏格拉底：这说的如何呢？这主张肯定在理。

异乡人：或许吧。但告诉我……(296a-b)

小苏格拉底这里表明，他的想法中真有矛盾，而他自己没有意识到。他"现在"不能回想起多数人的"说法"——因为"现在"，他受在场的异乡人本人支配。随着论证和范例，他暂时丢掉了自己的非哲人立场。[94]但是，当异乡人重提多数人的"说法"时，小苏格拉底表明这仍能引起他的深度同情。因此，他无意间自相矛盾。一方面，他如今再次承认(295b,296a)，法律屈服于有知的治邦者。另一方面，他觉得多数人的"说法"似乎"在理"。不过，这种说法会让能够"发现更好法律"的人——有知识的治邦者——既屈从于现存法律，又屈从于多数人的意见。要改变前者，治邦者就不得不迎合后者。可是如小苏格拉底所见(回想292e以下)，不能期待多数人理解治邦者的知识；因此，要么治邦者的发现被误解或阉割，要么他就要变成受大众欢迎的修辞学家或蛊惑民心的政客，阉割自己而挽救他的发现。

当然，异乡人恰恰知道多数人说法中潜伏的可怕之处。因为他们没有认识到，有知的治邦者的本质，多数人只能选择对他们可见的"劝服"和法律，而这些却往往遭到滥用。在这一点上(对比297c以下，他会简短采取不同方略)，异乡人如此回应：他激化了对习俗意见的挑战，直接用他的范例反对这一可怕之处的假设。他论证到，治邦者超越法律之上(293e—295a)，就像医生优于他自己写下的指令(295b—296a)，继而他对比了医生与治邦者采取强力(296a—297c)。显然,好医生有时必须对病人使用"强力"(或"暴力",bia, 296b)。可是,没人会把这种强力看作违背医学;只要新的治疗法是基于医生的内在洞见,这就是医学。正是以同一种方式,异乡人表明,真正的治邦者可以使用暴力,而无视法律或变法;只要新政策基于他的知识,任谁把这种强力看作反邦国之罪,那真可谓"荒谬之极"(katagelastotatos, 296d)。因此,异乡人集中于一个要点,也就是先前反驳划分城邦的习俗标准时的关键点:无论诉诸于强力与否,本质上都无关乎治邦者本身。真正标准是"明智且善"(296e),他

> ……守住一个大原则:以心智和技艺(meta nou kai technēs)下决策,把最大的正义施予邦民,守护他们,并尽可能改善他们。(297a-b)

而为何异乡人的标准既必要又晦涩,此时他也解释这其中潜藏的原因:这种"心智和技艺"超越了"大多数人"(plēthos)的理解力,如果有人懂,那也只是"极少数人或唯独一人";反过来说,"心智和技艺"决定的政策不同于所有其他的政策,就像真相或真品不同于"单单的赝品"(297c)。

我们之前指出,这一部分有几处与神话照应。最突出的是简短、看似偶然的两处对牧群比喻的回顾。在294e,异乡人提到治邦者是"统管牧群的(tais agelais)立法者"。还有,在295e,他提到治邦者的[95]臣民是"人组成的牧群(tais agelais),活在几个城邦中,就像在指定的牧场里,受他们的立法者写下的法令牧养(nomeuontai)"。① 这些段落都很次要,无法构成全面恢复牧人比喻的主题。然而,这些段落也并非出于偶然——重提牧人喻使这两

---

① 这是Skemp为了表达nomeuontai完整意涵的译法。

处非常显眼。那么,该比喻甚至算得上有几分正确,又是何故呢?

目前为止,已经克服了之前牧人比喻的关键点。依照不同的技艺合作来描述人,也就肯定了人的才智、自我担当以及多种多样,而"牧群"比喻是否认人身上这些特点的;共同体之中还包含治邦之材,这削弱了牧人与牧群之间存在自然种差的观念。同时,这种新的"宙斯"视野也允许对这种看法做出新的超越,尤其是在目前这部分,异乡人已经指明了这一点。这分为两个方面。从消极方面讲,异乡人坚持治邦者超越法律之上,既可自由立法,又可变法,必要时亦可诉诸暴力——这强调的意义是,治邦之材对大多数人幽隐不显。尽管邦民致力于技艺之类的事务,但在面对治邦者的技艺时,他们却难以理解,且失于一隅之见;治邦之材超越了他们的政治标准。从积极方面讲,治邦者使用法律时——也就是作为 nomothetēs[立法者]的角色,首次制定、创立 nomos[礼法]之人——他超越城邦本身。无论是成文法典还是未成文礼俗(见 295a, 296c),唯有在法律基础之上,熙熙攘攘的人们才首次构成政治整体。就像神话和之前 287b—290e 处的划分所揭示的那样,人们构成政治体也存在经济动力;但法律作为或明或暗的规范,首先使得人民聚集、合作,并形成城邦,而这是经济关系发展的先决条件。因此,作为法律真正的创立者,治邦者超然于城邦之上,就像艺匠高于其制作品那样。

在这两个角度,治邦者就像最高牧者——神。神"不可见",如神话表明,在宙斯时代,神离开了宇宙。而且人已经"忘记"了克罗诺斯时代,不知不觉间,人误把神的离去当成了神不存在;有人宣告"人是万物的尺度",便是明证。再有,"有记性的"人知道神是宇宙的"打造者"(dēmiourgos,回想 270a)和"调和者"(回想 269c),而且,他知道,在克罗诺斯时代有由神掌控的人类共同体。作为宙斯时代的人和知识的实践者,治邦者与神有本质区别。而这种区别使治邦者身位的补充要点变得更明显了。治邦者是不被承认的立法者,就此而言,治邦者就与神相似。可能这是提醒我们对话的神学维度,由此异乡人对牧人与羊群的比喻做了显著修改。

2. "模仿型"政体:"次好"的路与多数人说法的相对合理之处(297c—301a)

小苏格拉底对前一部分的答复有些摇摆不定。他明白并接受了异乡人所用的医生范例("你说的真实极了",296c,296d);[96]真正的治邦者也可以用强力(296d),小苏格拉底似乎对这一含义感到踌躇,甚至小苏格拉底在同意这一积极结论时——治邦者必须坚持"一个大原则"——他也是犹豫的(297b,"至少没法反驳你最后的话")。在297c,异乡人重申,他主要是区分有知的治邦者的统治与其他"模仿者",对于异乡人做的这番结语,小苏格拉底似乎有所回避,反而问他有关"更好"与"更坏"的模仿者这一次要区分(297c)。异乡人直接同意做出解释,他说,尤其因为"在此有一个错误"(297d)需要揭示。然后,他阐释了法律的绝对统治是一种"次好"的政体,在没有真正治邦者时,这一"次好"政体较为可取(297e,301a)。如果按这部分的表面内容(297c—301a),似乎中断了先前对"最好"道路的检验,在教育作用上,异乡人继续致力于调节哲学与非哲学意见的隔阂,这属于第二阶段。事实上,异乡人的这一努力只是变得更强烈、更精微了。把法律的统治作为"次好",同时也就说明了这作为"次好"的正当性,然而也要认识到,相对最好而言,这只是"次好"。这里的策略与先前的检验相反:先前,异乡人超然世外,批评非哲学的意见"荒诞不经"(295e,296a,296d);此处,他认真对待非哲学意见,进入意见的范围和视野,目的是为了在意见之内表明:超越意见之上的事物,还有,尽管如此,为何实际上要严肃对待意见。至于小苏格拉底,我们会看到,异乡人的新策略既削弱了小苏格拉底起初的犹豫,然后又在一定意义上又勾起了小苏格拉底的犹豫——但这是在明晰和哲学原则的意义上。

异乡人检验"次好"政体,是通过一步步描述其起源。这是一个特别段落,最为集中地表现了对话中的教育反讽。这里首要的是,异乡人致力于敞露小苏格拉底持有的习俗意见,并向他揭示批判性的自我检审。先挑出反讽的四个特性,我们就会明白这一段的真实含义。第一,异乡人描绘的法治状态要么是富人统治,要么是民主制;有几处,他说其创建者要么是"全体民众或只是富人"(298c 提到一次,298e 提到两次)。但是他展现的政体特征——最终,几乎不加掩饰地提及了对苏格拉底的审判!——全都指向雅典。因此,异乡人把雅典的大多数人搬上舞台,在他们自己面前上演——其范围限定于小苏格拉底所赞同的多数人的学说。第二,通过一步步的程序,异乡人渐渐揭示了法治状态最初动机的具体结果。这减轻了自我认识的剧烈震动,这也承认了从确信不疑向批评原动机的思想转向,很难一蹴而就。第三,反过来说,在多数人说法中,其动机透着恐惧。如果说,异乡人之前是攻击多数人说法的假设,那么现在,他尊重其实际性和权力,这些正是法治状态的基础:他提到医生和船长作为治邦者的范例,他说,"假设我们所有人会想,我们会落入他们手中,遭受最可怕的事情"(298a)。异乡人举例说,"切割和烧灼",过高的手术费,从患者的亲戚或敌人那收取贿赂,[97]甚至谋杀,以及计划弃船而走或把一些乘客抛出船外(298a-b),这些指的是各种暴力、勒索还有为一己私利而滥用职权——多数人怕的就是没有法律约束的统治者会做这些事情。因此,异乡人采用了多数人的观点及其当下的代表——小苏格拉底的观点!这会达到双重效果。推进而非攻击小苏格拉底的观点,就会给他留下思考的空间;使小苏格拉底免于直接被迫辩解或捍卫其观点。另一方面,他必然也感到了异乡人的反讽。在整个对话中,小苏格拉底已经倾向于同意异乡人,甚至不假思索地同意。既然小苏格拉底意识到异乡人其实不同意他表达的观点,那么异乡人现在的举动肯定会让小苏格拉底处于警惕。脱离了防御的姿态,探查异乡人的真实立场,小苏格拉底会有所审视地趋近于异乡人的提示。当然，这一教育法的优点在于，异乡人可以由此激发小苏格拉底的自我审视。第四也是最后，异乡人现在以新方式使用医生和船长的（首先出现在296e—297a）老例子，起到了增强效果的作用。尤其是，在先前部分，医生是一个特别好的例子，因为多数人认识到医生是身怀技艺之人，甚至他们也明白，自己缺乏这种技艺；其实，这也是他们把自己交给医生照料的原因。在运用这一范例时，异乡人暗中迫使多数人把自己托付真正的治邦者，也是出于同样的原因。可是如今，他颠倒了秩序和类比的要义。他说，采取法治的动机，实质上："就像'我们所有人'，在声称有知识洞见的统治者手中，担心'最可怕的事情'，因此假设'我们所有人'也同样不信任医生或船长。"恰恰因为"我们所有人"——也就是多数人——不信任医生或船长，"我们"带着怀疑态度进入了一种法治状态。可是，既然法治状态作为调节范例表达了多数人的看法，"我们"因此就要质疑"我们"自己的看法！

心中想着这些特性，让我们考虑一下异乡人的描述。

既然医生和船长"被想成"会犯这些罪，那么产生法治状态的第一步好像挺在理。邦民决定，"这些技艺决不可[在其专门领域内]自专"（298c）。当然，"想法"或"猜疑"（dianoētheimen, 298a还有b）就是这样。让没有技艺的人揭示医生的"烧灼"是优良手术还是折磨，或是船长发布的弃船逃生或营救的命令，诸如此类，这合理吗？可是，有机会提出这个问题吗？医生或船长是否是技艺之人，如今受到猜疑；而一旦这有了疑问，要听从医生和船长的正确解释，就难上加难了。那么哪还有转机呢？无论如何，这必定使接下来的步骤变得古怪。邦民们转而自作主张，他们召开邦民大会，并赋予大会权威，由大会决定如何实行医术和航海术（298c-d）。医生和海员会被允许参加这些决议，但是，当然，他们在数量上会被占绝对多数的平民压倒（298d）。这显然是指雅典邦民大会，[98]在大会上谁都可以随便就政治问题提出建议。最后，"在大众看来正确的事情"(to tōi plēthei doxanta, 298d)就会被授予法律地位,"此后一直"掌控着医术和海员的实践(298e)。法律部分刻在"木板和石碑上",指的是梭伦碑,部分作为"未成文的祖传习俗"被接受下来。小苏格拉底在此首次作答:"这可真怪(atopa)"。但还有更怪的。给医生和船长立法之后,必须有新的职业诞生,那就是法律的执行人;既然法律是普遍的知识,那么出自一般公众也就合情合理。间接提到了选拔雅典执政官(回想298e等处),这些执政官处理许多领域的公共事务,异乡人提到,每年在邦民中抽签选拔执政官,其中几人照料病人并统帅船只。现在小苏格拉底沮丧地说:"事态越来越糟了"(eti chalepōtera)。更有甚者,为了防止滥用权力,邦民们要检审这些执政官。为此必须开设民众法庭——指的是雅典法庭,在公元前五世纪到四世纪,这已经变成煽动投机者和党派政治的大舞台。① 在任期结束后,执政官们会被带到这个法庭前面。任何邦民都有权控诉他们在行医或海航时背离法律,陪审团和执政官一样,都是抽签选出来的,依照投票审判并宣判(299a)。现在,小苏格拉底对此表示轻蔑:"在这种社会,谁若愿意担任官职,就值得好好受一番罪,还得交罚金。"(299a-b)

　　小苏格拉底的回应中,明显存在反讽:民众法庭正是小苏格拉底早前断言中的自然结果以及这种情形的制度体现。如果"没有法律的统治"就好像"很难理解"(293e),那么如今看来,法律之治甚至更令人难以忍受。

　　但是最糟的情形还是来了。多数人的说法不限于法律的越界,或是居然用投票来遴选执政官的方式;这针对"发现"或"认识"(参照296a, tis gignōskei)到比已经制定的法律更好的法律,"无论是谁"。因此,异乡人必须进一步支持法律状态的创生,指定法

---

① 见 Ehrenberg,前引书,第73—74页。

庭的功能可以使城邦法免遭探究或反思。在299b,他说,"其实,这也是,"

> ……还得制定有关所有这些情况的法律……若有人有悖于法律,对[他们的主题,健康和航海]动了智术的念头(an tis ... zētōn phainētai para ta grammata kai sophizomenos hotioun peri ta toiauta)。

异乡人的话特有所指。法律只是"表面上"关注自身——无论站在法律的立场,还是陪审团的立场,都无法讲出真正的探究与"智术"之间的区别。其实,既然任何真正的探究必须悬置业已树立的权威,那么似乎本质上就会由此"超越"——乃至"反对"(para)法律;可是,法律"从来"都宣称自身是真理。因此"表面迹象"上,探究与智术密不可分;而事实上,像是探究的行为也会使这位探究者像个[99]智术师。因此,异乡人想起,就在今天开始谈话时,老苏格拉底向忒奥多洛斯提到的问题:哲人表面上像非哲人,其中却蕴藏着很大的问题(回想《智术师》216c以下,义疏见第8页以下)。此外,异乡人心中记着苏格拉底本人有关这一问题的直接经验。首先,异乡人明显指的是苏格拉底受到审判和刑罚这一问题事件。这一段文本处处指涉《苏格拉底的申辩》,只是转化了一下。法律会发布命令,

> [我们]①既不会被称[这位探究者为]医生,也不会称之为舵手,而是称之为高谈虚论的家伙,一派胡言的智术师,甚至,还有人想把他拖到当地的法庭受审,告他腐蚀了其他年轻人,并且说服他们不以合法方式从事掌舵术与医术,而是像独

---

① 异乡人使用不定式,明显没挑明主语。

断专行者(autokratoras archein)①那样统治船只和病人。倘若他看来可能说服年轻人或老人,那么[我们]就会将他处以极刑。理由是没人比法律更智慧。(299b-c)

那么,在列举另外十五种技艺时概括了医术和航海术——最后,包括算数、几何以及立体几何,还有运动学,这些研究是老苏格拉底在《王制》中规定的课程,是哲人和通晓哲学的治邦之材的预备课程。②——异乡人问,

其实啊,苏格拉底,这些事情要是发生了……而且事事都依着成文法而非技艺来做,那么这些事情看起来会怎样呢?(299d-e)

有此一问,我们达到了对话戏剧互动的顶峰时刻。异乡人故意提到"苏格拉底之名",就是让小苏格拉底判断。在老苏格拉底与陪审团之间,或更一般地说:质问并超越"看似正确的多数人"的探究方式,与多数人谨防有人探究的方式,二者孰是孰非?因此,在"考验相认"时,异乡人的调节任务就综合了裁判者与调解人两种身份(见第11页以下)。他谨慎地为小苏格拉底做好铺垫。在引出小苏格拉底对多数人说法的同情心后,异乡人如今逐步引导小苏格拉底——从困惑(298c)到沮丧(298e)乃至轻蔑(299a-b)——最终起而反对多数人的意见。小苏格拉底在回答异乡人的问题时,把这一过程引向极致。"显然,"他说道,

---

① 对比之前298c1,那里,多数人集会禁止"自主控制任何技艺"。在"指控"探究者时,"[我们]"好像混合了技艺统治与一人统治。既然多数人不懂医生/水手/治邦者的知识,而只看到这个人,他们马上误以为探究法律的人有独掌大权的野心。

② 回想284e和前文第三章,注55[中译本第134页注①]。

……我们现有的一切技艺会毁于一旦,而且往后也无以为继,因为法律禁止探究。结果,本就举步维艰的生活(ho bios),那时更难以为继,而且不值得过(abiōtos)。(299e)

因此,尽管小苏格拉底在此多次失败,但他却坚守探究的立场。尽管小苏格拉底缺乏实质的进境,这一立场却使他与多数人区别开来,而把他置于苏格拉底之路的开端。其实,在小苏格拉底的话中,强烈回应了老苏格拉底的根本主张——"不经探究的人生不值得活"(《申辩》38a)——小苏格拉底在这一时刻说出相应的话,有巨大的启发作用。就好像,老苏格拉底在场虽然一言未发,小苏格拉底却首次"听到了"他,并回应了他。

[100]而异乡人知道,小苏格拉底转变立场只不过是个开始。可以确定的是,小苏格拉底已经懂得了法治状态处于劣势,但他至今还没懂得知识统治(the rule of epistēmē)的优势何在;再有,小苏格拉底一直依赖范例。对他而言,治邦之材的本性仍遥不可及。如我们所见,在对[法治的]源起解释(genetic account)的最后一步,异乡人之所以感到惊讶,就是这个缘故。小苏格拉底本人的立场得以扭转,并同意异乡人,这时异乡人却自我否定,打断了一再反对法治状态的特性,转而指出其相对的优越之处。

异乡人抛弃了所有范例,然后要小苏格拉底考虑,选举或抽签出来的领导人,"什么都不懂","或是因个人私利或享乐,而不关心法律。这样的话,"他问道,"与我们之前描述的相比,这岂不造了更大的恶?"(300a)考虑到如此滥用法律,严格强制执法就相对有益了。就像他继续说的那样,

……法律的建立以大量经验(ek perias pollēs)为基础,也基于建言人的某些建议,这些人在特定场合(hekasta),以令人愉悦的方式(charientōs),劝服多数人确立这些法律……

(300b)。

可以肯定,"经验"是次于知识的基础,而且需要"取悦"并"劝服"民众,早先异乡人已经斥之为"荒谬"。此外,他用副词 hekasta 说明,真正的改革不过凤毛麟角。另一方面,当法治状态与滥用法律对比时,法治状态相关特性的否定面就向转成了肯定面。"大量经验"优于一群人或个人的少量经验;不过尽管数量占优,少数有能力的建言人才能为大众揭示某些洞见,而固执己见却"一无所知者"毫无洞见。与后者数不胜数的扭曲混乱相比,前者哪怕零星的改革也难能可贵了。

当然,通过这一对比,异乡人起初同意解释,关于真正政体的"模仿者"孰好孰坏(297c,以及 293e),以及"在此有一个错误"(297d),如今终于到时机了。异乡人已经清楚表明"模仿"否定的一面:可以说,缺乏政治知识的统治者是摹本,没有真东西,他们假装有。不过,法治状态与滥用法律的对比,也揭示了积极的一面。正如法律基于或反映了"有见识者"(para tōn eidotōn, 300c)的洞见和建言,法律状态就像是真正治邦者的政策,像是有关于此的一种复制品。可是,"有关"二者的相似,人们犯了"当前的错误"。从种种表象上看,最像治邦者,就要

　　……试图制定不同的东西,虽有悖于法律,看起来优于法律;[这么做的话],依照某人自身的洞见,他所做就与真正的治邦者相同(300d)。①

但是实际上,这样的行为只会毁坏二者的相似性。要是此人真有政治知识,那他就是真正的治邦者,而压根不是"像"治邦者,

---

① 我主要追随 Skemp 的译法,把 kata dunamin 译作"依据某人自身的洞见"。

[101]要是此人缺乏知识,那么比法律"看似更好"的判断就是基于无知,远远缺乏知识洞见(300d-e)。那么,这个"错误"错在试图直接模仿治邦者;这是基于某人本身对治邦者知识的无知,且不自知。既然出于无知,那么看似像治邦者似的取缔法律就更是极端扭曲了治邦之材。

异乡人思考的寓意很清楚。因此,这是他的直接目标。最终小苏格拉底明白了一件事,那就是:知识统治绝对优于法律统治;而让他明白知识本身,那完全是另外一回事。如果第一个洞见标志着哲学教育的开始,那么第二个洞见就是就是这一漫长教育过程的最终目标。在这一过程中,作为过渡,小苏格拉底必须遵从一般命令,(在交错相关的背景中)老苏格拉底"后来"以同样的命令指引他的朋友克力同。① 异乡人说道:

> 那么,这些表面上的政体,要尽其职责——如果它们对真正政体(一位有技艺者的统治)做尽可能好的相似模仿——就绝不能做任何悖于已确立的成文法和古代习俗的事(300e—301a)。

(三) 回到政体的划分:无知之知与政治方法(301a—303d)

在离题话的开头段落(291a—293e),异乡人排除了通俗划分的政体类型,他强调真正(orthēn)政体的哲学标准唯一有效,现实党派政体的非哲学特性无法与之相提并论。不过,从一段插曲看,他是要连通两种观点;既然异乡人的主要策略已经实现——即揭

---

① 克力同也是一位开明的好朋友,他不搞哲学;苏格拉底的审判再次为这次谈话置入了生存场景。另一方面,克力同是老者,不必指望此后对他的教育,对照之下,苏格拉底和异乡人都对小苏格拉底寄予希望。简单来说,《克力同》中苏格拉底的反讽有治疗作用,而《治邦者》中的异乡人有教育作用。对《克力同》中反讽的绝妙揭示,见 Hyland,前引书。

示非哲学之于哲学视野的政体而言,只具有相对价值——而通俗区分毕竟还是很关键的。因此,在离题话的最后一段中,异乡人重拾这两种观点,根据他的"模仿"观点来重述(301a-c),重申有知识的统治者的首要地位以及难能可贵(301c—302b),最终,在全面视野的政体等级中,根据各自的优点来结合两种区分(302b—303b)。

结合二者时,有一种新元素。异乡人起初用习俗标准把一人统治一分为二,得出僭主和(合法确立的)君主制,而少数人统治,分为寡头制和贵族制,但民主制没有一分为二。这个标准无需[为"民主制"这一称呼]更名(291e—292a),有知的治邦之材也不会假定民主制有任何[真实]样式(292e—293a,见前文第88页);因此,似乎没有进一步区分的理由。可是现在,情况不同了。基于相对性这一计划,法治变得重要,被识别为次好。因此,合法的民主制必然要与非法的民主制区别开。① 此外,在欠缺知识的情况下,识别次好的政体现在变得重要,那么在欠缺法治的情况下,找出第三等的好政体也很重要。异乡人建议,这就是民主制,因为民主制如此微弱、力量分散,所以民主制没有一丁点作恶的潜力(303a)。以上思考的结果,[102]全面的等级排序是正是一系列政治方式(metria)——那时,结合现有环境,对理想的最完整实现。理想本身当然是有知的治邦之材,治邦者的统治运用法律却不屈从于法律(回想293e—295a)。但是,无谋无知的治邦者横行,有知的治邦者却难得一见,那么法治便是取其中道。再有,在一般情形下,一人统治(合法王权)优于贵族制,而贵族制优于民主制;尽管异乡人实际上不停为此提供正当理由,他的理由可能是他所洞见的非

---

① 但是,这预设了法律不会因沦为派系权力的工具地位而受到破坏。见 Maguire,前引书,第137页。柏拉图对民主的复杂态度,见 R. Maurer,《柏拉图的政制与民主》(*Platons Staat und die Demokratie*),Berlin,1970。

法民主制的反面：权力越集中，成就善行的能力就越强。最后，不可能获取法律的权威，那么中道就是多数人的统治还有寡头制，这要比最糟糕的僭政可取(302e—303b)。

整个这一段以及之前的尾声段落(300a 以下)，小苏格拉底的回应似乎特别肯定。他的肯定不足为奇。某种意义上，他听到的是对他起初同情的事情的辩护；异乡人新奇地强调法治的重要性，然后强调了多数人的统治，我们之前就看到，其中表述的政治价值隐含在对政体习俗标准的运用中（参本书第 90 页以下）。但是仍有区别。在这期间，小苏格拉底已经通过认知经验，虽然是反面经验而且是通过范例，他了解到全然更高的政治可能。因此，异乡人的辩护是把双刃剑：法律与民主具有明显相对的政治价值，二者由此得以恢复。在肯定二者时，小苏格拉底如今也肯定了高于二者的事物。这时，异乡人援引实例，对多种非知识政体做了总结反思。

……当人们对一位真正的统治者感到苦恼，而拒斥(duscheranant)之，他们怀疑有谁配得上一人统治，愿意并能够凭借德性和知识，将正义正确地施予所有人……(301c)

异乡人表达了小苏格拉底的情绪——之前，对于不受法律约束的统治者，小苏格拉底感到"苦恼"(duscheraineis, 294a)。可是这时候，小苏格拉底对"拒斥"本身感到更为苦恼——坦率地讲，他对杀害城邦中这种真正的大丈夫（老苏格拉底）而更为苦恼。因此，小苏格拉底接受（"恐怕是这样"，301e）异乡人的要求，即"聚众书写成文法，紧随真正政体的轨迹"。但同时，他也肯定异乡人所断言的真正治邦者"犹如身处人群中的一位神"(303b)——顺带一提，这一断言让人想起神话中的观念，神的相似者不受其他政体约束，也不受法律约束。而且，异乡人总结时，称这些其他政体的领导者(当然包括多数人以及他们的法治状态)是"所有智术师中最大的智术师",小苏格拉底重提对探究者的审判,而且他说,"这是在兜圈子,如今这个名称最适合那些所谓的政治人"(303c)。

小苏格拉底的态度本身是一个标准:最完满的哲学认识,实际上缺乏对治邦之材的哲学洞见。从教育层面上讲,异乡人如今取得了[103]早前用二分法无法达到的政治思考。认识到法治状态只是"次好",但在接受法治的同时,又要认识到法治状态缺乏知识,而知识本是最好的。因此,小苏格拉底已经认识到自己缺乏知识;小苏格拉底已经达到了真正的苏格拉底的境界:在无知与智慧之间的无知之知。

同时,在小苏格拉底与异乡人成就的表面之下,隐藏着一个关键问题。异乡人在陈述次好政体时,他描述了法律的模棱两可,这间接表现出这个问题。强调法治状态的低劣时,有一个关键点,他认定,法律"在多数人看来正确",ta tōi plēthei doxanta(298d)。但在强调法治状态的相对优越时,他提到法律类似在模仿治邦者的知识——例如,回想 297d 和 301e(前文曾引用之处)。这一张力应该说很明显。恰恰因为"多数人"不知道治邦之道,他们才必须"模仿"。但是一个无知者要怎么"模仿"呢? 起码要窥见些"原型"才能"复制"吧? 对策可能是异乡人在 300a 和 c 处暗示的那样,多数人中有些"明白人"(eidotes)。但这个问题还在,只是换汤不换药罢了。多数人怎么认出他们中的这些"明白人"? 对苏格拉底的审判使这个问题戏剧化了——在《克力同》中,苏格拉底的[守法]立场又使这个问题更复杂了。再有,根据异乡人所述的一系列政治方式,民主制顶多支持严格法治并对此三令五申。大多数人压制少数洞见超凡之人,这种情形下,还能够最好地引导多数人并立法吗? 难道这终究不可解决,是带有肃剧性的困难?

面对这些问题,如果有应对的线索,那就是异乡人提到的"悦人的劝告"(charientōs sumbouleusantōn, 300b)。我们已经发现与快乐相伴的危险:这几乎不可能是哲学言谈和有教育价值的言辞的表征(回想 286d 以下),而且试图取悦众人的治邦者有把自己变成智术师的危险(参考第 94 页)。但是另一方面,既然需要对"明白人"做些揭示,而让多数人理解他的知识又不切实际,那么这类人的"悦人"形象,大概是最可行的政治"劝告"了。这无疑有助于解释一般苏格拉底对话的政治作用,而且也有助于解释在《治邦者》中,异乡人为何诉诸于范例。这也暗示了异乡人此前把治邦者描述为编织者的政治意义。尽管这不同于对政治知识本身的揭示,这样一个形象可能用于引导并决定多数人(以及当前的小苏格拉底)所必须采取的立法责任。

五、重新划分(第二阶段,第二部分): 真正的助力(303d—305e)

[103]完成了有关 stasiastikoi("现实政客们")的漫长离题话后(303c),异乡人再次开始了划分过程。表面上(回顾第 82 页),要完全地挑出真正的治邦者,并彰显出"他与众不同的自然",在此之前,只剩下一项任务(304a)。[104]他必须把自己与真正的助手区别开,这些助手是:演说家、将军和法官。在步骤中的这一阶段,为何出现这一任务似乎很显然。这"一帮"实际的政客,包括煽动者、有政治野心的军人、抽签选举出的无知(如果不是腐败)法官和陪审员。唯当这些人被放在一边,那么真正的演说家、将军和法官才首次出现——这些技艺的实践者们,并不宣称比治邦者的技艺有更高的权威。

这正是实践和权威的关系,亦即异乡人区分的关键。三种技艺中的每一项都是一种实践:演说确实是"通过有想象力的故事,劝说大多数人(muthologias)"(304c-d);将军的技艺决定了战争的策略(304e);而法官的技艺在于,以法律为基础,公正地解决纷争

(305b-c)。然而，在这些技艺中，没有一项用于负责主导自身的用途。为了让小苏格拉底明白这一点，异乡人做了一个教育的类比。教授音乐的技艺，与确定音乐是值得学习的好事这门技艺，二者有别；其次，主导技艺比前面的演示性技艺更优越(304a-c)。在用于演讲术与将才术的类比时就尤为明显，因为二者相互对立。对于劝说与强力的抉择可能(304d,304e)，需要一个更高的技艺来决定——这项技艺不偏向于任一种可能，就像演说家和将才那样（可是，这种互补很粗糙：必须跨越内事、外事的区分来思考，在外事的背景下，把外交理解成一种演说术，而在内事的背景下，把警务理解成一种战争）。① 法官的技艺也需要更高的技艺：只有法官运用法律；其实，法官必须不偏不倚，而他不必为法律的内容负责，他自己也不必为任命官职负责。

在一开始介绍真正的助手时，异乡人特意强调了这些助手与治邦者之间的困难（见303d-e，有关净化的比喻）。事实上，治邦者与助手似乎结合成不可分离的因素；治邦者引导，但本人并不践行，而助手践行，但他们自身并不引导或组织(305d)。因此，这些区分自然出现一种新困难；他们好像差不多清空了治邦之材的任何确切、可见的内容。那治邦者还做什么呢？异乡人回想他所引入的描绘治邦之材的必要尺度（284a以下）。当他说治邦者对于政治行动"知道时机合宜与否"(305d)；而且他告诉我们，回想神话中的神圣尺度和新范例，治邦之材

> ……掌控所有这些[其他]技艺和法律，照料整个城邦的一切事务(sumpantōn tōn kata polin epimeloumenēn)，并且将一切最完美地编织起来(panta sunuphainousan orthota-

---

① 事实上，在追求武力还是外交路线的问题上，内外政策有所交汇，甚至毫无差别。见本书尾声，注7[中译本第210页注③]。

ta）。(305e)

但这一切所揭示的该技艺的结果,超出治邦者为了达成这些结果而付出的行动。因此在对话最后部分,异乡人继续描述了治邦者工作的"方式"或"模式"(tropos,306a)。

[105]前文指明的是挑选治邦之材的表面计划。可是,划分的连续形式所指涉的深层内容是什么? 正是这种深层内容才揭示了诸种技艺的方式,在治邦之材的统领下共同协作,组成了有机整体。

在这种更深入的层面上,讨论真正助手就非常关键。一方面,通过列举关键技艺,这一段完成了对"肢体"的列举,即城邦中的多种劳作分工。前面提及诸技艺的协作整体中有重要暗示,这里也对此做出了回应。尤其是在288b,异乡人的间接否定,暗示了城邦防御工事与治邦之材的亲密关系;称将军是真正的助手,这既重申了这种亲密性,又(在军事装备或军用物品与作为最高统帅的治邦者之间)建立了军事设施的必要技艺。再有,异乡人很早打发了"只用来游戏"的精美技艺,这唤起一个问题:这种游戏本身是否属于治邦者"严肃"工作的一部分;把演说家的工作描述为 muthologia[讲神话]——就像异乡人本人投入其中的一种"游戏"(回想268d)——并且使演说术隶属于治邦之材似乎肯定了这一点。最后,七种"材料"技艺的发展直接涉及到商贸和商业技艺的发展(289e);可是,商业总是意味着在契约问题(ta sumbolaia)上的争执(305b),尽管有新出现的公仆从旁协助(290a-b),但还是需要公正的法官做出裁决。

另一方面,这一段也转向了新的深刻意义。城邦作为有机整体既有灵魂也有身体;要整体运作,城邦的"肢体"不仅需要彼此联系,而且还需要激活它们的生命力。此外,如果整体要健康,其灵魂或生命力必须具备良好秩序。最终划分的较早段落中,异乡

第四章　最终划分(287b—311c)

人几乎完全集中于城邦的身体维度，满足城邦的身体需要。对灵魂维度的首次模仿，出现在异乡人把实际政客描述为"狮子"、"人马"和"萨图尔"(291a-b)——按照《王制》中苏格拉底描述的形象，这都是些混乱失序的灵魂(见第 86 页以下)。从政客和他们的假政体转向真正的助手和真正的政体，异乡人最后提到了"这群人马和萨图尔"(303c-d)。苏格拉底描述过城邦中正确的灵魂秩序，对于这些听众而言，他们对这里要高度警惕。而惊人的是，异乡人只是展现这些怪状，而没有详细讲述。通过讲述神话，演说家劝服邦民中的"大多数人"接受治邦者的政策；这种接受，实际上是一般邦民承认自己的附属地位，并渴慕治邦者的智慧，这逆转了以嗜好为主的"萨图尔式"统治，而转以 sōphrosunē(适度、节制或明智)为主，后者适合苏格拉底的正义城邦。将军转而保持适度的武力，为治邦者的秩序做好准备；这就逆转了狮子以心智屈从血气的灵魂秩序，也逆转了萨图尔以血气屈从欲望的灵魂状态。勇气(andreia)正[106]适用于苏格拉底的正义城邦。最后，法官公正地运用法律维护了"立法者的秩序(taxin)"(305b-c)——既然已经注意到治邦者如何安排演说家和将军，那么就不难发现，此处节制与勇敢的和谐一致，二者都服从智慧，正是苏格拉底城邦之正义(dikaiosunē)！

在几种方式中，助手与治邦者组成的四人组，象征着适用于真正政体中灵魂的正确秩序，纠正了现实政客的扭曲形象。① 可是，无论从结果上，还是根据权威的社会分工，这种内在秩序都展现得过于外在。适于更深微意图的听众——舞台上以老苏格拉底为代表——他会想知道，根据灵魂的教育结构，如何达成灵魂的正确秩序。这个问题与表面问题类似：治邦者要做什么？然而，表层与深

---

① 因此，异乡人完成了城邦作为灵魂体的形象，他早先用词已经对此有所暗示(见第 84 页注)。

层本身是分离的。明白治邦者如何照顾民众是一回事,理解"智慧与善"却是另一回事(例证见 296e),作为苏格拉底式治邦者的本质特性,会引导灵魂的结合,因此也可以引导城邦的结合。因此异乡人在面对最后的调节抉择时,同时也是在对老苏格拉底讲话:要权衡本质与教育,哲人的洞见与多数人的需要,小苏格拉底的未来与现在,异乡人该揭示多少苏格拉底的视野?还有,异乡人要如何跨越造成这一抉择的缝隙,才是最好呢?

六、第三阶段:作为编织者的治邦者; 德性与中道(305e—311c)

就像最终划分那样,异乡人对治邦者的最后描述必须分两个层面来理解。一方面,对于小苏格拉底而言,这指明了一个恰当的结论;异乡人从编织范例的方法论意义,转向编织范例的实质方面(305e),而且他将编织范例应用于治邦之材的本性,异乡人在此证明了弃用牧人而采用编织范例的道理,并真正完成了治邦者的定义。至少看来如此。对于苏格拉底式的听众而言,这并不明朗;对治邦者的描绘构成了最后的"奇怪时刻",我们早先就预料到了这一点。对话先前尚不明确或部分发展的重要主题,如今得以再续并完成——尤其是,治邦之材明确身处"宙斯时代"这一特性,以及其所践行的必要尺度。在这么做时,似乎完成了深层意图:揭示作为有机整体的人类共同体。但另一方面——其中叙述的灵魂正确秩序的深度——这种描绘似乎明显有缺陷,就像异乡人早前的虚假结尾那样,这一结局显然也是开放的。

(一) 应用范例

在 283a,异乡人结束划分时界定了狭义的编织与广义的编织:编织既是缠绕经纬(euthuplokāi krokēs kai stēmonos)的综合行动,又是有关(epi)织物成品制作的技艺。广义的描述给编织者赋予了准备经纬的责任;尽管梳毛工和其他人实际负责这个工作,他们为[107]编织者干活,而编织者必须监管这些人。因此,要完全运用这个范例,异乡人要确立三点:治邦者所用的"材料"类似于经纬的制作;要有重要的附属技艺去做准备工作;治邦者自身的恰当行动就像经纬缠绕。这解释了治邦者肖像的内在结构,分为① 有关勇气与节制的"惊人论证"(306a—308b),对"老师与养育者"工作的描述(308b—309b),还描述了治邦者接下来如何结合邦民(309b—311c)。

在异乡人的"惊人论证"(thaumaston tina logon,306b)中,他展示了"在很多事物中"(306b)——还有,"绝大部分中"(307c)——勇敢与节制彼此处于"敌对和派系冲突中"(echthran kai stasin,306b,308b,还有 307c)。如此"令人惊讶"是因为,这种说法"胆敢"扭转这一"通俗的"说教——德性是一,而德性的各个部分"彼此一致"(allēlois ... philia,306c)。异乡人当然是指苏格拉底。他似乎扭转了苏格拉底的方法及其观点。苏格拉底一般主张,检审性地拒斥有关勇敢②和节制③的传统观点,由此开始,并依照洞见重见德行(virtuous conduct)。④ 相比之下,异乡人检审了"我们"赞扬和谴责的德行之特例。这个"我们"(306c)并没有差别——异乡人问小苏格拉底,他还记得"你自己或别人""曾"做过的评价(306d);而异乡人选择的评价,反映出对勇气和节制未经反思的理解。因此"勇气"(andreia,直译是男子气)与"身心,甚至声音的迅猛和敏锐"(306e),而节制与思想上的"静谧、拘束",行动

---

① 注意指示性的连接词 tode[这一个](308b10)与 toionde[这样一个](309b7)。
② 例如,见《拉克斯》190e 以下,192b 以下,《普罗塔哥拉》329e 以下,359b 以下。
③ 例如,见《卡尔米德》159b 以下,160e 以下,《斐多》68e 以下。
④ 例如,见《美诺》87b 以下,《普罗塔哥拉》360d 以下,亦见《卡尔米德》164b 以下[其中克里蒂亚(Critias)在 164d 的话正是苏格拉底引出的]。

上的"舒缓"（或柔顺，malaka），甚至"低沉平缓的音调"（307a-b）。当这些德行"不合时宜"，他时被表扬为勇气，如今被指责为疯狂、放肆，而往日与节制相关的行为，如今被称作懒散、怯懦（307b-c）。这些描述都不具有苏格拉底的风格，而异乡人其实是在为真正的苏格拉底转向做准备。通过有关行动的措辞，建立起两种"本性"的对立，他能够主张，城邦民易于分化为两个相反的阵营，对这两种"本性"的定义各执一端；而人性倾向于寻找与自身相似之物，回避不像的东西，每个阵营越来越趋于极端，因此邦民的争吵威胁到了城邦，或者，一旦哪个阵营占了上风，无论是不断对外战争政策还是孤立分子的绥靖、偏安，同样都会导致自我灭亡（307d—308b）。因此，异乡人指出，需要通过改革个性来整合城邦。而且这种改革要沿着典型的苏格拉底路线行进：勇气与节制必须在灵魂中达成和谐。德性的统一性也是异乡人的标准。①

异乡人讲述的改革工作，在具体细节上也属于苏格拉底风格。一开始，必须从基础做起；治疗"疾病"（nosos, 307d）的良药莫过于预防。正因如此，治邦者才像编织者那样，首先需要附属技艺为他准备材料。因此在描述的第二段，[108]异乡人引入了"教育者和养育人"，他们就像梳毛工和纺纱工，梳理好天然羊毛，把羊毛制成

---

① 见《王制》410c 以下（亦见 441e 以下）以及 503c-d。Krämer，前引书，第 90 页，注 112，他指出，这两段提到的结合深度不同。恰当的音乐教育和体育教育，赋予好邦民必要的平衡，但这只是更高平衡的先决条件，更高平衡大部分取决于天赋，而且只能由哲学教育启发，这是成为"最精确护卫者"（[译按]见《王制》503b5）的必须条件。苏格拉底本人在《王制》503a-b, 504a-e，已经暗示了这种差别（见本章注 9[中译本第 156 页注①]，以及尾声，注 6[中译本第 210 页注②]）。但是，若忘掉这些有差别的程度或深度是在同一种基本结合中，那么也犯了错误。如果没有一种基本同一性，《治邦者》中的异乡人就不可能把《王制》中 503c-d 苏格拉底的话，用于所有邦民，而不仅仅是少数（潜在）哲人。当然，这种用法有些含混；从异乡人学说的表面来看，他有没有像苏格拉底那样，区分政治（或邦民的）层面的结合与哲学（或心智）层面的结合，这难以确定。但是这种模糊性有一种正面作用，可以让柏拉图在两个层面讲话，既对"多数人"讲，同时又对年轻的阿卡德米学子讲。见本书尾声。

经线与纬线。他们引导城邦中的儿童,做最严肃的"游戏"(paidia, 308d),早期训练会"检验"并确定谁会成为好邦民,而谁没法成为好邦民。① 后者必须被当作坏羊毛:他们倾向于暴力、渎神、放肆、不义,他们必须被剔除,或是处以极刑,或是遭受流放,或为公众所不齿,从而接受教训,或是降为奴仆(309a)。② 那些"坚固"、"如经线者",具有勇敢的天性,另一些"温柔、和善"、"如纬线者",具有节制的天性——二者必须交给治邦者。

由此,异乡人讲述治邦者自己的独特工作。他"连接"或"编织起"(sundein kai sumplekein,309b)这两种天性,或是用两种"纽带"(desmos,309c,e,310a,e)使它们"协调、和谐"(309c)。第一种是"神圣",联合邦民灵魂里"不朽的部分",这在他们的心智中:像立法者的行动一样,"对于美、正义和善的事物及其反面",治邦者"制作并灌注"(empoiein)一种"真真正正的意见"(309c-d)。这使灵魂朝向勇敢,又避免陷入粗野,这会使温和的灵魂变得坚定,令其"至少在城邦生活上(hōs ge en politeiai)审慎、善思"(309d-e)。因此,异乡人恢复了苏格拉底的基本主张:对异乡人而言,德性本质上是统一的,建基于洞见之上! 他描述的第二种"纽带"也与苏格拉底相仿。这些是"人性的"纽带,把人们绑缚在"[灵魂部分中的]动物上"(to zōogenes)(309c)。首先,异乡人把这两种本性作为基因类型,以此观念建立起一套优生学。必须要扭转通俗婚娶

---

① 见《王制》413c 以下。
② 见《王制》410a。Skemp,前引书,第 228 页,注 1,他合乎道理地提醒我们,介于我们与柏拉图之间,横亘着基督教的人性概念,这使这些段落看起来比原本更惊人。但是,在我们以表面意义对待这段文本时,首先要提出其他的问题。我们如何把这些表达严峻的学说与苏格拉底教育实践中的仁爱本性协调起来? 这两者的鲜明对比,即异乡人强烈赞同真正治邦者如施行手术般的强硬(293d,296c 以下),而柏拉图在自己的实际政治践行中,似乎对这种雷霆手段弃而不用(见《书简七》,本书尾声注 14[中译本第 215 页注①]有所引用),又如何协调呢? 可能比较好的协调方式是,学说的严峻性反映了更基本的作用,一则为了引出小苏格拉底的看法(如 293d,296c 以下),一则为了劝谕小苏格拉底(如目前的情形)。

之类的行为。异乡人主张，两种类型彼此之间长期孤立就会扭曲变形——勇敢一类会疯狂，节制一类会迟钝、麻木。因此，治邦者一定要让两者之间通婚、杂交（310b-e）。① 另外，治邦者必须使用"公共荣誉、名声和誓言"（310e）鼓励这种结合。如果婚姻和生育的纽带在最肉身性的层面（诸多欲望）与灵魂相连，这另外一种措施似乎就在社会血气层面上起作用。② 无论如何，一旦有了神圣纽带，两种天性就容易联系在一起。最后，治邦者还要主持公职与责任的分配，就不难了（311a-b）。"真实的意见"会使人们在基本问题上"同心同德"（311b），因此他们也倾向于结合并分享。③ 结果，本可能冲突的情形就转化成了共同完满。

（二）治邦者与异乡人对中道的认识

异乡人在描述真正助手时暗含某种转向，他用编织范例详细阐述了这一转向：从真正政体的"肢体"转向它们健康合作的灵魂基础。此外，异乡人描述灵魂基础的方式，既建立了来自神话的关键基调，又展示了治邦者对中道的认识。就此而言，异乡人最终的描述提供了[109]神话所缺乏的真正结局（telos）（回想277b，讨论见第55页以下），而且，283e—284d处思考治邦之材和必然尺度的离题话（见第67页的讨论），其关键所在也由此得到了指明。

首先，异乡人描述了"诸城邦产生的病痛"（nosos），由此，他把自己的描写置入了神话的时代背景中。在273d以下，异乡人讲

---

① 参《王制》458d以下苏格拉底的优生学。
② Rabbow，前引书，第228页写道，"……这里毫无理由假设有《王制》中的灵魂三分"。正相反，异乡人的狮子、人马、萨图尔（291a以下）形象中，就隐隐有这种灵魂三分，有充足理由注意这一点。一旦注意到了这一点，多种纽带与灵魂三部分的相关性便显而易见。
③ 异乡人似乎在用这种"同心同德"的观念，攻击毕达哥拉斯派的一个教条。有关讨论见C. J. de Vogel，《毕达哥拉斯与早期毕达哥拉斯主义》(*Pythagoras and Early Pythagoreanism*)，Assen，1966，第150—159页。

述,宙斯时代后期,宇宙——相应的,还有人(274a,d)——如何"陷入病痛和瓦解"(nosanta kai luthenta),几乎"堕入无限的差异之海"。我们认为(第37页以下),差异的主要结构就在神与宇宙之间;但是,这对宇宙的自我关系有直接暗示。不同于持续自我同一的神,宇宙与宇宙中的人必然具有自我差异。对于人而言,这意味着,灵魂的较低因素与身体的本性相连,反对并钳制较高的、神赐的能力——"洞见"(phronēsis, 269d)。现在,异乡人展现了这种自相反对所采用的社会心理学形式:人们倾向于排斥异己,轻率地(elathon, 307e, 308a)把城邦分化为互相排斥的两极——胆大妄为和过于温驯形成的党派阵营。这两类人日益疯狂或懒散,而城邦同样分裂为侵略和绥靖两种灾难性政策,面临土崩瓦解的危险。

转而,要对症下"药"或"治疗"(pharmakon, 310a),治邦者就要与城邦相关,就像神与宇宙相关。这里我们会看到,编织范例特别适合宙斯时代的治邦之材(回想279b,前文第60页以下)。像神一样,治邦者通过"整合"(308c,回想273b)和"协调"(309c,回想269d)城邦内的对立派系,表现出他"对整体的照料"。此外,治邦者的方式逆转了更基本的差异——那就是一般而言的神人之别——也是两种派系所表现的各执一端。首先,"真正意见"的"纽带"本身是"神圣的",而且灌注在邦民的灵魂中,给他们"命神的"地位(309c)。异乡人用"命神"一词,让人想起他曾讲述过,在克罗诺斯时代后期,神离开了;那时异乡人称神为"最大的命神"(272e)。因此异乡人在309c点出,通过灌注"真正意见",神又在某种意义上归来了。转而,第二个"纽带"似乎以典范方式暗示出这一意义。我们记得,对人而言,神离去最直接的结果,就是人自身有了"怀胎、出生、养育"这些新的需要(274a)。通过叙述新近"同心同德"的邦民采纳优生学的杂交,异乡人描绘了整个邦民以聪慧的方式履行宙斯时代的责任。性情相投或反感,以及特定的身体嗜好都屈从于对整体幸福的洞见和关注。因此,在克罗诺斯时代由神负责调节共同体,如今在治邦者的领导下,共同体内在调节自身的关系;正是在这个意义上说,共同体是自己的"命神",而早先由神做命神。最终,这意味着整个共同体已经变得像个神。我们也明白了,为何共同体是"神圣的"(回想 hiereion[牺牲],讨论见第 76 页以下),还有,为什么揭示治邦之材的样式,[110]就要先揭示邦国。必须寻获治邦者,因为他像神一般照料政体,并把这种可能扩展到整个邦国。具有不同技艺和性情的邦民为了他们本身支持并参与邦国,实际上,这样治邦者的工作也完成了(回想第 77 页以下)。

最后,在双重意义上,这种成就展示了治邦者如何实践必要尺度。异乡人早先从否定方面描述过这种实践:他说,所有技艺都关注实践活动,"谨防中道过与不及的危险"(284a-b)。对城邦而言,这种"危险"如今显而易见。太多的"勇敢"(这意味着极少节制)和太过"节制"(这意味着很难勇敢)同样灾难重重;战争中穷兵黩武或是不惜任何代价苟且偷安,城邦都会"不知不觉"自己招致毁灭或奴役(307e—308a)。每种情形下,一种"德性"过剩就会"不合时宜",akaira(307b),因此根本不再是德性了。正因为如此,在选择演说家和将军所代表的政策路线时,治邦者必须认识到每种政策的"及时和不及时"(见 305d)。更根本的是,也正因为如此,治邦者才要在邦民中寻求性情的平衡,在"远离极端的中间"达成融合(284e)。平衡的基础,灌注"真实的意见"本身也是在肯定方面"认识中道"(284c)。而作为意见(doxa),"真实的意见"也恰恰缺乏知识。异乡人在 309c 的表述,似乎暗示了基本差异:"真实的意见"是关于"美、正义和好的事物以及相反事物"(tōn kalōn kai dikaiōn peri kai agathōn kai tōn tourois enantiōn),①而非美、正义、善的样式。② 因

---

① 我用"事物"(things)一词,意在提出异乡人使用复数的意义。在《王制》中,苏格拉底对照样式与事物,将它们作为一与多,由此解释了二者的区别。见 476a, d, 484b,特别是 507b。

② 《蒂迈欧》51d 以下,指出"真实意见"的对象与样式之间的区别。

第四章 最终划分(287b—311c)

此,邦民不知道他自身洞见的基础,也无法反思或加以论证。另一方面,借助这种"真实",他的洞见又优于纯粹意见。既然这与总结思考所达到的积极内容一致,那么"真实的意见"可以充分指导实践问题;① 此外,治邦者赋予"真实的意见"自身本性所缺乏的"持久性"(见 309c, meta bebaiōseōs),把它编纂成法典(310a),使之永久不变。由于这些理由,面对邦民们,治邦者如同"雅乐"(309d)。他们"迷醉于"治邦者的知识,"接受真实"(309d-e),而他们本身并不具有知识。治邦者的知识本身超出了邦民的理解,而邦民理解的是知识内容的意见形式,这些内容灌注并主宰他们的灵魂。②

* * *

但是,异乡人可曾为探究给出一个真正充分的结论? 基本洞见以一种奇怪的方式决定了最终划分的形式和内容——揭示真正的治邦之材,需要揭示真正的邦国——这看来导致了新的不足。恰恰因为邦民以意见的模式分有了治邦者的洞见,所以,懂得这一分有,还不足以通晓治邦者的本质,即知识本身。伴随这种普遍的"雅乐",对治邦者的实际解说却使得他的源头晦暗不明。因此,对邦国的揭示似乎遮蔽了治邦者的本质。换种说法:异乡人对正义的国家给出了绝妙的苏格拉底式描述,但是,他却没有详细解释正义核心处的原则。根据异乡人暗示的苏格拉底式教诲(306b-c),描述灵魂中的勇敢与节制的适当平衡是一回事;这不过是护卫者的正义特性。③ 要揭示智慧(sophia)则完全是另一回事,护卫者本

---

① 参照《美诺》97a 以下。
② Souilhé,前引书,第 90 页,他把反复灌输的"真实意见"描述为"……一项科学工作(l'oeuvre d'une science),但是只有外在影响的科学,无法深入到每位市民本身的灵魂中"。
③ 见前文注 40。

身也服从智慧,而完全认识到智慧,则是统治者的特性。不揭示智慧,德性统一的观念就不完整。因此,异乡人集中于城邦民的特性,而非治邦者的特性,就恰恰没有完成对治邦者的探究。

可是,对于领会异乡人调节作用的听者,没有完成探究看起来并无不当。一方面,异乡人想到提出"真实的意见",这就暗示了为什么如今无法揭示智慧。要恢复邦民持有"真实意见"的知识基础,意味着知道美、正义和善本身;而这种知识是苏格拉底哲学的必要目标和实现。因此,揭示治邦者就需要完全苏格拉底的意义上的爱智。可是,小苏格拉底在许多方面还没准备好。根据小苏格拉底本人的洞见方式,他目前只是被引导着发现了自己对样式的意见错误,明确地说,他误解了种类的必要统一(回想 262a 以下),以及"最大存在物"的超越(277a 以下,285d 以下)(他还不懂得种类与[完全意义的]样式之分)。而根据小苏格拉底的政治观念,他现在刚开始明白,多数人不懂真正治邦者这一问题(尤其参见 299e 以下)。

另一方面,异乡人不挑明最终的治邦者形象,显然适用于小苏格拉底目前的发展阶段。因此,这也有双重意义。首先,只要小苏格拉底不懂得治邦者的哲学核心,他就还和多数人站在一起。因此,小苏格拉底必然把他的政治希望限制在法治这一"次好"过程中(回想 300a 以下)。但我们已经注意到(见第 103 页),甚至这种过程也需要某种有关治邦之材的观念——至少是"令人喜悦的"形象。最后的描述恰恰提供了这种形象。但相对不经检审地接近诸种德性,他强调,实在例证和非哲学意识的政治情形("你或别人",306d),让人"发现"(307c),对治邦者的描述完全超出多数人观念。异乡人叙述极端政策的灾难性后果了,特别能说明这个问题。这有助于异乡人强调,治邦者的法律力量所带有的预防性和治疗作用。作为"真正的好立法者"(309d),治邦者既管理年轻人的教育(见 308e),并实现其基本作用,"通过法律"灌注"真实的意见"

(310a)。因此多数人——包括目前的小苏格拉底——为他们的立法赋予了指导原则:通过明显最能平衡好战与文弱性情的方式,并纠正城邦政策的一般路线,法律必须鼓励邦民间"同心同德"。

[112]第二,本段还尖锐指明了教育关联。尽管异乡人谈起"邦民生活"(hōs ge en politeiai, 309e),异乡人平衡灵魂的形象却反映了小苏格拉底自身的人性结构,为他未来的哲学发展指明了前提。从小苏格拉底自己首次独立促成探究开始,他在262a片面区分"人"与"兽",就展现了"过多的血气"或过剩的男子气(andreia)(回想异乡人如何描述这次划分,"prothumotata kai andreiotata"[最有男子气的方式],见262a5,还有263c和263d,讨论见第24页)。后来他再次没等到真正完成,就匆忙地接受结论(例如,267a和267c,277a,280b和280e)。此时,异乡人可以用自己的权威制止并引导小苏格拉底。但是异乡人清楚预见到,小苏格拉底"许久之后"(283b)独自面对困难的情景;因此,异乡人才教小苏格拉底要综合运用二分法、范例和必要尺度等多种方法(回想第64—72页)。在282d,异乡人隐晦地说,小苏格拉底需要关注制作经线以及"制作纬线"。如今,异乡人描画出治邦者对灵魂的编织,他挑明这一点,并重申了他的方法教诲。小苏格拉底的勇敢天性犹如经线,必须补充真正的节制,变得"柔化"或"驯服"(309e),他必须培养"思想"自制,学会如何在判断中"慢下来",检验他的冲动,变得会反思(回想307a-b)。如果他不能这样,那么本来是他的哲学潜力的动力和敏锐,会变得一无是处,而且(从政治转化为心理的角度说)他会无意间受自己的傲慢自大所奴役。

从这个角度听取异乡人最后的描述——就像他描述治邦者的工作——似乎可领悟中道。法治和驯服冲动都是"次好的"目标;而目前对于小苏格拉底来说,这些共同构成了对政治意识和哲学的最完整认识。此外,这些都缺乏维持最大可能的"最好"方式。一方面,法治避免了自欺危险,不会对治邦之材不懂装懂;法治也避免了僭政和暴政。另一方面,驯服冲动是哲学教育的前提条件:只有当小苏格拉底学会检审他的傲慢自大时,他才会向着起初怪异却超越了意见的事物敞开——特别是种类的内在结构,以及种类与样式的差异这种表象与实在问题。无论如何,这种根本的开放性,就是异乡人希望引导小苏格拉底从问题到哲学直观的方法论"实践"。达到了这种境地,小苏格拉底就不会把法治当作最高的政治可能,不再受此所限。相反,如果他对美、正义和善的知识达到了最高的哲学成就,他自己就会践行异乡人暗中定义的真正的治邦之材。

没人会比老苏格拉底更好地认识到这种"中道"。其实,他在别处就亲自践行过"中道"的主要因素:在《克力同》中,他恳请不做哲学的克力同接受法治,而不管这对老苏格拉底本人意味着什么;①[113]而在《王制》中,他把平衡勇敢与节制作为他教育护卫者的主要目标,这本身是进一步教育统治者的基础。异乡人最后的描述,也在这些方面恢复了德性统一的观点,这完全是苏格拉底的调停方式。这可能是柏拉图在此处选择结束对话的原因:老苏格拉底打破了他长久的沉默,肯定了异乡人的描绘。② 而且他的话精妙深微,

> 你再次以最美的方式,异乡人呵,为我们完成了有王气的人与治邦者。

---

① 见前文注 32[中译本第 188 页注①]。
② 大多编订者(如 Schleiermacher, Dièsk, Skemp)都同意,最后发言的是老苏格拉底。在持反对意见者中[如 L. Campbell,《柏拉图的〈智术师〉与〈治邦者〉》(*The Sophistes and Politicus of Plato*),Oxford, 1867;Burnet,《柏拉图全集》(*Platonis Opera*),Oxford, 1900;Taylor,前引书],Friedländer(前引书,第 304—305 页)认为,老苏格拉底已经发现异乡人的说明显然不足,"……缺乏《王制》中有关哲人—王教育的所有说法",因此以带有挑衅和不赞同的沉默结束。(依我之见,)Friedländer 误读了对话中的张力。

(Kallista au ton basilikon apetelesas andra hēmin, ō xene, kai ton politikon)。(311c)

一方面。他的 au("再次")和 apetelesas("你完成了"),苏格拉底直接回溯了异乡人之前把治邦者的技艺描述为"完成(apetelesa)最有意义的(或直译作"最为适当",megalo-prep-estaton)和最好的编织"。① 另一方面,他说 hēmin("为我们")让人想起异乡人的具体听众和任务,而且把这些关联到他"完成"之"美":这个"我们"——忒奥多洛斯和苏格拉底的圈子——实际上有所分别,因此异乡人不得不点到为止,而且有所遮掩。因此,苏格拉底最后的话似乎援用了治邦者与异乡人的类比(此前我们已经注意到),以便肯定异乡人作为调解人的工作。他实际上在说:"正是你异乡人,肯定了治邦者的编织最'适合'应对他那些分化的邦民,因此,我也肯定,对治邦者编织的描述本身最适合应对分化的'我们'。二者都认识到中道。"

---

① Skemp,前引书,他认为 au 回溯到《智术帅》,指的是这两次探究形成一对。但这忽视了重申的 apotelein。

尾声:《治邦者》本身即为一种中道

陈明珠 译

[114]基于我们的分析,对于老苏格拉底的哲学型治邦之材的设想,异乡人避免再作完整明晰的表述,这就毫不奇怪了。由于了解了小苏格拉底当前的局限性,异乡人谈到一种"中道",即"合宜、适时、需要"(284e)。但柏拉图为何隐而不发,这并不那么显而易见。通过给戏剧主角一个如此有局限的对话者,并分派给主角这样一个调解的任务,柏拉图限制了他本人在此对话中自我表达的深度。实质上,柏拉图接受苏格拉底—柏拉图式哲学的间离效果这一给定条件,并在由此构成的相关框架中来说话。为什么?这个问题导出的多个方向,符合"小苏格拉底"这个戏剧人物(persona)的典型作用的几个方面。

(1) 通过小苏格拉底在关于治邦之材和法那段离题话中的关键回应(293e,296a),显示出他的基本同情是属于"多数人"的。因此,柏拉图通过小苏格拉底这个对话者,让自己有机会提出对基本政治问题的平常的、非哲学的意识。而从柏拉图已经说出的东西看,他为何看重这样做的原因就变得明显了。一方面,柏拉图在《王制》中激进的政治计划大部分不受待见。声明这一点似乎就明显得无需再说了:柏拉图的命题是,真正政体的内在结构乃是德性统一的结构,但没有城邦认真对待柏拉图这一命题。恰好相反,公元前四世纪的希腊政治,延续了修昔底德所描述的公元前五世纪那种乏味而惨烈的内部派系斗争与外部战争的混合。① 而在叙拉古,柏拉图刚好活生生地经历了在他与雅典的关系中始终没变的东西,即拒斥柏拉图此命题之核心内涵——哲人当为王者,王者当是哲人。② 毫无疑问,这些东西对柏拉图来说都不奇怪;在这个对话中,他反复强调"多数人"缺乏政治智慧。然而,这种"不受待见"确实让他面对这样的问题,即如何阻止其思想保持在抽象或对于实际政治没有任何意义的状态,正如他在《书简七》中所说那种"空论"(bare words)。《治邦者》似乎是他对这一问题的回答。在其戏剧呈现中(通过苏格拉底的沉默在场),在其内容中(通过在治邦者城邦中德性统一之最终陈说中抑制智慧)以及在这两者的会合中(通过苏格拉底对此陈说的最终认可),柏拉图承认,对于普通人的政治意识来说,哲学是隐蔽着的,难以理解的;而在其直接争取哲学政体(philosophical polity)时,通过提出和强调第二位的东西,即法的统治,③柏拉图似乎暂时悬置了他的最高目标。但悬置并非放弃。通过解释礼法只是"模仿",并且,提供一个模范——虽然这不过是德性统一之部分,却是非哲学意识可能达到和理解的——他现在[115]间接争取:哲学命题作为政治思想和行动的隐藏(或只是以显白方式透露)标准而保留着。实质上,柏拉图从《王制》的激进目标——让人成为哲学的人,转回到《克力同》中那个较低的目标——让人成为守法之人;④但通过以一种勇敢、节制(sōphrosunē)、平衡和协调的视野为参照来设定法律,柏拉图保留

---

① 见本书第三章,注释 29[中译本第 102 页注②]。
② Skemp 认为《治邦者》的写作年代在公元前 366 到前 361 之间,前引书,第 13—17 页。
③ 试比较《王制》425a 以下。
④ 见 D. Hyland 前引书,对《克力同》治疗功能的分析。

着《王制》的指导标准。作为法治状态的目标,《治邦者》迫切需要《王制》卷四中作为非哲学护卫者特点的那种诸品质的协调。① 此外,这种协调,其本身乃灵魂的内在结构,通过以其在行为和公共政策中的外貌来加以描述,柏拉图将其置入非哲学理解的范围之中。② 每个雅典人都知道战争与和平政策间的紧要冲突;确实,因为内讧和战争间的联系,这已经成了其数十年来一个最突出的公共问题。③ 因此,既在其政治目标也在其呈现此目标的模式上,《治邦者》都表现为一种"中道",即对于真实政治最充分的认识,这种真实政治是对非哲学的"多数人"来说实际可能的。

(2)如果柏拉图会对"多数人"讲话并不奇怪的话,那么他会通过小苏格拉底来讲这些话也就不奇怪了。"小苏格拉底"代表着那些年轻的阿卡德米学子,并且,我们自然会以为他们不像"多数人",学子们对于柏拉图走向政治秩序的哲学途径有着充分的同情。确实,看起来《王制》似乎首先就把他们中不少人吸引到阿卡德米学园了。然而,这部对话中戏剧性的交互影响以一种微妙的方式削弱了我们的设想。正如老苏格拉底和忒奥多洛斯的交流所预先警示的(第8—10页),个人友情和良好意愿也许会很好地掩藏实质性的反感。小苏格拉底的举止正好以我们会

---

① 见本书第四章,注释40[中译本第198页注①]。
② 这也是《王制》(见368c-d)中以城邦和灵魂相比拟的一个作用。但苏格拉底对正义城邦的论述导向超越流俗的政治,而他对灵魂的论述(特别是第六卷,见504b以下)导向完全超越政治,因而也超越这个比拟。
③ Hammond前引书,页527,解释说"雅典比较贫穷的公民强烈捍卫民主制,并且通常也支持一种侵略性的对外政策"。既然他们不用交战争税,在雅典舰队划船还有工资,还能从征服土地分配中得利,穷人当然坚持从帝国主义的投机中获利,因而也倾向于支持帝国主义的投机。并且,既然一般来说,穷人获利会削弱富人的政治权力,因而抵抗这种帝国投机就对富人有利。在其他城邦中民主基础和寡头基础各有其兴旺,伴随每个党派在这些兴旺中的利益,这些动机相互交叉,经常发生冲突。因此,在战争与和平间进行选择贯穿前四世纪上半叶,是一个非常迫切、持续不断重复出现的,同时是国外与国内的问题。

在年轻学子身上预料到的方式,显示出此种分裂。他反复给予异乡人热情的支持,毫无保留地顺从其个人权威,对他所支持的东西却没有一种有辨别的理解,或者对于缺乏这种理解没有一种自我批评的意识。正因如此,异乡人必须反复提出异议,并把讨论从显然的哲学训练引导到对该训练之基础或预备事物上的批判省察。① 这投射出的学园形象激起人们的好奇。柏拉图发现"跟随"自己的是这样一些年轻人吗,他们精通为哲学做准备的数学预备课程,就错误地认为他们自己也精通哲学高级课程了?此外,他发现自己遇到的尊崇,甚至狂热,对他的年轻学生们本人来说掩盖了他们自己的理解匮乏吗?② 这种可能性还会更甚。早先我们注意到,异乡人对"希腊人"与"蛮族"的划分是如何评论的(262d 以下),及其对混同治邦者与僭主的牧羊人形象的拒绝(276e 以下),这些看来涉及对《王制》章节的危险误解(见页 23 以下、47 以下、54 以下)。看起来,柏拉图阻止其在《王制》中的教诲与泛希腊主义和专制的复兴有任何关联。他那些年轻的"追随者们",自认为是哲学家,也自诩有政治才能,因而站到了成为知识治邦者对立面这种危险境地中了吗?这种对立者即政治派系中缺乏自知的冒险家和参与者。③

最终必须让这些问题保持未决状态。由于缺乏牢靠、明确的

---

① 甚至在又一个场合,因为小苏格拉底反对没有法律的统治(293e)要求复议,异乡人显示出他已然知道这种必要:"我正打算就这些问题问问你,看你是否完全接受[我的说法]。"(294a)

② Friedländer,前引书,卷 1,页 90,写道:"我们把老师视为中心……,被一圈弟子环绕着,弟子们带着一种近乎对神的尊崇。"但这会不会成为真正教育的一种障碍?

③ 强调这一点,是为了清晰。但这并非不可能。卡利普斯(Callippus),谋杀狄翁(Dion)的人,显然是个阿卡德米学子。并且注意,对狄翁最终诉诸暴力推翻狄奥尼索斯二世,柏拉图并不赞同,而许多学员,包括斯彪希波(Speusippus),都显然支持诉诸暴力。关于柏拉图和阿卡德米学园在叙拉古所牵涉的事件和证据,见 K. von Fritz,《柏拉图在西西里》(*Platon in Sizilien*),Berlin,1968[译按]斯彪希波,柏拉图的外甥,是继柏拉图之后,阿卡德米学园的第二任主持人。

独立证词,早期学园的情况还是一个"谜"。① 尽管如此,[116]基于我们对此对话模仿性反讽的阐释,我们可以清晰表述一个复杂的假设。(a)通过对小苏格拉底那种不加鉴别,因而曲意顺从态度的戏剧描写,柏拉图批评了学园中同样的倾向。因此,柏拉图试图干预他自己学生中同样一种未察觉的、隐蔽的背离,正是这种背离划分了小苏格拉底与老苏格拉底,也就是将小苏格拉底与其自身内在潜力分别开来。(b)但是柏拉图充分了解,这种有批判性的方式对于真正的调和来说,仅仅是开始的契机。除此之外,每个学生还必须做到,首先,他们本人必须认可将这种批评运用到自己身上,其次,经历一段很长的时期,投身于努力克服这种批评所揭示的无知。从第一个环节,我们就明白了为什么柏拉图诉诸于对话的迂回传递方式(回顾页 xxiii 以下,xxiv-xxix 以下)。(c)上述第二方面指向一个新的问题。如果《治邦者》写于公元前 356 年或更晚,②柏拉图那时大概已经六十五岁或者更老。他对苏格拉底审

---

① 处理柏拉图在学园内部教诲性质这一争议难解的问题,超出了本研究的范围。相反的可能是,柏拉图对形而上的问题保持沉默,只是通过对话间接地"说",以及,他呈现了一种隐微的"未成文学说",这种未成文学说只是在对话中进行暗示,Cherniss 的《早期阿卡德米学园之谜》(*The Riddle of the Early Academy*)和 Krämer 前引书以及"柏拉图的阿卡德米学园和对柏拉图哲学作一种系统阐释的难题"(Die platonische Akademie und das Problem einer systematischen Interpretation der Philosophie Platons,Kant-Studien 55[1984])都对这种可能性进行了强有力的论证。也见 Friedländer,前引书,卷 I,第四章;Ryle,前引书,及 Gaiser,前引书。然而,应该注意到,我们把这部对话阐释为迂回的交流,虽然这与隐微口传的可能性并不矛盾,但如果接受后一种可能,我们这种阐释似乎会失去力量。如果柏拉图认为他真正的教诲是可以通过"说"的,那他为什么还需要用书写方式,更不用说以这样一种反讽的书写方式来对其学生开讲了? 另一方面,有人可以接受隐微口传教诲的概念,同时也接受柏拉图(写的!)否定真理本身可以言说——比如 Gaiser,见页 3—15。迂回的交流方式,不论是以书写对话的形式还是以反讽交谈的形式,或者两者兼而有之,对于批判性自觉意识的最初苏醒,对于揭示关于样式那种积极推论方法根本上的不充分,都是不可或缺的。在这两种情况下,学习者自己的领悟行动都是最关键的,而迂回的交流方式最能为此提供契机。

② 注意 Ryle 推定的时间在前四世纪五十年代中期,前引书,页 280—286。

判和小苏格拉底未来的间接指涉,似乎证实了他预期到自己将死,以及他的死给其年轻学生们带来的挑战。无论柏拉图本人的在场如何不足,他即将谢世,则会置这些学生于更加紧迫的窘境。确实,既然学生们如此依赖柏拉图,在柏拉图死后,他们的哲学教育将更是难以为继。因此,正如早先神话中的宙斯时代的人和"后来的"小苏格拉底(283c,页64—65),他们需要"指导"。对于异乡人复杂的方法论教诲所具有的那种醒目的"肯定"特征,这一指导作用会让我们对此有新的认识。在哲学上尚未达到成熟的年轻的阿卡德米学子们,需要一种免受其自身不可靠判断影响的方法和规划。越是有明确法则和标准的预先确定,就越好。因此,异乡人直截了当地主张小苏格拉底"完全不必去关注(以是否令人愉快或者是否'简便快捷'而对论证褒贬毁誉),仿佛充耳不闻"(287a),他推荐将划分"实践"用于"较小的存在",作为探究"更大"存在的预先准备(286a-b),这种主张、这种推荐以及二分法的规范程序全都旨在让年轻的阿卡德米学子们在没有柏拉图本人的情况下,在走入柏拉图哲学洞见的漫长教育过程中能保持他们的方向。总而言之,柏拉图努力对学园中这种隐蔽的背离进行纯正地、长期地干预,鉴于小苏格拉底的批判性形象是这种努力的反面,异乡人复杂的、讲究方法的学说(中道、范例、二分法)就是这种努力的正面。

(3) 在我们对学园以及对后期柏拉图对话的惯性感觉中,[①]我们倾向于忽视隐蔽的实质性背离,只要是因为这个,那么强调这一点就很重要。但只是盯住这点不放就会犯错。特别是,我们会忽视柏拉图模仿性反讽的完整意思,忘掉"中道"的自我克服的特点。当柏拉图让小苏格拉底失败,一次又一次从异乡人的映照下认出自己时,就是他在最严厉地批评年轻的阿卡德米学子。但柏拉图精确地表现这种失败,为的是激发其听众的一种认识和超越。

---

① 见 Cherniss,前引书,页61—62;Friedländer,前引书,页87。

因此，即便当异乡人最后好像对小苏格拉底身上产生批判性自我知识不抱希望（回顾页 63 以下）的情况下，柏拉图似乎仍对年轻的[117]阿卡德米学子身上产生这种批判性自我知识抱有希望，并让他们相信这种能力。我们在柏拉图展示二分法时那个稍微有点不同的形式中，已经看到过同样的两面。即便在异乡人重点向小苏格拉底推荐二分法的同时，他也通过在最初划分结束阶段对二分法的演练（264b—267c），暗示了二分法真正的哲学局限；而通过在 287b 以下改变划分的形式，他给出一个隐蔽的展示，展示出对于在哲学教育的高级阶段，对半分的积极规则如何成为了障碍，从而必须让位给真正的式样直观（回顾，第 30—32 页，第 79—81 页）。因此，即便在柏拉图将其讲究方法的"传授"调整到理解的基础水平时，他似乎也期望发展和转化。进入二分法练习的听众——柏拉图仿佛在字里行间对他们说话——将被引导着，通过这种练习本身，超越这种方法朝向进入样式的纯正洞见。柏拉图的"说"这一事实，根本上表露了他的希望。正如柏拉图所描绘的老苏格拉底那样，他在为他的继承人做"测试"。即便在背离的情势中，柏拉图也寻求（并以长期的、根本的方式）唤醒和指引年轻的阿卡德米学子们中那些朝向纯正哲学洞见的潜在可能。

柏拉图对彻底克服二分法的预想，提出了一个关于《治邦者》政治内容的最终问题。前面很早我们就注意到，二分法和对牧羊人形象的驳斥如何以类似方式，充当了对尚未成为哲学精神者的检查机制：如果说二分法检查了未经检审意见的效力，对牧羊人形象的驳斥则阻止了对哲人—王地位的一种未加证明的主张（回顾第 54—55 页）。在 300a 以下，柏拉图通过异乡人对法律统治合理性的证明，强化了第二个检查机制。尽管如此，柏拉图也强调了具有知识的治邦者的统治是最好的；必须接受法律的统治地位，仅仅是因为这样一个治邦者的实际存在（接近权力的机会就更少得可怜）是如此渺茫，而这种应该属于他的权力被授予一个假冒之人的风险又如此之巨。不管怎么说,设想一下,柏拉图讲究方法的"传授"会成功吗?有那么"一两个人"(293a),在经历了柏拉图所设计的发展和转化后,会达到哲学洞见吗?柏拉图想坚持抑制法律的统治——或者,正如通过二分方法所做的检查,这不再是"适当的"?这样的人,柏拉图精神的真正继承者,会把自己从对"美、正义和善事物"的"真实意见"(309c)上升到心智理解(neotic grasp),即《书简七》中提到的,对美、正义和善的"什么"和"存在",或者"样式"之类的心智理解。让这些人屈从于"对大多数人来说看似正确者"(ta tōi plēthei doxanta, 298d)(编集起来就是法律)的统治正确吗?或者,这,以及拒绝他们统治中使用暴力,是"极端可笑的"吗(269d,还有295e、296a)?虽然我们知道柏拉图后来政治实践中的每件事——特别是他在《书简七》中对武力的拒绝①以及他致力于写作《法义》(the Laws)——间接表明柏拉图从未认可这样"一两个人"的实际存在,但《治邦者》似乎仍朝这种可能性保持开放。② 在这点上,值得一提的是,编织者—治邦者的形象有一个方面很有意思。我们之前就注意到,柏拉图如何以一个引人注目的对《奥德赛》的影射开始那一整天的讨论:在《智术师》216a,苏格拉底把异乡人和伪装的奥德修斯相比,拐弯抹角地暗示,作为"苏格拉底的伪装出场",异乡人已经"让苏格拉底哲学能够呈现其所是,并再取得其在城邦中的恰当位置"(页13)。正如我们已经看到的,不管怎样,小苏格拉底的局限使得这一呈现目前是不可能的。柏拉图这是在以另一个对荷马的影射来结束这一天的讨论吗?所有希腊文学中最著名的编织活计,非佩涅洛佩的披风莫属。当然,这是个诡计,这个诡计是设计了用来吊着那些居心叵测的求

---

① 331b-d。也见350c以下,他拒绝加入狄翁对狄奥尼索斯二世的攻击,以及第三章注释36所引段落。
② 试比较沃格林(Voegelin),前引书,页160—161。

婚者，从而为奥德修斯的最后归来赢得时间。因此，佩涅洛佩在伊塔卡维持着一个秩序的表象，防止奥德修斯作为王者的正当权威被篡夺，并且让奥德修斯复归王位的可能性保持开放。如果说柏拉图以法律—城邦为参照设计的这个编织者—治邦者形象，正好就是这样一个"过渡方案"或者说权宜之计，这并不为过，不至于令人惊讶。这无碍于法律之于柏拉图的关键性的重要意义。佩涅洛佩并不知道奥德修斯究竟何时能够归来；她准备编织下去，时间不定，也许永远。柏拉图，即便在隐藏哲人王（第110页）和敦促为"多数人"而进行法律统治的同时，仍然希望异乡人有教育意义的"传授"能最终克服这种隐藏的必要吗？虽然这没能通过柏拉图本人产生，而是通过"像他的另外某个人"（295e），这样一种克服将会是（换用对荷马的典故来表示）柏拉图的真正回归和复位。

附录一

《治邦者》中的辩证教育与未成文学说

陈明珠 译

[141]在下面的思考中,我们会从事两项计划,并让二者彼此映照。其中一个计划所关注的内容相对狭窄;另一项计划则范围宽泛。①

此项狭窄的计划是解释《治邦者》临近结尾处的奇怪段落(287b—291a,303d—305e),在这当中,爱利亚异乡人通过列举十五种城邦的必要技艺,完成了辨别出治邦者这一工作。他首先命名了七项"辅助技艺":

① 制作原料的技艺
② 制作工具的技艺
③ 制作容器的技艺
④ 制作运载工具的技艺
⑤ 制作防御物的技艺

---

① David Lachterman 是这个论题的助产士。他是一位进行宽宏而敏锐交谈的大师,一开始,正是他富有开放精神的问题,激励我在亚里士多德对柏拉图关于一与二学说的记述与我对《治邦者》和《帕墨尼德》的解读之间,追索二者的联系网。不能继续与他交谈,是莫大的损失。

⑥ 制作用于娱乐的技艺

⑦ 制作养料的技艺

然后,他命名了七项"作为直接原因的技艺":

⑧ 专属于奴隶的技艺

⑨ 商贩、生意人的技艺

⑩ 传令官和文书的技艺

⑪ 祭师和占卜者的技艺

⑫ 修辞术

⑬ 将帅术

⑭ 司法技艺

最终他命名了主导所有这些技艺的技艺:

⑮ 治邦之材

《智术师》中,爱利亚异乡人一直运用划分(diairesis)这种模式进行所有定义尝试,而现在,为何到《治邦者》中列举这些技艺时,他忽然放弃了二分法(bifurcatory division)?① 他没有解释,而只是说"很难[把这些技艺]一分为二",并且"我认为,随着我们的推进,理由会变得清楚"(287b10—c1)。如此,柏拉图留待他的读者去琢磨异乡人所展示的非二分法区分。我们不禁要问,异乡人实

---

① 异乡人至少以三种方式强调过二分法划分的重要性:(1)从《智术师》开始,一直到《治邦者》287b,他做的每一次切分,都是二分式的。(2)他关于划分的两个范例——《智术师》中(218e—221c)将钓鱼者分隔出来的划分和《治邦者》中(279b—283b)中将编织者分隔出来的划分——这两个范例都是二分法的。(3)在《治邦者》262a 处,当小苏格拉底以不平衡的方式将人类从兽类中切分出来时,异乡人提出反对,他辩称"从中间切(dia mesōn ... temnontas ...),一个人倒更可能碰见诸样式"并且告诉小苏格拉底"正是这一点在探究中会大不相同"(262b)。异乡人引用了奇数/偶数和雄性/雌性,作为从中间切分的模型。这些切分,通过将其成员依照相反样式类分到相互排斥的亚目中,每一种都穷尽了其所划分的类目。(一个简单的图示,有助于对照这两种划分模式,见图1。)与此同时,在 264b—266e 的奇怪章节,异乡人也表示了二分法划分的局限,伴随一系列有所指的反讽性玩笑,他以一种根本上缺乏治邦之材精髓的方式完成了最初这一系列的区分。对此讨论,见《柏拉图〈治邦者〉中哲人》,页 16—33。

行的新划分法是什么？倘若新方法在其对象领域内揭示出任何[142]存在论结构,那么这种结构是什么？只是在对话结尾部分才展示这一结构,且对其意义缄默不语,这是什么意思？

所涉宽泛的计划在于,开启《治邦者》相关段落中所属的更大文本网络和学说,一旦我们看出它们是如何结合的,文本网络和学说就会提供一个语境,对于相关段落中提出的问题,我们可以从此语境中发现有说服力的答案。我会认为,异乡人列出十五个[技艺]清单所展现的存在论结构,正是亚里士多德在《形而上学》卷一第六章中归之于柏拉图"未成文学说"所设想者。可是,为了显明这一点,我先得解释亚里士多德在卷一第六章中非常浓缩、概括的记述,而要这么做,我必须先认定和解释几处部分展示"未成文学说"的文本,这可以在《帕墨尼德》和《斐勒布》中发现。因此,本文的路线是以《治邦者》为导引,到亚里士多德的陈述,到《帕墨尼德》和《斐勒布》的段落,然后根据《帕墨尼德》和《斐勒布》中的段落回到亚里士多德的陈述,最后根据亚里士多德的陈述回到《治邦者》。结果将会是对整个网络的全面读解。在读解过程中,通过柏拉图在诸对话中的间接交流而非替代之,"未成文学说"会显现出新鲜的内容。

一、定位解释论题:《治邦者》是对哲学教育长远路程的微观展示

在《治邦者》中,柏拉图把阿卡德米学子(Academicians)搬上了舞台,"小苏格拉底"这个戏剧人物(dramatis persona)就在他们面前,柏拉图展示给他们在未来教育中必须克服的限制。因此,柏拉图为他们提供了自我认知和自我超越的机会。小苏格拉底总是太情愿顺从爱利亚异乡人的权威(见258c 与 267a-c,276e—277a,283a-b),这表明他自己无意间摇摆于非经检审的意见之中(262be)。异乡人为小苏格拉底提供了解放自己的手段,主要采用的资源有二分法划分的技术,使用范例,以及适度观念。此外,异乡人把《治邦者》自身的探究过程作为典范,展现了教育过程应当经历的各个阶段。① 我们可以把这一展示的效力提炼成如下一系列建议:第一,要制止未经检审意见的影响力,应使自己顺从于二分法划分步骤的训练;第二,而要学会使用二分法,要从像编织者这样简单、直接的可感对象开始,参照对对象的直接观察来检验划分结果;第三,仅当能够胜任简单情况之时,才可转向困难情况,这种情况无法进行感性检验;第四,但随着对二分法的精通,一个人也就从未经检审的意见中解放出来,而伴随这种自由,就有了让主题自我呈现的能力,可以说,一个人精于二分法之后,自然就会想要把二分撇在一边,而让主题自身的结构来指引所作区分。

[143]现在,我的解释论题是,在287b以下,爱利亚异乡人从编织事例转向了治邦之材,而且忽然放弃了二分,柏拉图为他的读者计划这样一个未来的时刻,已经达到了精通二分的时刻,这时,读者要准备把二分放到一边,以便让主题自身按其真正所是(in its own proper being)决定分析的形式。如果该论题正确,那么爱利亚异乡人的缄默就既是审慎又是某种教育方式。柏拉图让异乡人讲话时基于一种洞察,而这种洞察在小苏格拉底身上显得还没准备好。有些读者已认识到他们自身也有小苏格拉底的局限,他们要着手的任务是实行二分法划分;异乡人的缄默避免了破坏他所推荐的这种划分实践。另一方面,那些更深入的读者,他们已经意识到,即便"碰见样式"(262b),二分法也会掩盖主题的本质特性,对这些读者而言,异乡人的缄默带有挑衅;这是向读者发起挑

---

① 关于《治邦者》和"小苏格拉底"这个人物的模仿反讽,见前面所引拙著,第 xxvi-xxix,第 5—8 页。关于小苏格拉底的错误,见页 20—22、24—26、54—57、59、64—65。关于《治邦者》中探究过程对于阿卡德米学子的可效法性,见页 69—70、79—82、115—117。

战,让读者自己进入并认识到:在异乡人展现的非二分的区分中,本质特性以何种方式揭示出自身。对我们而言,这突显了关键的解释问题:如果爱利亚异乡人区分出十五个种类,探寻到了实在(reality)结构本身,那么这一结构是什么,什么样的新辩证模式才适合寻找这一结构?

二、五个"未成文学说"①

亚里士多德《形而上学》卷一第六章(Metaphysics A6)中,有对柏拉图学说"简明扼要"(988a18)的记述,我想以此作为解释《治邦者》相关段落的出发点。亚里士多德记述的学说展现了对事物整体结构的说明。我们将集中关注这五个主题:

第一,大与小(the Great and the Small)的诸样式(Forms)和二(the Dyad)并皆是"可感性"之"因(sensibles)"。样式是"[一个可感事物]之所是的因",而大与小是"所谓述之[诸样式]的基本质料"。

第二,大与小的一与二(the One and the Dyad)并皆是这些诸样式之因。一是"[一样式]所是之因",大与小是"所谓述者[一(the One)]的基本质料"。

第三,一是"好"(to eu)之因;大与小是"坏"(to kakōs)之因。

---

① 这是亚里士多德的说法,见《物理学》209b14—15。在开始的时候我应该讲讲无论如何很明显的东西:我并不试图细究所有的"未成文学说"。甚至,我都没有穷尽亚里士多德在《形而上学》卷一第六章中的记述;我没有提及他所记述的柏拉图从大和小的一(the One)和二(the Dyad)对数进行的推导。尽管我认为在《帕墨尼德》中的间接证据证明这是真的柏拉图学说,但这和目前的计划无关。我想要做的,也不是暗示《治邦者》中对"未成文学说"的展示只在 287b—291a 和 303d—305e 才出现。与此相反,在 Krämer(Krämer1959)书中(页 148—177,特别是页 163)我似乎找到了这种论据,即在 284a-e 处异乡人对中道(the mean)的说明中,及其在对话最后部分(305e—311c)将此中道用于确定德性在健动(vigor)和柔顺(gentleness)之连续统一体上的位置时,都展示了这一"未成文学说"。不过,我不得不暂时收起对那个东西的讨论,有待其他时机。

第四，永恒、不变、独一的诸种样式与可朽、可变、诸多可感事物之间的"中介"(metaxu)，有"数理对象"(ta mathēmatika)；数理对象是中介，因为它们像样式一样永恒不变，而又有许多数理对象像可感事物(987b14—18)。

第五，诸样式是数，但这仅在某种有限意义上。（我把这个论题包含进来，而在回头看整个集合的学说之前，我们需要先来解释这一有限特性。首先，对比前四点，亚里士多德在卷一第六章的其他地方，没有明白断言过诸样式即数。[144]只有再往后，如991b9—20，1073a13以下，1086a11以下，我们确实发现他明确[虽然确定性和清晰程度有异]把这一说法归于柏拉图。不过，在卷一第六章确实有强烈暗示，亚里士多德在那里用了事实上同样的表达：他第一次说诸样式是"其他万物之因"[aitia ··· tois allois, 987b18—19]，然后，就隔了两句，说数是"其他万物存在之原因"[aitious ··· tois allois tēs ousias, 987b24—25]）。不过，这种等同需要加以限定，因为在第四个论题中，亚里士多德刚把对样式和数理对象的区分归给柏拉图。因此，我[在第五个论题中]未做定论地加上了"在限定意义上"。正如我们想知道，在诸篇对话中是否有任何这种学说的线索，如果我们找得到这些线索，我们必定也希望，这些线索会向我们展现出如何理解该学说的含义。①

不用说，亚里士多德的记述绝非不证自明。对我们而言，要探究两个层次的问题。首先，假设亚里士多德记述确是真正的柏拉

---

① 我并不认为记述中数理对象(mathematical)与式样性或理式性的数(eidetic or ideal numbers)之间的区分，可以被用于解决论题五中的张力。这里我不能进入到样式性数之本性的晦涩问题中去。就目前而言，注意，亚里士多德在卷一第六章中没有提及这一区分；恰恰相反，他说"在使数成为其他事物存在之因"上，柏拉图"同意"毕达哥拉斯派学说(987b24—25)，并且，看起来很显然，毕达哥拉斯学派头脑中数就是数学意义上的数——亚里士多德说，毕达哥拉斯派并不从可感事物中分离出数，并且也没有样式的概念(987b29—33)——毕达哥拉斯的想法中没有数理对象那个意义上的数。

图学说,但却是用自己的话来进行概述的,那么柏拉图在表述这些学说中的整个结构是什么呢？第二,《治邦者》末尾的区分与这种结构如何关联？本文前述第一章末尾处提出了的解释性主张,我想加上第二个主张:《治邦者》末尾的区分,向我们特别(specific)展示了柏拉图在"未成文学说中"表述的普遍(general)结构。这篇论文的主要任务就是述明第二个主张。

三、《帕墨尼德》和《斐勒布》中的相关段落[①]

有两套文本可以帮助我们解释亚里士多德的记述,并最终明白《治邦者》末尾区分正是对此所作的展示。这些文本中包括,在《帕墨尼德》中,论"一"的八条假设中的第三条(以第二条和第五条为支撑)中提供的对分有(participation)的说明,《斐勒布》16c—18d 和 23c—27c 处对辩证法及四个种类的说明。这里,我会根据我的解读,尽量提炼出每一个文本所提供的东西。

(一)《帕墨尼德》,假设三中对分有的说明[②]

每个样式都是一个单纯、独一的样式,这给分有样式的诸多

[①] 对于任何对"未成文学说"问题感兴趣的人来说,塞尔(Sayre,1983)的书是一个关键性的研究。他对《帕墨尼德》的解释和对"未成文学说"本身的解释,我大多不能同意(见米勒 1986,序言,注 6[见中译本第 4 页注①]以及本文注 15 的(1)和(2)[见中译本第 232 页注①]),但这并不减少我欣赏其著作带来的影响。塞尔对《帕墨尼德》和《斐勒布》的解读认为《帕墨尼德》和《斐勒布》让"未成文学说"出现在对话中,通过他的强力论辩,已经改变了研究状况,让我们摆脱了必须在这两种立场中作选择:一是断言对话不介绍隐微学说(前述注释 4[见中译本第 221 页注①]所引 Krämer 早期著作和 Gaiser 大体持这一立场),另一是认为亚里士多德的记述是个基本曲解的东西(Cherniss 1945)因而拒斥之。另一个倾向于破坏这种选择的近期著作是 Szlezák(1985)的书,其中他指出,肯定"未成文学说"与施莱尔马赫(Schleiermacher)阐释学是兼容的。

[②] 后面的段落会概述我已经详加论述并在以《帕墨尼德》之整体阐释为语境范围内作出的这一解释(米勒,1986)。关于可感事物的构成,特别参对假设三(转下页注)

可感事物每一个赋予复合的一体性。样式通过把 peras[边界]加诸可感基底(a sensible substrate)来做到这一点——peras 也就是内外的"边界",它们区分、联系诸部分,并由此——在可感基底上——构成一个整体。① 基底本身是不定量(indeterminate magnitude),没有大小,只有当边界加诸其上,基底才首次得以存在。因此,这种施加是超自然(metaphysical),而非自然的(physical)行为:对任何样式之感性体现的要求,即让样式作为确定的一套部分之整体,以一种确定的方式建构起来,正是样式的要求。在未成形量的形成中,我们得以一窥亚里士多德所记述之学说的第一部分。[145]不定量是尺寸样式——大和小的实例化(instantiation)。因此,样式——也就是各种情况下那个提供边界的样式——和大小皆是造成可感事物的原因。我们也可以窥见亚里士多德记述中第二个学说的第一部分。每一个样式,作为单纯而独特的一,会赋予其分有者一个较低等级的一体性,样式本身是其因果力(causal power)中的"一"本身或一体性的实例化。而这提出了一个问题,如亚里士多德在论题二中所述,大与小如何关涉样式之存在。当然,我们尚未着手第三、第四和第五个学说。

在这些问题上,《斐勒布》中有两个段落很有帮助。②

(接上页注)157b—158d 部分的讨论(页 126—136),加上对假设二 149d—151b 部分(页 105—111)以及假设五 161a—e 部分(页 143—146)的讨论。对于这展示第一个"未成文学说"以及第二个"未成文学说"的第一部分的方式,参第五章,注 9 (但注意我在 III.E.ii 以下对[5]的修订)注意:更为详细的处理,特别是对学说三到学说五在《帕墨尼德》中的含蓄存在,参 Miller 1995a。

① Peras 的具体含义是"边界"或"划定临界",《帕墨尼德》在这些假设中始终是在这个意义上使用这个词(见 137d6、145a1、165a5)。Peras 在《斐勒布》中的用法有数学意味(见后(三)),这就让《帕墨尼德》中的用法和《斐勒布》中的用法,形成对照。对于这些用法的调和,见后(四)(1)。

② 以下(二)、(三)两节,是对我已经作过的详细分析(米勒 1990,页 325—340)的压缩版反思。

(二)"来自神的礼物",《斐勒布》16c—18d

在第一个段落中,柏拉图让苏格拉底引入了一个对辩证步骤的新论述,这就是"来自神的礼物"(16c)。苏格拉底说,我们通过在"单个样式"(mia idea,16d1)内对任何我们所研究者进行定位,这样开始,然后继续作一系列区分,先是将"单个样式"划分为"两个,如果情况允许有两个的话,否则就划分为三个或其他数目[的样式]"(16d),然后又对所有这些样式进行划分,等等。一旦我们开始意识到"我们所由开始的一体性"(to kat' archas hen)不仅是"一和无限多",而且,也是在这些极之间的"有限多"(16d),只有这时我们才停止。苏格拉底提供了两个分析,17c 以下对音乐声音(musical sound)的分析以及 18b-d 处对构成字母表的字母声音的分析,通过这两个例子,才部分澄清了这些模糊的、图解性的文字。这些分析所澄清者,首先,这个"无限多"排列为一个由对反者和中点(midpoint)构成的连续统一体。① 中点,代表着对反者间的均等平衡,揭示了此连续统一体中的其他点均标示着非均等平衡。② (例见附录图表中的图 2 和图 4。)其次,介于"单个样式"与这个连续统一体之间的"有限多"乃是一套(或多套)样式,适宜相互影响和构成一个整体,当它们全都被很好地实例化时,就会产生出"单个样式"的好实例化。以音乐为例,这里的"有限多"是组合起来构成各种"调式(mode)"或音阶(scale)的音符的诸样式。③ (对

---

① Gosling(1975)反思了斐勒布 16c—18d 和 23c—27c 中此连续统一体概念的出现,他的思考,特别是页 165—181、196—206,对我的解读影响重大。
② 因此,根据我的解读,"有限多"并非诸对某种样式进行实例化的可感事物。作为连续统一体上的诸位置,"有限多"乃是一整列相反者的可能配比,可感实例也许具有这套配比。
③ Henderson 1957,第 336—403 页指出,对于把"调式"(harmoniai)等同于"八度音阶的种类",因而对我们来说,也就等同于音阶,"古典作曲家和⋯⋯有音乐才华的散文作家"不会这么做,只是"对音乐无知的理论家"才会作此等同(页347)。(转下页注)

此苏格拉底并没给出详述,看起来可能似其所设想的这种结构的图示,见附录表格中的图3,这是希腊和声理论中的大全系统(the Greater Perfect System)的一个略图。①在字母声音的例子中,声音的诸样式是字母表的成员,因为每一个音都能与其他某些音相结合,以构成语音的音节。(苏格拉底还是没提供细节;参图5。)

(三)《斐勒布》23c—27c中的peras[边界]和apeiron[无限]

在第二个段落中,有机会加深我们对连续统一体结构及其与有限多样式之关系的理解。苏格拉底在16c—18d处关注的辩证法及其所揭露的式样秩序(the eidetic order),在23c4,他转向对"现在存在于宇宙中者"(ta nun onta en tōi panti)的说明。[146]他把事物分解为两种要素——peras[边界]和apeiron[无限]的混合。他解释说,apeiron[无限]这个要素在每个案例中都是对反方

(接上页注)对于17d4处的haimoniai,因为这是将和声数学化的理论家——17d2处的用语hoi prosthen("前人")大概是指毕达哥拉斯学派,苏格拉底在《斐勒布》17c-d引证毕达哥拉斯学派以为典据,所以,取"音阶"之意,这一点上我接受大部分翻译者(例如:Hackforth、Gosling、Watherfield)的判断。

① 十四世纪的和声理论通过三个系统,即大全系统(the Greater Perfect System)、小全系统(Lesser Perfect System)和全恒系统(the Perfect Immutable System)的各种调音方式,设计出可能音程和音符的矩阵。见柯美迪(Giovanni Comotti, 1989,第五章)以及Henderson 1957,页344—346。大全系统覆盖了一个双八度音阶,其结构如同两个并联四度音阶附加一个分离的音符。每个并联四度音阶选取七个音符,第一音符、第七音符和共享的第四音符在固定位置,而每个四度音阶里面的两个内部音符可以各种方式变动。第二个并联四度音阶的第一个音符,其名称(the mesē,即"中")表明了它的位置。图表性的呈示,见附录图表中的图3。我挑了大全系统来展示苏格拉底在17c-d所暗示的那种和声结构,因为,正如后面第四部分的分析就会使我们方便看到,苏格拉底所暗示这种和声结构与《治邦者》287b—291a和303d—305e中爱利亚异乡人对技艺连续统一体的构造具有惊人的同构性。这种同构性也许只是巧合。然而,如果这是苏格拉底在《斐勒布》16c—18d处所引入,而爱利亚异乡人在《治邦者》287b—291a和303d—305e处所付诸实践的新型辩证法,那么,既然苏格拉底把和声系统作为新型辩证法所揭示之秩序的范本,很可能,柏拉图在《治邦者》里构思异乡人建构技艺连续统一体时,实际上就是观照着大全系统,以之为模型的。

之间的变迁和竞争;就其自身而言,apeiron[无限]是无规则和不稳定的,每一相反者都趋向胜过对方。至于 peras[边界]这个要素,则是个比例,是"数之于数或者度之于度的关系"(25a8—b1)。将 peras[边界]运用于 apeiron[无限],有双重功效。第一,固定相反事物的相对量(to poson,24c6),通过测定它们应该以何种比例来一起呈现,从而终止它们的变迁。与此同时,第二,了解到"恰当的度"(to metrion,24c7);因而它所建立起来的这一结构是规范性的(normative),是相反事物的适配及谐和(参:summetra … kai symphōna,25e1)。苏格拉底继续给出一系列 peras[边界]和 apeiron[无限]相结合的例子,包括健康状态,当季的气候和性情德性。与我们的关切特别相关的,在 26a,苏格拉底再次以音乐秩序为例:"至于高与低、快与慢,这些也是 apeiron[无限],引入这些同样的事物[也就是获得恰当尺寸的比率]难道没有获得 peras[边界]以及完美构成所有音乐吗?"这里隐含的意思是,制造出美妙声音的一系列音符,即合乎音高的声音,是高和低的标准比例的一系列中间值。

这与苏格拉底在 16c—18d 处的教导正好吻合。在那里,我们从这个设计"诸样式"之"划分(diairesis)"(20c)的辩证家的观点来考虑音乐,我们看到"单个样式",即音乐声音或者音高,如何涉及一套确定的样式,在构成"调式"或音阶时,每个样式都在此高和低可能平衡的连续统一体中选取某个确定的位置。现在,在把音乐音符的这个结构看作是 peras[边界]和 apeiron[无限]的混合的时候,我们已经学会将这些音符理解为一套规范的高低适配比例。把这些看法归拢来,我们可以看到,适当配比就是这套确定样式在此连续统一体上所选取的位置。用三个递加详述的步骤,就能讲清楚正在显露的整个结构。首先,来看有限数量的诸样式中的每一个样式:对于每个这种样式,在高与低的连续统一体中选取一个位置,就是作为其在真实声音中实例化的规范模型,要求相反者具有一定的比例。但没有音符是孤立地具有音乐性的；每一个音符都要求有别的音符与其一起构成"调式"或音阶。因此我们可以展开第一点：对于确定"调式"或音阶的每一整套样式来说，在此连续统一体上选取一套相互关联的位置，就是作为其在真实声音中实例化的规范模型，要求相反者具有一定的比例。但最终，每一种"调式"是"单个样式"，即音乐声音或音高的实例化；没有单个音符可以孤立地具有音乐性，这表现了这样一个先在要点，即真正的音乐声音只存在于组成"调式"的音符的相互作用中，并且只是作为组成"调式"的音符的相互作用而存在。因此，我们可以将 peras [边界]和 apeiron[无限]混合的必要因，回溯到新型辩证法所阐明的"这种单个样式"，记着这些，我们可以将整个结构梳理如下：要在真实的声音中对此"单个样式"进行好的实例化，就要求单个样式涉身其中的那一有限数量的诸样式通过符合一套相互关联的对反者比率的声音来实例化，而这套比率又是由这些样式从这个连续统一体中选取出来的。(此多级结构的图示，见附录图表中的图 6。)

(四)《斐勒布》中的段落牵涉到《帕墨尼德》中关于分有之说明

[147]《斐勒布》中的这两个段落以两种重要的方式关系到《帕墨尼德》中的段落。

1. 诸部分之诸样式与 peras[边界]的数理意味

正如我们看到，在《帕墨尼德》中，一事物之样式通过将一套 perata，即"边界"，加诸不定、无结构的量，将其构成为诸部分之整体。《斐勒布》让我们能够搞清楚《帕墨尼德》中隐而不发的这个问题的两个方面。首先，一个样式要在其分有者中产生出整体—部分的结构，得牵涉诸部分的众多样式。此即《斐勒布》16c 以下谈及的"有限多"，介于"单个样式"和无限多之间的一套确定样式。其次,柏拉图在《帕墨尼德》中让帕墨尼德援引的 peras 之意,即边界之意中,内含柏拉图让苏格拉底在《斐勒布》中提出的那种含义,即获得适度比例。诸边界不仅设立其所限之诸部分的相对位置,也设立其相对尺寸。且因应一种样式的诸边界,将以这样一种方式放置和配比这些部分,即让所有这些部分构成那个样式的具有恰当结构和恰当配比的实例。用《斐勒布》23c—27c 的语言来讲,这意味着,此样式终止了变大和变小之可能性间的这种变迁和争夺。此样式在牵涉诸部分的一套样式时,确定了每个部分应该正好多大正好多小,既彼此相对而言,也相对于它们所构成的整体而言。

2. 大小与 apeiron[无限]

最后这些想法扩充了我们前面注意到的,提供 peras[边界]的样式与大小协作的方式。在《帕墨尼德》中对大小的强调,与《斐勒布》中柏拉图让苏格拉底处理这个问题的方式形成鲜明对照。在《帕墨尼德》中,"大和小"仅只是诸多对反者中的一对,所有其他这些对反者被说成是受制于多和少,属于 apeiron[无限]这个类别中的成员。在苏格拉底提供的诸多系列的例子中,也包括热和冷、干和湿、多和少、快和慢以及音乐上的高低对立。此外,在 26a-b 处苏格拉底的概要提及中,他将可能的连续统一体序列扩展到不仅覆盖物理事物(例如,气候、力和健康),而且也覆盖了"在我们灵魂中发现的诸多美妙特征的主因"。因此,在《帕墨尼德》中压倒性的"量",出现在《斐勒布》中,仅只是在现实的精神以及物质维度中都能找到的更为普遍结构中的一例罢了。

(五) 在《帕墨尼德》和《斐勒布》中的五个"未成文学说"

这两项观察促成我们认出,《帕墨尼德》和《斐勒布》中均出现了亚里士多德在《形而上学》卷一第六章中述及的所有那五个"未成文学说"。

[148] 1. 大小作为广义 apeiron[无限]的例证

我们要做的第一件事是对亚里士多德所述中的大和小的特殊地位作出清晰解释。一个可能的解释是,亚里士多德"简明扼要"(syntomōs kai kephalaiōdōs,《形而上学》卷一第七章,988a18)地谈到,通过将 apeiron[无限]这整个类属冠以一个其特别重要之成员的名字,而标榜了此成员。由于《帕墨尼德》也予以大和小突出地位,可以将《帕墨尼德》解读为一种可能迹象,即在这种做法上亚里士多德可能正是追随着柏拉图本人的引导。也可能,亚里士多德之所以关注大和小,是因为他在《形而上学》第一卷这个部分中的规划,乃是与他自己的因(causality)(在此情形中,就是质料因)类型概念的先期预示保持一致。无论如何来厘清,对我们而言重点在于:当谈到大与小时,亚里士多德狭隘地关注对柏拉图来说根本上更为宽泛的概念;apeiron[无限]是一的搭档原则,当大和小明显展示其双重样式时,apeiron[无限]也就包括《斐勒布》中命名或者甚至只是暗示的其他所有那些对子。

2. 五个"未成文学说"相互影响

这就是说,现在我们可以指出这五种学说每一个的出场了。

第四个学说:"数理对象"。《斐勒布》篇中那些段落让我们认识到连续统一体和一套精选比例,即在每一个这种情形中,有限多的样式在连续统一体上挑选出来的一套比例。连续统一体和比例本质上是数理结构,它们是可感事物和样式间的"中介"。一方面,如若我们从与可感事物的关系来看待连续统一体,则连续统一体自身呈现出抽象性,且类别上异于可感事物。作为整个序列的介于相反者间的比例,连续统一体是可感事物可能结构的总体;作为纯粹的可能性,这些比例并不位于时空之中。因此,它们并不属于表现可感事物特性的变迁;如亚里士多德在《形而上学》卷一第六章中所言,它们是"永恒和不变的"(987b16—17)。另一方面,它们缺乏样式的单一性,因而在类别上也就异于样式。每个连续统一体都是某对样式的实例化,作为"无限多",每个连续统一体都具有其中每种样式的无限数目的抽象实例。再用亚里士多德的话来说,尽管诸样式"各自为一"(hen hekaston monon, 987b17),但连续统一体有"诸多相似情形"(poll' atta homoia)。

第五个学说:诸样式和数的同一。现在我们可以允许以一种非简化论的方式来解释主题五。一套精选比例,当然是"数与数的关系"。并且,正是有限多的样式,挑选这些比例,其次,"单个样式"需要这些有限多的样式。如果我们在样式之本性与其因果力(causal power)之间作一区分,①我们可以说,在样式之本性方面,样式并不等同于数,而在样式之因果力方面,样式等同于数。甚至当诸样式与其所要求的诸比例需要(如第四个学说所述)在类别上有存在论的差异时,尽管如此,在其因果力上,样式还是功能性[149]地等同于这些比例。在从连续统一体中挑选出诸样式时,诸样式以数来表达自己。

第一个学说:诸样式和 apeiron[无限]。从《帕墨尼德》中我们看到,样式提供诸边界,将不定量结构作为一个复合可感事物,此不定量本身就是大和小的具体实例化。我们也已经看到,大和小仅仅是 apeiron[无限]类属中的一个成员。因而我们也可以看到,(现在用 apeiron[无限]的一般概念来取代大和小这一 apeiron[无限]的个别事例,以重述亚里士多德对论题一的陈述)诸样式和 apeiron[无限]皆是可感事物之因。

第二个学说:一与 apeiron[无限]。我们也可以看到,为了实现此因果效,诸样式要求哪些先决条件。提供边界就是造就诸部分之整体,这就是赋予一体性。但是,正如我们谈到过,赋予一体性就是让一本身或者统一体在其因果力中实例化。这些边界让诸

---

① 对于柏拉图在《帕墨尼德》中作出这种区分的证据和论辩,见米勒 1986,第四章 C. 1 和第五章 B. 2. b,特别是页 154—155。

部分相互配比；但这是通过从诸相反者所框定的连续统一体中选取一套比率，来固定与这些部分相称的诸相反者之比例。在我们的三个例子中，所选出的整套比例有：可能量之连续统一体上的大小比率、可能音高之连续统一体上的高低比率（又见图 2）、语音连续统一体上发声和不发声的比率（见图 4）。每一种连续统一体都是 apeiron[无限]的抽象实例化。因此，此样式之成为可感事物之因，要求既有一的实例化（这种实例化是"单个样式"将一体性赋予其可感分有者），还要有 apeiron[无限]（此即连续统一体）的实例化；因此，一和 apeiron[无限]，以其存在之为可感事物之因，皆为诸样式的共因。①

第三个学说，所选成套比例的规范性。关注为何一对应善

---

① 这里我要解释一下，重构"未成文学说"意识的两个特征：(1)根据我的解读，亚里士多德所记述的内容，并不是对诸样式自身如何来自于一与二的说明。样式从其在"一"中的分有者那里获得的，是其单纯性和唯一性——而在一个重复过程中，在此样式的层面，"一"将单纯性和唯一性赋予了此样式——此样式的因果力将一体性赋予分有它的可感事物；此样式从其与 apeiron[无限]的协作中获得的是这个连续统一体，在此连续统一体上，在实现将一体性赋予其分有者时，此连续统一体所牵涉之诸部分的样式择取出这套精选比例。逻辑上（不，当然，这是暂时的）先于所有这一切的，是样式本身的确定本性，即此样式本质上是什么。在此意义上，不仅此样式之本性，即此样式本质上是什么，而且此样式所具有的因果力，一与 apeiron[无限]都应负责。（注意，这种解读将"未成文学说"从破坏性的晦涩中拯救出来。如果我们让诸样式本身来自于"一"与 apeiron[无限]，那么我们得为这些样式每一个在这些原则中的确定性找到根基。但"一"与 apeiron[无限]的特点是一般性的。以举例的方式来说明这个问题：尽管我们可以在每一样是之唯一性中找到一个方面，样式在此方面实例化了"一"本身，但我们无法诉诸一本身来解释每个样式本身的确定本性，即每个样式就其唯一性而言，其所是。）(2)此样式之本性，即此样式本质上是什么，与此样式所具有的因果力之间的区别（这当中我所采用的是真正的柏拉图式的方式），已经将我们从习惯性的选择中解脱出来，这种习惯性的选择要么把样式当成是分离的，要么把样式当成是内在固有的。本性不是从什么而来的，是先验的，但在其作为建构可感事物的比例来表达时，其因果力给了其内在固有性。传统的两极化解读和近来一些否认诸样式的分离性研究成果（后面这种立场强有力的表述，参塞尔[Sayre, 1983]，特别是第三章，第 5 部分），都只是各自捕捉到诸样式这两个方面之一。

(good)而 apeiron[无限]对应恶(ill),这给我们一个机会来讲清楚我们曾经回溯过的整个原因层级。"单个样式"将一体性赋予其自身中未定之本性,在此过程中,"一"被实例化,若非如此,就会是其分有者被实例化。"单个样式"通过牵涉诸部分的成套样式来赋予一体性,每一套样式都在相反事物之相关连续统一体上标示出一个比例。这些比例设定相反者间合乎整体每一部分相对于其他部分以及相对于整体的配比。但是"这种合乎"(to prepon,这些名称之一,就指《治邦者》284e6 处那种含义)是一个规范性概念;一个可感事物,其部分遵循这些比例,就是好的(good,好和善都是 good——译按),也就是说,是此"单个样式"的好的体现。因此,"一"乃"单个样式"赋予一体性的原因,即此而言,"一"也是"好"的原因。① 另一方面,apeiron[无限]是一的反则(counter-principle)。在 apeiron[无限]抽象实例化为连续统一体时,其本身无关乎一种可能性对其他可能性的优先性,这种优先性是所谓选择一套规范性比例的题中应有之义。而当其具体实例化为边界最初构成之不定基质时,apeiron[无限]是未加控制的对反事物间的变迁和竞争。因此,当一事物的诸部分超过或不够诸部分之样式所设定这些比例时,此事物中的 apeiron[无限]因素就会表现出来,而在此意义上就是所谓"坏"(ill,与 good 相对,恶或坏。——译按)的终极因。

四、《治邦者》十五种技艺之划分中
"未成文学说"的展示

[150]在这些思考造就的语境中,我们慢慢能看出,在《治邦

---

① 在此方式中,"一"的样式因效力就与"善"的样式因效力一致了。这是解释善等同于"一"的基础,因而也是关键么? 阿里斯托克西努斯(Aristoxenus)似乎在其对柏拉图论善讲稿的著名汘疏中记述过这种等同。开创性的讨论,参 Krämer、Sayre 1983 和 Ferber 1989。

者》结尾处,柏拉图让爱利亚异乡人展示其对十五种技艺的划分时做了些什么。异乡人采用了苏格拉底在《斐勒布》16c—18d处所提出的那种新型辩证法。这十五种技艺决不只是个清单。相反,它们组成了一个终极存在论秩序的样本,亚里士多德谈到柏拉图在"未成文学说"中明确表述过的这个东西。现在,我们可以通过三套相关观察来看看这个秩序。(对异乡人的划分所揭示的关系场域的图表呈示,见附录图表中的图8。通过从以下三个部分对这个场域的思考,我们试着来看看在"未成文学说"中明白表述过的这个秩序。)

(一) 一及其在"单个样式"中的实例化:"照料"

苏格拉底在《斐勒布》中说,作为第一步,我们必须在新型辩证法中找到的"单个样式",在爱利亚异乡人区分十五种技艺的过程中出现了吗?起作用吗?而此"单个样式",单纯的唯一的一个,在将一个较低等级的一体性赋予本来缺乏者时,把"一"实例化了吗?那里确实有"单个样式",即 epimeleia[照料](276b),爱利亚异乡人根据其时代神话(myth of the ages)发现,这种自我"照料",每种人类共同体都必须以之为基本任务。如果此神话明显主张眼下没有神和命神(daimōn)"照料"人类需求,其隐含的意思即这种"照料"不是给任何专制的"民人的牧者"的任务,而是给作为整体的共同体的任务,通过这些技艺的协同践行来分有和实现。但这就是说,根据《斐勒布》的存在论来重塑异乡人的人学观念,"照料"这一"单个样式",如果要实例化,需要有限多数样式的实例化,即这十五种技艺。这十五种技艺类似构成音乐"调式"的音符的诸样式,也类似构成音节和词语的字母声音的诸样式。在第一次警示小苏格拉底得放弃二分法时,异乡人从一开始就暗含此意,他说,他们必须对这些种类的技艺作分割 kata melē……hoion hiereion,"肢节连着肢节……就像献祭用的牺牲"(287c3)。对"照料"的分析包含认识这些种类是哪些，就像"肢节"，在其"有机"联系中，是适应于相互影响、适应于组合成一个协同整体的。

（二）apeiron[无限]及其实例化，由十五种技艺序列所探查到的连续统一体中的实例化

根据我们对五个未成文学说中第二个主题的解释，不管怎么说，"一"与 apeiron[无限]并皆为因；"一"在赋予一体性的"单个样式"中的实例化，要求以一个连续统一体为前提条件，诸部分的样式在此连续统一体[151]选取出诸比例。我们在爱利亚异乡人最后的区分中，会找到相反者间连续统一体中的 apeiron[无限]的抽象实例化吗？我们越是密切研究这十五种技艺，这个隐含的连续统一体就变得越是明显。

1. 有序的清单

爱利亚异乡人让其区分的有序或渐进特点变得清晰；在每一步，他都标示出他正在区分的种类与所寻找的治邦技艺样式之间的距离，通过他否定的种类特征以及通过 289a 处他对最初七种技艺大纲中技艺顺序的尖锐修改，表明他正逐步和渐进地从离治邦技艺最远那些技艺，通过更接近治邦技艺的那些技艺，朝向治邦技艺本身移动。①

2. 相反者与中点

此外，异乡人所探寻的这个序列，具有真正的两极性（bipolarity）和中点，这正表现了苏格拉底在《斐勒布》中引证的连续统一体样本的特征。一端是这种技艺，即提供原料、物质资料，给后续的下一种技艺实现事物成形。另一端是对话最后篇章中（305e—311c）表明的，独具远见卓识的治邦技艺，治邦技艺是为了塑造好

---

① 对于使用负数来显示这个清单的连续特征，详见米勒 1990，页 348，注 29。

的性情。因此,框定连续统一体的相反者即共同体生活的物质方面和精神方面。在中点上,就是第八种技艺,即奴隶技艺。奴隶既是"财产"(对照,ktētous,289d10),也是手段。作为手段,奴隶属于第二组的七种技艺,即服务性技艺,第二组技艺与第一批的七种技艺,即制造物品的技艺适成对照。但作为"财产",奴隶就像东西,并且处在治邦者的"反面"(tounantion,289d7)。奴隶技艺的这种双重状况,使其类似于《斐勒布》中苏格拉底对音乐和字母声音划分中所选出的中间种类,"中音(even-toned)"音高和"没有发出声音但还是有某种噪音"的声音,这三者中每一个都标示着相关对反者的均等配比。

3. 物质和精神配比的连续统一体

最后,一旦我们认识到这些极和中点,由剩下的技艺种类所探寻到的连续统一体就完全明白了。十五种技艺的每一种都以其"照料"共同体生活的特殊方式具有物质方面和精神方面的特殊平衡。① 在第一组七种技艺("助因技艺")中,物质面支配精神

---

① 头脑里有了这个对《治邦者》来说很重要的连续统一体的印象,会很吃惊地读到《蒂迈欧》87c-e 中下面这个段落:

> 每一个善的事物总是美的(kalon),而这种美的事物,不会没有比例(ouk ametron),美的生命体必定比例适当(summetron)。我们较少感知匀称、比例并对其加以思考,但对那些最基础和最重大的事情(kuriōtata kai megista),我们没有留意,如关于健康和疾病、美德和邪恶,对这些事物来说,没有比灵魂和身体自身间比例适当或者缺乏比例(summetria kai ametria)更重要的了。我们真是没感觉到这一点,而且我们也没细想一下,当一个虚弱无力的体格来承载一个强健伟岸的灵魂时,或者相反,当一个卑琐的灵魂配上一个健壮的身体时,这个生命体作为整体来说并不美,因为其缺乏所有匀称中最重要的那种匀称。然而,在与此相反的情形中(即生命体拥有相称的身心比例),这种生命体就是眼睛所能看到的视域中最美最可爱者。(我自己的翻译,参考了 Benjamin Jowett 和 R. G. Bury)

《蒂迈欧》中用物质和精神方式作为相反者来起到框定连续统一体的作用,对此讨论见米勒 2003,页 42—49。

面——但随着我们对中点的接近,配比渐减。最后的七种技艺("直接原因的技艺")中,精神面支配着物质面——并且随着我们朝治邦之材的接近而比例渐增。要详细解释的话就超出这个讨论的范围了,但还是有可能以一种标题性的方式指出,随着我们从每种技艺移向下一种时,这种物质面和精神面配比如何消长。注意,首先,这个序列如何[152]从生产物质资料的技艺(附录图表中图 7 上的 1 号)转向将物质资料转化为计划要生产之确定事物的技艺(2 号),然后转向储存(3 号),然后转向运载和传输(4 号)其他事物。第四种技艺所制造的运输工具,也可以运送人;因此这种技艺是向后面三种技艺过渡的,后面三种技艺是为人而不是为其他事情而生产东西,尽管是在人的身体存在方面。这些技艺是:制造身体防护的技艺(5 号),装饰和感官娱乐的技艺(6 号)以及各种养育的技艺(7 号)。接下来,注意,最后的序列如何从相对外在者,即对人之身体存在方面来说(例如,4 号中的船舶和车辆,5 号中的墙、甲胄和衣服)转向那些实际构成他们身体存在者(7 号中,食物就会变成身体之部分[288e],还有锻炼,锻炼本身就是身体自身的活动)。因此,这个序列逐步导向中点类型,即奴隶技艺(8 号),因为一个奴隶为了服务而生产他自身身体的活动。接下来三种技艺,包括商业和贸易(9 号),文书和传令官(10 号)以及祭司和卜者(11 号),追踪了这样一个连续统一体:从分配物质商品的经济事务,通过记录和管理这些分配的行政事务,再转向指导城邦公共仪典活动的传统宗教事务,亦即培育传统的虔敬。从这里(爱利亚异乡人考虑不同集团统治类型和法律功能,在这段冗长打断之后),这个序列转入几乎完全是精神方面(即城邦民的好性情)照料的技艺种类。现在,异乡人从支撑邦民接受治邦者明智统治(即节制,回想一下《王制》中的道德灵魂学)的修辞术(12 号),通过带兵打仗的将帅之才,即在遵从治邦者决定是否开战(因而,这也是培养节制)的同时,鼓舞邦民准备战斗(因而是他们的勇气)(13号),再转向审判的才干(14号)以维护法律及其针对的邦民不同集团间的敦睦(也就是他们的正义),最后转向治邦技艺本身(15号),这项技艺的智慧在于在邦民整体中指导培育节制、勇气和正义。

(三)连续统一体上比例的规范性——城邦拥有如同献祭用牺牲般的十五种技艺

如果接受(一)、(二)两部分中的思考,那么作为"单个样式"的"照料"就会给予分有和体现此样式的实际城邦统一性,"一"就以这种方式得以实例化。这种给予包含一套复杂的关系:"照料"包含诸部分的有限多数的样式,这十五种技艺,每一种都在物质和精神间这一连续统一体上划分出彼此对反者的某种确定配比(或者配比范围)。但是,正如我们已经看到的,此连续统一体,作为可能配比的一个序列,乃是二分式 apeiron [无限]的抽象实例化。因此,对于"单个样式"之为可感事物之因,即"照料"之为实际城邦之因,一和 apeiron[无限]并皆参与其中。对我们来说还剩一个步骤,[153]就是标示出所选出这一套比例——因而也就是有限数目的诸样式的选取比例,因而就是"单个样式"的选取比例——对实际城邦的规范力。因为在这过程中,我们就最终聚焦到"一"之为"好"之因的方式。异乡人指出,他想用他这个十五种技艺的序列,以他在 287c3 处对献祭牺牲的影射,来表达一个规范性的秩序:正如在第(一)部分中所引述的(但以一种不同的着重),异乡人告诉小苏格拉底,他们必须对这些种类的技艺作分割 kata melē … hoion hiereion,"肢节连着肢节,就像献祭用的牺牲",他通过这种方式来引入其划分。献祭牺牲既用于取悦诸神也用于恳请诸神的好意。要想配得到这些,并获得诸神恩宠,hiereion[牺牲]必须形状完好,对其部分的仪式性肢解和拼接必须注重和展现这一完好性。① 因而,异乡人的比喻暗示,在他的划分中,他将安排这些"肢节"和部分,在这些"肢节"或部分的相互影响力中,使其能构成完美形貌的城邦。②

要更为明确地看出异乡人划分的规范性,我们得具体详尽地来考虑一下这十五种技艺的每一种。这里我只能勾勒出这样一个思考的特征。③ 要追踪的关键问题,在类型上跟《斐勒布》中对音符和字母声音的范例性划分中的情形一样。首先,把关注聚集到这十五种技艺中任何一个,我们应该问一问,为了实现此种技艺之功能,此种技艺要求有哪些其他种类的技艺。其次,当可能的结合(这类似于,在音乐中,所有变化中的"调式"套路以及在字母声音中,各种可能的音节)开始出现时,我们应该问一问,这些结合使得一个身体和精神活动的完整网络成为可能,当城邦没有这样一个网络时,城邦是否还会如其所能和应该那样"照料"城邦自身。我们将会发现的是,即便当某些种类的技艺,看起来是孤立的,似乎无关紧要(一个构成完好的城邦真的需要,例如,容器制造技艺?),但事实上,每一种技艺都既需要各种其他技艺,也被各种其他技艺所需要。因此,例如,物质货物的分配就需要以储存工作,并且也需要移动货物,作为先决条件,而所有这些任务都需要原材料和工具;再者,保卫这个城邦不仅需要好的将帅之才,也需要坚固的城墙和健康的邦民;此外,在分配中和在护卫中所涉及的基本协作,都需要以共享价值为前提条件,这种共享价值是由公共仪典所培育,是来源于教养的,而这些,是由治邦者以修辞、审判和立法技艺

---

① Burkert 1985 描述了怎样将"以正确的秩序将骨头累积到祭坛上备好的柴堆上。在荷马书中,从这头动物所有肢干的开端,小块的肉也会被放置到柴堆上:象征性地重构这个已被肢解的造物"(页 57)。
② 也要注意这种特别的描述,即把城邦描述为"神圣者"(theion)的结合,具有"神圣的"(theian)真实意见,因而,其本身是"命神性的"(daimoniōi),分别在 309c3、c7 和 c8 处。
③ 这样一种思考的例子,见米勒 1990,页 354—356。

从不同方面来负责进行的;等等。我们越是深究,则异乡人的含蓄主张就越是令人信服,即正是这些结合(因而,即一套完整的"肢节",这些肢节在其中作用各不相同)的存在和缺席造就了好城邦和坏城邦的差别,即"照料"的好政治实例和坏政治实例的差别。

五、隐含意义

在结束时,应该把几种不同的隐含意义搞清楚。

(1) 我是通过观察《治邦者》如何面向其阿卡德米学园读者开头的,特别是,作为一个范例性的舞台展示,通过这个舞台示范[154]应当采取何种哲学教育程序。现在,在其即将结束时的非二分性辩证法中,我们已经发现了一个特殊展示,展示了对柏拉图在"未成文学说"中所表述(根据亚里士多德的记述)那一存在论秩序的辩证揭示。这一展示的呈现意味着,对于写作《治邦者》的柏拉图来说,一点点去看明白和说清楚这个存在论秩序,是哲学教育程序的一个长远目标。这么说,是为了着重肯定"未成文学说"的重要性。

(2) 注意,无论如何,这一点会加强,而不是减少这篇对话的重要性。我们不仅在三篇柏拉图的成文作品(《帕墨尼德》、《斐勒布》和《治邦者》中的章节)中发现了这些"非成文学说",而且,通过探寻未成文学说在这些章节中的呈现,我们①已经能够勾勒出的阐释这些学说的一个初步纲要。②

(3) 这使一个关键性的阐释问题处于显要位置。我们如何解

---

① 我们通往"未成文学说"路径与阿卡德米学子们的路径有可能类似,关于此问题,见米勒1995b,页239—243。
② 不消说,对于到现在为止我们已经达成的论说,必须在诸关键方面加以扩充和深化。我希望,对于这个对话的解释,能够继续证明这个关键。当我们阐释的时候,作为我们必须深思的这类概念性问题的指示,只要考虑一下这四个问题。(1)善与一。以"一"为其终极源泉的样式和比例,其规范性暗含了"一"与善之间的什么关系?由于"一"在因果力上等同于善,这就违反"一"本身所是那个本性吗?(转下页注)

释这一"事实",即按照我们的解读,"未成文学说"成文了?我们已经发现其中暗示了这些"未成文学说"的这些成文作品是什么情况?我们面前的可能性处在两极之间。

一方面,有这种可能性,即让这些文本同时在两个非常不同的层面上,相应于其同时针对的两个非常不同的读者群发生作用,即学园外部读者和学院内部读者。按照这种观点,柏拉图的含糊其词——毫无疑问,他这种极端浓缩——以不同的方式对每一种读者群发生作用。对那些学园外部读者,柏拉图也许并未引导其了解这些学说,柏拉图的主要关切只是防止他们误解;面向那些对领会这些学说缺乏准备的读者,他通过缄默,有效地隐藏起了这些学说。但对于那些学园内部读者,还是说也许,柏拉图已经在面对面的交谈中向他们介绍过这些学说,柏拉图的含糊其词肯定要起作用:在写下的对话中,他那些简短谈及的东西提供了 hypomnēmata[备忘录],暗中"提示"学员,这是他们已经听到过的东西,还提醒他们的任务是在学园中正

(接上页注)或者由于善在因果力上等同于"一",这就违反善本身所是那个本性吗?(见前面注释16)[中译本第233页注①](2)诸样式之统一体。诸样式之一体性与充当"单个样式"时的那个样式之简单性是一致的,《斐勒布》16c)诸样式之统一体包含有限多诸样式,这些样式间就像"肢节"一样(《治邦者》287c)相互作用,从而构成一个整体么?(我曾论证过简单性与整体—部分结构在相关语境中的必要性,见米勒1986,页179—183,以及米勒1992,页87—111。)(3)数理对象的本性。我们如何解释诸样式与连续统一体关系所要求的比例和数的概念?连续统一体可以用不同方式重建,有赖于,例如,我们是从诸部分的相对尺寸(《帕墨尼德》的某些语言所暗示的出发点)还是从以对反者的均等值来定义中点的概念(《斐勒布》中音乐的举例以及《帕墨尼德》的其他某些语言所暗示的出发点)来提供线索。对于这里所考察的这类问题富有开创性价值的研究是 Fowler 1987 和 Lachterman 1989。(4)对反面的异质。上述问题会被各种不同的对反面变得复杂化,我们将这些对反面囊括为"二"(the Dyad)的不同案例。当《斐勒布》中的四个段落在设定了属于 apeiron[无限]的成对相反者受制于多与少之后,又继续包含这些对反面,是这些对反面的决定作用确立了灵魂的美的特征(26b),《斐勒布》以一种最初的方式复杂化了这些问题。按照我们的解读,《治邦者》中将成对的物质性和精神性二者本身作为对反面,当这样做的时候,《治邦者》中的章节甚至使得问题更加复杂。(这并非只有《治邦者》如此,回想一下《蒂迈欧》87c-e,前面注释18[中译本第236页注①]的引述)。这如何承载我们的比例概念,这些彼此配比的比例项可以是(粗略说来)物质的、精神的,或者物质和精神的?见米勒2003,页42—49。

在进行的口头对话中自己去进一步发展和阐明这些东西。第一种可能,潜在地清晰对应于显白和隐微及成文和口传之间的区别,在直白解读《斐德若》中对书写的著名批评①的基础上,或许可以展开。

另一方面,也有可能是对这样一种情况的解释:即严肃对待这种迹象,《治邦者》(并且,事实上,还包括许多后期对话)用模仿性反讽反映了学园中的教学情况。② 通过小苏格拉底无条件的赞同和不加质疑的跳跃,而呈现在对话的戏剧性行动中那种达不到哲学性思考的失败,是否反映了存在于学园自身内部交流和理解的问题?这真的响应了柏拉图写作《治邦者》的这些问题吗?如果是这样,即如果柏拉图感到,即便在学园内部也有间接交流的必要,那么,面对面交谈的优先性以及设想"未成文学说"就是面对面交谈的直白内容,这就变得成问题了。③ 不过,换句话说,对话和学园中的交谈会有效地彼此含涉,对话以批评性反讽反映和评论交谈,随之,交谈会由对话所提供的激发和间接指引引发,也会对之进行回应。[155] 如果情况是那样,我们就得准备好来平衡这两者,第一,设计"未成文学说"的目的是进行定位和提供一种措施使得哲学教育能对某些人关闭,第二,柏拉图通过这种设计来"测试"我们的必要准备,我们的苏格拉底式 erōs[爱欲],既是被这种学说所专许(authorize)的那种探究的爱欲,也是探究这一专许(authority)的爱欲。④

---

① 不管怎么样,对于由这样一种解读而产生的令人信服的问题,见 Griswold 1986、Ferrari 1987、Blank 1993 和 Sayre 1995。
② 当然,我在《柏拉图〈治邦者〉中的哲人》一书中发展了这一观点。
③ 对于所涉问题的讨论,见 Rosen 1987,页 xxxix-lvii。
④ 这篇论文的早期诸版本曾出现在以下几个场合:第三次柏拉图研讨会(the Third Plato Symposium)(此次研讨会由国际柏拉图协会[the International Plato Society]于 1992 年 8 月在英国布鲁斯托尔[Bristol]举行)、1993 年 4 月瓦萨尔学院(Vassar College)和波士顿大学(Boston University)的座谈会,以及 1993 年 11 月美国天主教大学(the Catholic University of America)的富兰克林 J. 曼切特讲座(Franklin J. Matchette Lecture)。我要特别感谢 Rachel Kitzinger 和 John McClear 在语文学和数学方面的洞识,要特别感谢 John van Ophuijsen 在编辑方面的诸多有益建议。

附录二

图　　表

1. 二分法图解("对分"):

2.《斐勒布》中非二分法划分第一例中的初始区分——音乐声音:

"最初者"　"经音乐处理的声音"即,音高(pitch)

"高"　"同音(even-toned)"　"低"

h＞l ……… h＝l ……… h＜l

3. 大全系统(The Greater Perfect System)

七种类型的八度音阶(即由从双八度中挑选出来的音符组成的音阶,此双八度被展示为两个连接的四度音程再加上一个"附加"音符):

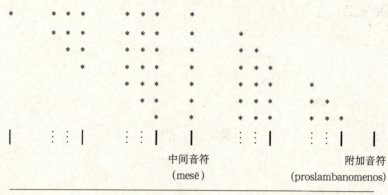

中间音符　　　　　　　　　　　附加音符
(mesē)　　　　　　　　　　　(proslambanomenos)

高　　　　　　　　　　　　　　　　　　　　低

(注意:每一个这种基线四度音程都是在等音的类属中:这些音程是双音、四分音、四分音。这些类型的八度音阶彼此相异,在于每一种所具有的这些音程顺序不同。)

4.《斐勒布》中非二分法划分第二例中的初始区分:

（说话的声音）

有声音者　　对比　　其他没有声音,　　对比　　无声音
　　　　　　　　　　但具有某种噪音者　　　　　　无噪音者

无限多的发音:(最大限度送气)………………(最大限度阻止送气)

5.《斐勒布》中对字母声音的完整划分,重建后可能是这样的:

单个样式:　　　　　"字母"(stoicheion)

有声音者　　对比　　其他没有声音,　　对比　　无声音
　　　　　　　　　　但具有某种噪音者　　　　　　无噪音者

/ | \……　　　　　　　/ | \……　　　　　　　/ | \……

有限数目的"一":［各种字母音］

发音的连续统一体:

附录二 图表

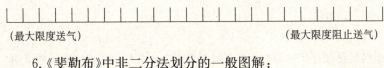

(最大限度送气)　　　　　　　　　　　　　　(最大限度阻止送气)

6.《斐勒布》中非二分法划分的一般图解:

样式:　　　　　　　　　　　　X
　　　　　　　　　　／　　／　｜　＼　　＼
有限多的样式:　　A　&　B　&　C　&　D　&　E

"无限多",即对反者之间的连续统一体,
样式 A 和 B 和 C 和 D 和 E 所挑选出来的
一套规范性的平衡(即一套限定):

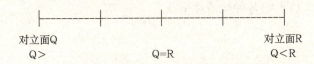

对立面Q　　　　　　　　　　　　　　　　对立面R
　Q＞　　　　　　　Q＝R　　　　　　　Q＜R

(特定位置和时间中的个别事物,要很好地实例化
"单个样式",必须体现A和B和C和D和E所挑选
出来的各种规范性平衡。)

7.《治邦者》中十五种技艺的连续统一体:

```
 1    2    3    4    5    6    7    8    9   10   11   12   13   14   15
原料 转化 储存 运输 防护 娱乐 养料 奴隶 商业 文书 祭司 修辞 将帅 审判 治邦
├────┼────┼────┼────┼────┼────┼────┼────┼────┼────┼────┼────┼────┼────┤
```
(与城邦物质生活相关)　　　　　　　　　　　(与城邦精神生活相关)

8.《治邦者》中十五种技艺的区分,表现了《斐勒布》16c 往后所引入的一种非二分法划分的新方式:

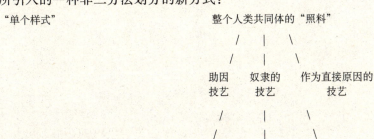

"单个样式"　　　　　　　　整个人类共同体的"照料"
　　　　　　　　　　　　／　　｜　　＼
　　　　　　　　　　／　　　　｜　　　　＼
　　　　　　　　助因　　　奴隶的　　作为直接原因的
　　　　　　　技艺　　　　技艺　　　　　技艺
　　　　　　　　／　　　　｜　　　　＼

"肢节"

1	2	3	4	5	6	7	8	9	10	11	12	13	14	15
原料	转化	储存	运输	防护	娱乐	养料	奴隶	商业	文书	祭司	修辞	将帅	审判	治邦

对反面间的连续统一体和"肢节"在其上挑选出的平衡：

（与城邦物质生活相关）　　　　　　　　　（与城邦精神生活相关）

特定位置和时间中的个别事物：

任何实际城邦中的诸技艺——要很好地实例化"单个样式"之"照料"，因而构建一个好的城邦——必须体现此十五种技艺所挑选出的各种规范性平衡。

参 考 书 目

原书目(1980 年)

(本书目包含《柏拉图〈治邦者〉中的哲人》一书中引用的全部著作)

Ackrill, J. 1970. "In Defence of Platonic Division." Wood, O. and Pitcher, G. (eds.)Ryle: *A Collection of Critical Essays*. Garden City, NY: Anchor Books.

Andrewes, A. 1956. *The Greek Tyrants*. London: Hutchinson's University Library.

Allen, R. E. (ed.)1965. *Studies in Plato's Metaphysics*. London: Routledge & Kegan Paul.

Baldry, H. C. 1953. "*The Idler's Paradise in Attic Comedy.*" Greece and Rome 22:49—60.

Barker, Ernest. 1959. *The Political Thought of Plato and Aristotle*. New York: Dover Publications.

Benardete, Seth. 1963. "Eidos and Diairesis in Plato's Statesman." Philologus 107:193—226.

Bloom, Alan. 1968. "Interpretive Essay." *The Republic of Plato*. New York: Basic Books.

Bréhier, Emile. 1963. *The History of Philosophy, the Hellenic Age*. Chicago: University of Chicago Press.

Brumbaugh, Robert. 1968. *Plato's Mathematical Imagination*. Blooming-

ton: Indiana University Press.
Burnet, John. 1900. *Platonis Opera*. Oxford: Oxford University Press.
Campbell, Lewis. 1867. *The Sophistes and Politicus of Plato*. Oxford: Oxford University Press.
Capelle, A. 1939. *Platos Dialog Politikos*. 1939. Hamburg: (Dissertation).
Cherniss, Harold. 1944. *Aristotle's Criticism of Plato and the Academy*. Baltimore: Johns Hopkins University Press.
———1945. *The Riddle of the Early Academy*. Berkeley: University of California Press.
Cornford, Francis (tr.) 1935. *Plato's Theory of Knowledge*, the Theaetetus and Sophist of Plato. London: K. Paul, Trench, Trubner.
Diès, Auguste. 1960. *Platon, Oeuvres Complètes*, tome IX, Ire Partie, *Le Politique*. Paris: Les Belles Lettres.
Dobson, W. (ed.) 1836. *Schleiermacher's Introductions to the Dialogues of Plato*. Cambridge: J. & J. J. Deighton.
Dodds, E. R. (tr.) 1966. *Plato, Gorgias*. Oxford: Oxford University Press.
Ehrenberg, Victor. 1960. *The Greek State*. Oxford: Blackwell.
Evelyn-White, H. G. (tr.) 1936. *Hesiod, the Homeric Hymns and Homerica*. (Loeb Classical Library edition.) Cambridge, MA: Harvard University Press.
Festugière, R. P. 1936. *Contemplation et vie contemplative selon Platon*. Paris: J. Vrin.
Field, G. C. 1948. *Plato and his Contemporaries*. London: Methuen.
Friedländer, Paul. 1958, 1964, 1969. *Plato*. Tr. Hans Meyerhoff. Three volumes. Princeton: Princeton University Press.
Fritz, Kurt von. 1966. *Philosophie und sprachliche Ausdruck bei Demohit, Plato, und Aristoteles*. Darmstadt: Wissenschaftliche Buchgesellschaft.
———1968. *Platon in Sizilien und das Problem der Phibsophenherrschaft*. Berlin: de Gruyter.
Fritz, Kurt von and Kapp, Ernst, (trs.) 1950. *Aristotle's Constitution of Athens*. NewYork: Hairier.
Gadamer, Hans Georg. 1975. *Truth and Method*. G. Barden and J. Cumming (trs.) New York: Seabury Press.
———1968. *Platons dialektische Ethik*. Hamburg: Felix Meiner Verlag.
Gaiser, Konrad. 1959. *Protreptik una Paränese bei Platon: Untersuchungen*

zur Form des Platonischen Dialogen. Stuttgart：W. Kohlhammer.

――1963. *Platons ungeschriebene Lehre*. Stuttgart：E. Klett.

Gatz, Bodo. 1967. *Weltalter, goldene Zeit, und sinnverwandte Vorstellungen*. HildeSheim：G. Olms.

Goldschmidt, Victor. 1947. *Les Dialogues de Platon*：structure et méthode dialectique. Paris：Presses Universitaires de France.

――1947. *Le paradigme dans la dialectique platonicienne*. Paris：Presses Universitaires de France.

Grene, David. 1965. *Greek Political Theory*. Chicago：University of Chicago Press.

Grube, G. M. A. 1958. *Plato's Thought*. Boston：Beacon Press.

Gundert, Hans. 1971. *Dialog und Dialektik, Zur Struktur des platonischen Dialogs*. Amsterdam：Grüner.

Guthrie, W. K. C. 1971. *The Sophists*. London：Cambridge University Press.

Hamilton, E. and Cairns, H. (eds.)1961. *The Collected Diabgues of Plato, including the Letters*. Princeton：Princeton University Press.

Hammond, N. G. L. 1967. *A History of Greece to 322 B. C.* Oxford：Oxford University Press.

Havelock, Eric. 1957. *The Liberal Temper of Greek Politics*. New Haven：Yale University Press.

Helmbold, W. C. (tr.)1952. *Plato*, Gorgias. New York：Library of Liberal Arts.

Hyland, Drew. 1968. "Why Plato Wrote Dialogues." *Philosophy and Rhetoric* 1：38―50.

Jaeger, Werner. 1963. *Paideia*. Tr. G. Highet. Oxford：Oxford University Press.

Kessler, J. 1965. *Isokrates und die panhellenische Idee*. Rome："L'Erma" di Bret-schneider.

Ketchum, Jonathan. 1980. *The Structure of the Plato Dialogue*. Dissertation, State University of New York at Buffalo. (Earlier title：*Plato's Philosophical Artwork*：*The Structure of the Platonic Dialogue*.)

Kierkegaard, Soren. 1968. *The Concept of Irony, with Constant Reference to Socrates*. Tr. L. Capel. Bloomington, IN：Indiana University Press.

Klein, Jacob. 1977. *Plato's Trilogy*：*the* Theaetetus, *the* Sophist, *and the*

Statesman. Chicago: University of Chicago Press.

Krämer, Hans Joachim. 1959. *Arete bei Platon und Aristoteles: Zum Wesen und zur Geschichte der platonischen Ontobgie*. In *Abhandlungen der Heidelberger Akademie der Wissenschaften, phibsophisch-historische Klasse*, Jahrgang 1959, 6.

——1964. "Die platonische Akademie und das Problem einer systematischen Interpretation der Philosophic Platons." *Kant-Studien* 55: 69—101.

Lattimore, Richmond (tr.) 1967. *The Odyssey of Homer*. New York: Harper & Row.

Lausberg, Heinrich. 1960. *Handbuch der literarischen Rhetorik*. München: M. Hüber.

Lesky, Albin. 1963. *Die Geschichte der griechischen Literatur*. Bern: Francke.

Lloyd, A. C. 1965. "Plato's Description of Division." In Allen 1965: 219—230.

Maguire, J. P. 1945/46. "Some Greek Views of Democracy and Totalitarianism." *Ethics* 56: 136—143.

Maurer, Reinhart. 1970. *Platons Staat und die Demokratie*. Berlin: de Gruyter.

Meinardt, H. 1968. *Teilhabe bei Platon: ein Beitrag zum Verständnis platonischen Prinzipiendenkens unter besonderer Berücksichtigung des Sophistes*. Freiburg: K. Alber.

Miller, Mitchell. 1977. "La logique implicite de la cosmogonie d'Hesiode." Tr. Louis Pamplume. *Revue de métaphysique et de morale* 82: 433—456.

——1979. "Parmenides and the Disclosure of Being." *Apeiron* 13, no. 1: 12—35.

Miller, W. (tr.) 1914. *Xenophon, Cyropaedeia*. New York: Macmillan.

Mourelatos, A. P. D. 1970. *The Route of Parmenides*. New Haven: Yale University Press.

Murray, Michael. 1975. *Modern Critical Theory*. The Hague: Martinus Nijhoff.

Nilsson, M. P. 1963. *The Mycenaean Origin of Greek Mythology*. New York: Norton.

Onians, Richard. 1954. *The Origins of European Thought*. Cambridge:

Cambridge University Press.

Perelman, Chaim. 1960. "La méthode dialectique et la rôle de l'interlocuteur dans le dialogue." Revue de métaphysique et de morale 60:26—31.

Rabbow, Paul. 1960. *Paidagogia, Die Grundlegung der Abendländischen Erziehungskunst in der Sokratik*. Gottingen: Vandenhoeck & Ruprecht.

Raven, J. E. 1965. *Plato's Thought in the Making*. Cambridge: Cambridge University Press.

Rees, E. (tr.) 1963. *The Iliad of Homer*. New York: Oxford University Press.

Reinhardt, Karl. 1966. "Platons Mythen." In *Vermächtnis der Antike*. Göttingen: Vandenhoeck & Ruprecht.

Robinson, Richard. 1953. *Plato's Earlier Dialectic*. Oxford: Oxford University Press.

Rosen, Stanley. 1979. "Plato's Myth of the Reversed Cosmos." *Review of Metaphysics* 33, no. 1:59—85.

——1968. *Plato's* Symposium. New Haven: Yale University Press.

——"Socrates as Midwife." Unpublished manuscript.

Ryle, Gilbert. 1966. *Plato's Progress*. Cambridge: Cambridge University Press.

Sayre, Kenneth. 1969. *Plato's Analytic Method*. Chicago: University of Chicago Press.

Schaerer, René. 1969(1st ed. 1938). *La question platonicienne : Etude sur les rapports de la pensée et de l'expression dans les Dialogues*. 2nd ed. Neuchâtel: Secretariat de l'Université.

——1941. "Le mécanisme de l'ironie dans ses rapports avec la dialectique." *Revue de métaphysique et de morale* 48:181—209.

——1955. "The Mythical Portrayal of Evil and the Fall of Man." *Diogenes* 11:37—62.

Schleiermacher, Friedrich and Müller, Hieronymus (trs.) 1964. *Platon*, Politikos. In Band 5 of *Platon: Sämtliche Werke*. Reinbek bei Hamburg: Rowohlt.

Schröder, M. 1935. *Zum Aufbau des platonischen* Politikos. Dissertation, Jena.

Skemp, J. B. (tr.) 1952. *Plato's* Statesman. London: Routledge and Kegan

Paul Ltd.

Souilhé, Joseph. 1919. *La notion platonicienne de l'intermédiaire dans la philosophie des dialogues*. Paris: F. Alcan.

——1949. *Lettres de Platon*. Paris: Les Belles Lettres.

Stenzel, Julius. 1940. *Plato's Method of Dialectic*. Tr. D. Allan. Oxford: Oxford University Press.

Stöcklein, P. 1937. *Über die philosophische Bedeutung von Platons Mythen*. Leipzig: Dieterich'sche Verlagsbuchhandlung.

Strauss, Leo. 1963. *The City and Man*. Chicago: University of Chicago Press.

Taylor, A. E. 1928. *Commentary on Plato's Timaeus*. Oxford: Oxford University Press.

——1956. *Plato, the Man and his Work*. New York: Meridian Books.

——1961. *Plato, the Sophist and the Statesman*. London: T. Nelson.

Thesleff, Holger. 1967. "Studies in the Styles of Plato." *Acta Filosofica Fennica*. Fasc. 20. Helsinki.

Untersteiner, Mario. 1957. *The Sophists*. Oxford: Blackwell.

Versenyi, Laszlo. 1963. *Socratic Humanism*. New Haven: Yale University Press.

Vlastos, Gregory. 1956. "Introductory Essay." *Plato*, Protagoras. New York: Library of Liberal Arts.

Vögelin, Eric. 1957. *Order and History*, vol. 2: *The World of the Polis*, and vol. 3: *Plato and Aristotle*. Baton Rouge: Louisiana State University Press.

Vogel, Cornelia J. de. 1966. *Pythagoras and Early Pythagoreanism*. Assen: Van Gorcum.

Weingartner, Rudolph. 1973. *The Unity of the Platonic Dialogue*: the Cratylus, the Protagoras, *the* Parmenides. Indianapolis: Bobbs Merrill.

补充书目(2004)

(补充书目包括前言所引著作,"《治邦者》中的辩证教育与未成文学说"一文中所引的著作,并挑选了1980年以后的一些研究著作,有关《治邦者》中的问题,或是与《〈治邦者〉中的哲人》的解释导向有关的问题)

Accatino, Paolo. 1995. "L'arche del 'Politico.'" In Rowe 1995a:203—212.
Allen, R. E. 1983. *Plato's* Parmenides, *Translation and Analysis*. Minneapolis: University of Minnesota Press.
Annas, Julia and Waterfield, Robin(eds.)1995. *Plato*, Statesman. Tr. Robin Waterfield. Cambridge: Cambridge University Press.
Annas, Julia and Rowe, Christopher(eds.)2002. *New Perspectives on Plato*, *Modern and Ancient*. *Cambridge*, MA: Harvard University Press.
Anton, John and Preus, Anthony(eds.)1983. *Essays in Ancient Greek Philosophy*. Volume 2: *Plato*. Albany: State University of New York Press.
——1989. *Essays in Ancient Greek Philosophy*. Volume 3: *Plato*. Albany: State University of New York Press.
Arends, Frederik. 1993. "Survival, War, and Unity of the Polis in Plato's *Statesman*." *Polis* 12, no. 1—2:154—187.
——2001. "The Long March to Plato's *Statesman* Continued" Polis 18, no. 1—2:125—152.
Arieti, James. 1991. *Interpreting Plato*: *The Dialogues as Drama*. Savage, MD: Rowman & Littlefield.
Balansard, Anne. 2001. *Techne dans les dialogues de Platon*: *L'empreinte de la sophistique*. Sankt Augustin: Academia Verlag.
Baracchi, Claudia. 2001. *Of Myth*, *Life*, *and War in Plato's* Republic. Bloomington, IN: Indiana University Press.
Benardete, Seth. 1984. *The Being of the Beautiful*: *Plato's* Theaetetus, Sophist, *and* Statesman. *Translation and Commentary*. Chicago: University of Chicago Press.
Blank, David. 1993. Review of Szlezák 1985 and Erler 1993. *Ancient Phihsophy* 13:414—426.
Blondell, Ruby. 2002. *The Play of Character in Plato's Dialogues*. Cambridge: Cambridge University Press.
——Forthcoming. "From Fleece to Fabric: Weaving Culture in Plato's *Statesman*." *Oxford Studies in Ancient Philosophy*.
Bobonich, Christopher. 1995. "The Virtues of Ordinary People in Plato's *Statesman*." In Rowe 1995a:313—329.
——2002. *Plato's Utopia Recast*: *His Later Ethics and Politics*. Oxford: Oxford University Press.
Bravo, Francisco. 1995. "La ontología de la definicion en el Politico de Pla-

ton." In Rowe 1995a:76—87.

Brickhouse, Thomas and Smith, Nicholas. 1993. "*He Mantike Techne*: *Statesman* 260el and 290c4—6." *Polis* 12,no. 1—2:37—51.

Brisson, Luc. 1995a. "Interpretation du mythe du *Politique*." In Rowe 1995a:349—363.

——1995b. "Premises, Consequences, and Legacy of an Esotericist Interpretation of Plato." *Ancient Philosophy* 15, no. 1:117—134.

——1998. *Plato the Myth Maker*. Tr. G. Naddaf. Chicago: University of Chicago Press.

Brisson, Luc and Pradeau, Jean-Francois (trs.) 2003. *Platon. Le Politique*. Paris: Editions Flammarion.

Burger, Ronna. 1980. *Plato's* Phaedrus: *A Defense of a Philosophic Art of Writing*. University: University of Alabama Press.

——1984. *The* Phaedo: A Platonic Labyrinth. New Haven: Yale University Press.

Burkert, Walter. 1985. *Greek Religion*. Tr. J. Raffan. Cambridge, MA: Harvard University Press.

Carone, Gabriela Roxana. "Cosmic and Human Drama in Plato's *Statesman*: On Cosmos, God and Microcosm in the Myth." *Polis* 12, no. 1—2:99—121.

Carson, Anne. 1986. *Eros the Bittersweet*. Princeton: Princeton University Press.

Casertano, Giovano. 1995. "Il problema del rapporto nome-cosa discorso nel *Politico*(277—87)." In Rowe 1995a:141—152.

Castoriadis, Cornelius. 2002. On *Plato's* Statesman. Tr. David Curtis. Stanford: Stanford University Press.

Cavini, Walter. 1995. "Naming and Argument: Diaeretic Logic in Plato's *Statesman*." In Rowe 1995a:123—138.

Chiesa, C. 1995. "De quelques formes primitives de classification." In Rowe 1995a:115—122.

Clark, Stephen. 1995. "Herds of Free Bipeds." In Rowe 1995a:236—252.

Clay, Diskin. 1994. "The Origin of the Socratic Discourses." In Vander Waerdt, P. (ed.) *The Socratic Movement*. Ithaca: Cornell University Press.

——2000. *Platonic Questions*: *Dialogues with the Silent Philosopher*. Uni-

versity Park,PA:Pennsylvania State University Press.
Cole, E. B. 1991. "Weaving and Practical Politics in Plato's Statesman." *Southern Journal of Philosophy* 29,no. 2:195—208.
Comotti,Giovanni. 1989. *Music in Greek and Roman Culture.* Tr. R. Munson. Baltimore:Johns Hopkins University Press.
Conway,D. and Kerszberg,P. (eds.)Forthcoming. *The Sovereignty of Construction: Studies in the Thought of David Lachterman.* Amsterdam: Rodopi.
Cooper,John. 1997. "Plato's *Statesman* and Politics." *Proceedings of the Boston Area Colloquium in Ancient Pilosophy* 13:71—104.
——(ed.)1997. Plato:*Complete Works.* Indianapolis:Hackett.
——1999. Reason and Emotion: Essays on Ancient Moral Psychology and Ethical Theory. Princeton,N. J. :Princeton University Press.
Couloubaritsis,Lambros. 1995. "Le paradigme platonicien du tissage comme modèle politique d'une societé complexe." *Revue de Philosophie Ancienne* 13:107—162.
Davidson,Donald. 1993. "Plato's Philosopher." *Apeiron* 26,no. 3—4:179—194.
De Chiara-Quenzer,Deborah. 1998. "The Purpose of the Philosophical Method in Plato's *Statesman.*" *Apeiron* 31,no. 2:91—126.
De Pinotti,Graciela Marcos. 1995. "Autour de la distinction entre *eidos* et *meros* dans le *Politique* de Platon(262a5—263el)." In Rowe 1995a: 155—161.
Delcomminette,Sylvain. 2000. *L'inventivité dialectique dans le Politique de Platon.* Bruxelles:J. Vrin.
Derrida, Jacques. 1981. "Plato's Pharmacy." In *Dissemination.* Tr. B. Johnson. Chicago:University of Chicago Press.
Desjardins,Rosemary. 1988. "Why dialogues? Plato's serious play." In Griswold 1988b:110—125.
Dillon,John. 1992. "Plato and the Golden Age." *Hermathena* 153:21—36.
——1995. "The Neoplatonic Exegesis of the *Statesman* Myth." In Rowe 1995a:364—374.
Dixsaut,Monique. 1995. "Une politique vraiment conforme à la nature." In Rowe 1995a:253—273.
Dorter,Kenneth, 1987. "Justice and Method in the Statesman." In Panagio-

tou, S. (ed.) *Justice, Law and Method in Plato and Aristotle*. Edmonton: Academic. 105—122.

———1996. "Three Disappearing Ladders in Plato." *Philosophy and Rhetoric* 29, no. 3:279—299.

———1994. *Form and Good in Plato's Eleatic Dialogues: The Parmenides, Theaetetus, Sophist, and* Statesman. Berkeley: University of California Press.

———1999. "The Clash of Methodologies in Plato's *Statesman*." In Ophuijsen, J. van. 1999:198—217.

Dueso, Jose Solana. 1993. "*Statesman* 299b-d and the Condemnation of Socrates." *Polis* 12, no. 1—2:52—63.

Dusanic, Slobodan. 1995. "The True Statesman of the *Statesman* and the Young Tyrant of the *Laws*: An Historical Comparison." In Rowe 1995a: 337—346.

El Murr, Dimitri. "La *symploke politike*: le paradigme du tissage dans le *Politique* de Platon, ou les raisons d'un paradigme 'arbitraire.'" *Kairos* 19: 49—95.

Erler, Michael. 1987. *Der Sinn der Aporien in den Dialogen Platons: Übungsstücke zur Anleitung im philosophischen Denken*. Berlin: de Gruyter.

Farness, Jay. 1991. Missing Socrates: *Problems of Plato's Writing*. University Park, PA: Pennsylvania State University Press.

Fattal, Michel. 1993. "On Division in Plato's *Statesman*." *Polis* 12, no. 1—2:64—76.

Ferber, Rafael. 1995. "Für eine propaideutische Lektüre des Politikos." In Rowe 1995a:63—75.

———1989. *Platos Idee des Guten*. 2nd ed. Sankt Augustin: Academia Verlag.

———1991. *Die Unwissenheit des Philosophen oder Warum hat Plato die "ungeschriebene Lehre" nicht geschrieben*. Sankt Augustin: Academia Verlag.

———1993. "Hat Plato in der 'Ungeschriebene Lehre' eine 'Dogmatische Metaphysik und Systematik' vertreten? Einige Bemerkungen zum Status Quaestionis." Méthexis 6:37—54.

Ferrari, G. R. F. 1987. *Listening to the Cicadas: A Study of Plato's* Phae-

drus. Cambridge:Cambridge University Press.
——1989. "Plato and Poetry." In Kennedy,G. (ed.)*The Cambridge History of Literary Criticism*. Cambridge: Cambridge University Press. 92—148.
——1995. "Myth and Conservatism in Plato's *Statesman*. In Rowe 1995a: 389— 397.
——1997. "Strauss' Plato." *Arion* 5,no. 2:36—65.
Foster,Travis. 2001. "Hermeneutics,Poetry,and the Irony of Plato." *Auslegung* 24,no. 2: 137—161.
Fowler,D. H. 1987. *The Mathematics of Plato's Academy:A New Reconstruction*. Oxford:Clarendon Press.
Fowler,Harold(tr.)1925. *Plato,the* Statesman. In Vol. VIII of Lamb,W. R. M. (ed.)*Plato*. (Loeb Classical Library edition.)Cambridge,MA: Harvard University Press.
Frede,Dorothea. 1996. "The Hedonist's Conversion:the Role of Socrates in the *Philebus*." In Gill and McCabe 1996:213—248.
Frede, Michael. 1992. "Plato's Arguments and the Dialogue Form." In Klagge and Smith 1992:201—219.
Gadamer,Hans Georg. 1986. *The Idea of the Good in Platonic-Aristotelian Philosophy*. Tr. Christopher Smith. New Haven: Yale University Press.
——1991. *Plato's Dialectical Ethics:Phenomenological Interpretations Relating to the Philebus*. Tr. R. Wallace. New Haven:Yale University Press.
——1980. *Dialogue and Dialectic:Eight Hermeneutical Studies on Plato*. Tr. Christopher Smith. New Haven:Yale University Press.
Gaiser,Konrad. 1980. "Plato's Enigmatic Lecture on the Good." *Phronesis* 25:5—37.
Gifford,Mark. 2001. "Dramatic Dialectic in *Republic* Book 1." *Oxford Studies in Ancient Philosophy* XX:35—106.
Gill,Christopher. 1979. "Plato and Politics: the *Critias* and the *Politicus*." *Phronesis* 24:148—167.
——1995. "Rethinking Constitutionalism in *Statesman* 291—303." In Rowe 1995a:292—305. 2001. *Personality in Epic, Tragedy,and Philosophy*. Oxford:Oxford University Press.

——2001. "Speaking Up for Plato's Interlocutors." *Oxford Studies in Ancient Philosophy* XX: 297—321.

Gill, Christopher and McCabe, Mary M. (eds.) 1996. *Form and Argument in Late Plato*. Oxford: Oxford University Press.

Goldin, Owen. 1998. "Plato and the Arrow of Time." *Ancient Philosophy* 18, no. 1: 125—143.

Gonzalez, Francisco (ed.) 1995. *The Third Way: New Directions in Platonic Studies*. Lanham, MD: Rowman & Littlefield.

——1998. *Dialectic and Dialogue: Plato's Practice of Philosophical Inquiry*. Evanston, IL.: Northwestern University Press.

Gordon, Jill. 1999. *Turning toward Philosophy: Literary Device and Dramatic Structure in Plato's Dialogues*. University Park, PA: State University of Pennsylvania Press.

Gosling, J. C. B. 1975. *Plato: Philebus*. Oxford: Clarendon Press.

Griswold, Charles. 1986. *Self-knowledge in Plato's Phaedrus*. New Haven: Yale University Press. Reprinted with a new preface and bibliography by Pennsylvania State University Press, 1996.

——1988a. "Irony in the Platonic Dialogues." *Philosophy and Literature* 26, no. 1: 84—106.

——1988b. *Platonic Writings/Platonic Readings*. New York: Routledge. Reprinted with a new preface and bibliography by Pennsylvania State University Press, 2002.

——1989. "*Politike Episteme* in Plato's *Statesman*." In Anton and Preus 1989: 141—168.

——2002. "Comments on Kahn." In Annas and Rowe 2002: 129—144.

Hall, Robert. 2001. "Platonic Rule: Fiat or Law." *Polis* 18, no. 1—2: 107—116.

Halper, Edward. 1993. *Form and Reason*. Albany: State University of New York Press.

Halliwell, Stephen. 2002. *The Aesthetics of Mimesis: Ancient Texts and Modern Problems*. Princeton: Princeton University Press.

Halperin, David. 1990. "Why is Diotima a Woman?" In *One Hundred Years of Homosexuality*. New York: Routledge, Chapman and Hall. 113—151.

Havelock, Eric. 1983. "The Socratic Problem: Some Second Thoughts." In

Anton and Preus 1983:147—173.

Hemmenway, Scott. 1994. "Pedagogy in the Myth of Plato's *Statesman*: Body and Soul in Relation to Philosophy and Politics." *History of Philosophy Quarterly* 11, no. 3:253—268.

Henderson, Isobel. 1957. "Ancient Greek Music." In Wellesz, E. (ed.) *The New Oxford History of Music*, Vol. I: *Ancient and Oriental Music*. London: Oxford University Press.

Hirsch, Ulrike. 1995. "Mimeisthai und verwandte Ausdrücke in Platons *Politikos*." In Rowe 1995a: 184—189.

Hoffman, Michael. 1993. "The 'Realization of Due Measure' as Structural Principle in Plato's *Statesman*." *Polis* 12, no. 1—2:77—98.

Howland, Jacob. 1991. "Re-reading Plato: the problem of Platonic chronology reconsidered." *Phoenix* 45:189—214.

——1998. *The Paradox of Political Philosophy: Socrates' Phibsophic Trial*. Lanham, MD: Rowman & Littlefield.

Hyland, Drew. 1981. *The Virtue of Philosophy: An Interpretation of Plato's Charmides*. Athens, OH: Ohio University Press.

——1988. "Taking the Longer Road: The Irony of Plato's *Republic*." *Revue de métaphysique et de morale* 93:317—335.

——1995. *Finitude and Transcendence in the Platonic Dialogues*. Albany: State University of New York Press.

Irwin, Terence. 1986. "Coercion and Objectivity in Plato's Dialogues." *Revue Internationale de philosophie* 156—157:49—74.

——"Art and Philosophy in Plato's Dialogues." *Phronesis* 41, no. 3: 335—350.

Janka, Markus (ed.) 2002. *Platon als Mythologe: Neue Interpretationen zu den Mythen in Platons Dialogen*. Darmstadt: Wissenschaftliche Buchgesellschaft.

Kahn, Charles. 1995. "The Place of the *Statesman* in Plato's Later Work." In Rowe 1995a: 49—60.

——1996. *Plato and the Socranc Dialogue: The Philosophical Use of a Literary Form*. Cambridge: Cambridge University Press.

Kato, Shinro. 1995. "The Role of *paradeigma* in the *Statesman*." In Rowe 1995a: 162—172.

Klagge, James and Smith, Nicholas (eds.) 1992. *Methods of Interpreting*

Plato and His Diahgues. Oxford:Oxford University Press.
Klein,Jacob. 1965. *A Commentary on Plato's Meno*. Chapel Hill:University of North Carolina Press.
Kosman,L. A. 1992. "Silence and Imitation in the Platonic Dialogues." In Klagge and Smith 1992:73—92.
——1992. "Acting:*drama as the mimesis of praxis*." In Rorty,A. O. (ed.) 1992. *Essays in Aristotle's Poetics*. Princeton: Princeton University Press. 51—72.
Krämer,Hans Joachim. 1990. *Plato and the Foundations of Metaphysics*. Tr. John Catan. Albany:State University of New York Press.
——1994. "Das neue Platonbild." *Zeitschrift für Phifosophische Forschung* 48:1—20.
Kranz, Margarita. 1986. *Das Wissen des Phibsophen* : *Platons Trologie "Theaitet","sophistes" und "Politikos"*. Tübingen:M. Kranz.
Kraut,Richard(ed.)1992. *The Cambridge Companion to Plato*. Cambridge: Cambridge University Press.
Krentz,A. A. 1983. "Dramatic Form and Philosophical Content in Plato's Dialogues." *Philosophy and Literature* 7:32—47.
Lachterman,David. 1989. *The Ethics of Geometry:A Genealogy of Modernity*. New York:Routledge.
Lafrance,Yvon. 1995. "*Métrétique,mathématiques et dialectique en Politique* 283c—285c." In Rowe 1995a:89—101.
Lane,Melissa. 1995. "A New Angle on Utopia:The Political Theory of the *Statesman*." In Rowe 1995a:276—291.
——1998. *Method and Politics in Plato's Statesman*. Cambridge:Cambridge University Press.
McCabe,M. M. 1996. See Gill 1996.
——1997. "Chaos and Control:Reading Plato's 'Politicus'." *Phronesis* 42, no. 1:94—117.
Michelini,A. N. 2000. "The Search for the King:Reflexive Irony in Plato's *Politicus*." *Classical Antiquity* 19,no. 1:180—204. (ed.)2003. *Plato as Author*:The *Rhetoric of Philosophy*. Leiden:Brill.
Miller,Mitchell. 1985. "Platonic Provocations:Reflections on the Soul and the Good in the *Republic*" In O'Meara 1985:163—193.
——1986. Plato's Parmenides:The *Conversion of the Soul*. Princeton Uni-

versity Press. (Ppk. 1991. University Park, PA: State University of Pennsylvania Press.)

———1990. "The God-Given Way: Reflections on Method and the Good in the Later Plato." *Proceedings of the Boston Area Colloquium in Ancient Philosophy* VI: 323—359.

———1992. "Unity and Logos: A Reading of Theaetetus 201c—210a." *Ancient Philosophy* XII, no. 1: 87—110.

———1995a. "'Unwritten Teachings' in the *Parmenides*." *Review of Metaphysics* XLVIII, no. 3: 591—633.

———1995b. "The Choice between the Dialogues and the 'Unwritten Teachings': A Scylla and Charybdis for the Interpreter?" In Gonzalez 1995: 225—244.

———1996. "The Arguments I Seem to Hear': Argument and Irony in the *Crito*." *Phronesis* xli, no. 2: 121—137.

———1999a. "Platonic Mimesis." In Falkner, T., Felson, N., and Konstan, D. (eds.) *Contextualizing Classics: Ideology, Performance, Dialogue*. Lanham, MD: Rowman and Littlefield. 253—266.

———1999b. "Figure, Ratio, Form: Plato's Five Mathematical Studies." In McPherran, M. (ed.), *Recognition, Remembrance and Reality: New Essays on Plato's Epistemology and Metaphysics* (= Apeiron 32, no. 4): 73—88.

———2003. "The Timaeus and the 'Longer Way': Godly Method and the Constitution of Elements and Animals." In Reydams-Schils 2003: 17—59.

———Forthcoming. "A More 'Exact Grasp' of the Soul? Tripartition in *Republic* IV and Dialectic in the *Philebus*." In K. Pritzl (ed.), *Truth*. Washington, DC: Catholic University Press of America.

Mishima, Teruo. 1995. "Courage and Moderation in the *Statesman*." In Rowe 1995a: 306—312.

Mohr, Richard. 1978. "The Formation of the Cosmos in the *Statesman* Myth." *Phoenix* 32: 250—252.

———1980. "The Sources of Evil Problem and the Principle of Motion Doctrine in Plato." *Apeiron* 14: 41—56.

———1981. "Disorderly Motion in Plato's *Statesman*." *Phoenix* 35: 199—215.

———1985. *The Platonic Cosmology*. Leiden: Brill.

Mueller, Ian. 1993. "The esoteric Plato and the analytic tradition." *Méthexis* VI:115—134.

Nails, Debra. 2002. *The People of Plato: A Prosopography of Plato and Other Socratics*. Indianapolis: Hackett.

Narcy, Michel. 1995. "La critique de Socrate par l'Etranger dans le *Politique*." In Rowe 1995a:227—235.

Nass, Michael. 1993. *Turning: From Persuasion to Philosophy*. Atlantic Highlands: Humanities Press.

Nehamas, Alexander. 1998. *The Art of Living: Socratic Reflections from Plato to Foucault*. Berkeley: University of California Press.

——1999. *Virtues of Authenticity*. Princeton: Princeton University Press.

Nicholson, Peter and Rowe, Christopher (eds.) 1993. *Plato's* Statesman: *Selected Papers from the Third Symposium Platonicum* (= *Polis* 12, no. 1—2).

Nicoll, W. S. M. 1995. "The Manuscript Tradition of Plato's *Statesman*." In Rowe 1995a:31—36.

Nightingale, Andrea. 1996. "Plato on the Origins of Evil: the *Statesman* Myth Reconsidered." *Ancient Philosophy* 16:65—91.

——1995. *Genres in Dialogue: Plato and the Construct of Philosophy*. Cambridge: Cambridge University Press.

Nussbaum, Martha. 1986. *The Fragility of Goodness: Luck and Ethics in Greek Tragedy and Ethics*. Cambridge: Cambridge University Press. Revised edition, with new preface, 2001.

——1990. *Love's Knowledge: Essays on Philosophy and Literature*. New York: Oxford University Press.

O'Meara, Dominic. 1985. *Platonic Investigations*. Washington, DC: The Catholic University of America Press.

Ophuijsen, Johannis M. van (ed.) 1999. *Plato and Platonism*. Washington, D. C. : Catholic University of America Press.

Ostwald, Martin. 1992. *Plato*, Statesman, as translated by J. B. Skemp, revised by Ostwald. Indianapolis: Hackett. (Originally published in 1957 by Liberal Arts Press.)

Palumbo, Lidia. 1995. "Realta e apparenza nel *Sofista* e nel *Politico*." In Rowe 1995a:175—183.

Patterson, Richard. 1982. "The Platonic Art of Comedy and Tragedy." *Phi-*

losophy and Literature 6:76—93.

——1985. *Image and Reality in Plato's Metaphysics*. Indianapolis: Hackett.

——1987. "Plato on Philosophic Character." *Journal of the History of Philosophy* 25:325—350.

Pelling, C. B. R. (ed.) 1990. *Characterization and Individuality in Greek Literature*. Oxford: Oxford University Press.

Pfeffer, Jacqueline L. 2003. *The Family in Plato's Republic and Statesman*. Annapolis, MD: St. John's College.

Pierris, Apostolos. 1998. "The Metaphysics of Politics in the *Politeia*, *Politikos*, and *Nomoi* Dialogue Group." In Havlicek, A. (ed.) *The Republic and the Laws of Plato: Proceedings of the First Symposium Platonicum Pragense*. Prague: Oikumene. 117—145.

Pradeau, Jean-François. 2002. *Plato and the City: A New Introduction to Plato's Political Thought*. Exeter: University of Exeter Press.

Press, Gerald (ed.) 1993. *Plato's Dialogues: New Studies and Interpretations*. Lanham, MD: Rowman & Littlefield.

——(ed.) 2000. *Who Speaks for Plato? Studies in Platonic Anonymity*. Lanham, MD: Rowman & Littlefield.

Proimos, C. V. 2002. "The Politics of Mimesis in the Platonic Dialogues: A Comment on Plato's Art Theory from the Vantage Point of the *Statesman*." *International Studies in Philosophy* 34, no. 2:83—93.

Reale, G. 1993. "In che cosa consiste il nuovo paradigma storico ermeneutico nelle interpretazione di Platone?" *Méthexis* 6:135—154.

Reydams-Schils, Gretchen (ed.) 2003. *Plato's Timaeus as Cultural Icon*. Notre Dame: University of Notre Dame Press.

Robb, Kevin. 1994. *Literacy and Paideia in Ancient Greece*. Oxford: Oxford University Press.

Robinson, David. 1995. "The New *Oxford Text* of Plato's *Statesman*." In Rowe 1995a:37—46.

Robinson, Thomas. 1995. "Methodology in the Reading of the *Timaeus* and *Politicuss*." In Gonzalez 1995:111—118.

Roochnik, David. 1996. *Of Art and Wisdom: Plato's Understanding of Techne*. University Park, PA: Pennsylvania State University Press.

——1997. "Irony and Accessibilty." *Political Theory* 25, no. 6:869—885.

——2003. *Beautiful City: The Dialectical Character of Plato's* Republic. Ithaca: Cornell University Press.

Rosen, Stanley. 1985. "Platonic Hermeneutics: On the Interpretation of a Platonic Dialogue." *Proceedings of the Boston Area Colloquium in Ancient Philosophy* 1:271—288.

——1983. *Plato's* Sophist: *The Drama of Original and Image*. New Haven: Yale University Press.

——1987. *Plato's* Symposium. 2nd ed. New Haven: Yale University Press.

——1995. *Plato's* Statesman: *The Web of Politics*. New Haven: Yale University Press.

Rowe, Christopher. 2001. "Killing Socrates: Plato's Later Thoughts on Democracy." *Journal of Hellenic Studies* 121:63—76.

——(ed.)1995a. *Reading the Statesman: Proceedings of the III Symposium Platonicum*. Sankt Augustin: Academia Verlag.

——1995b. *Plato's* Statesman, *edited with an Introduction, Translation, and Commentary*. Warminster: Aris &. Phillips. (This translation is reprinted by Hackett, 1999.)

——1996. "The Politicus: Structure and Form." In Gill and McCabe 1996: 153—178.

Rutherford, R. B. 1995. *The Art of Plato: Ten Essays in Platonic Interpretation*. Cambridge, MA: Harvard University Press.

Sallis, John. 1999. *Chorology: On Beginning in Plato's* Timaeus. Bloomington: Indiana University Press.

Samaras, Thanassis. 1996. "When Did Plato Abandon the Hope that Ideal Rulers Might Appear among Human Beings?" *History of Political Thought* 17, no. 1:109—113.

Samb, Djibril. 1995. "Le *Politique* 290d-e." In Rowe 1995a: 333—336.

Samberg, Mark. 1993. "Law and Politics in Plato's *Statesman*." *Polis* 12, no. 1—2:204—212.

Santa Cruz, Maria Isabel. 1995. "Méthodes d'explication et la juste mesure dans le Politique." In Rowe 1995a: 190—199.

Saunders, Trevor. 1992. "Plato's Later Political Thought." In Kraut 1992: 664—492.

Sayre, Kenneth. 1983. *Plato's Late Ontology: A Riddle Resolved*. Princeton: Princeton University Press.

——1995. *Plato's Literary Garden: How to Read a Platonic Dialogue.* Notre Dame: University of Notre Dame Press.

——1996. *Parmenides' Lesson: Translation and Explication of Plato's Parmenides.* Notre Dame: University of Notre Dame Press.

Scodel, Harvey. 1987. *Diaeresis and Myth in Plato's* Statesman. Göttingen: Vandenhoeck & Ruprecht.

Scott, Dominic. 1999. "Platonic Pessimism and Moral Education." *Oxford Studies in Ancient Philosophy* 17:15—36.

Seeskin, Kenneth. 1984. "Socratic Philosophy and the Dialogue Form." *Philosophy and Literature* 8:181—194.

——1987. *Dialogue and Discovery: A Study in Socratic Method.* Albany: State University of New York Press.

Shicker, Rudolf. 1995. "Aspekte der Rezeption des *Politikos* im Mittel und Neuplatonismus." In Rowe 1995a:381—388.

Smith, Nicholas. 1993. See Brickhouse 1993.

——1992. See Klagge 1992.

——1997. "How the Prisoners in Plato's Cave Are Like Us." *Proceedings of the Boston Area Colloquium in Ancient Philosophy* XIII:187—204.

Steiner, Peter. 1993. "Metabole and Revolution: The Myth of the Platonic Statesman and the Modern Concept of Revolution." Polis 12, no. 1—2: 134—153.

Stern, P. 1997. "The Rule of Wisdom and the Rule of Law in Plato's Statesman." *American Political Science Review* 91, no. 2:264—276.

Stokes, Michael C. 1986. *Plato's Socratic Conversations: Drama and Dialectic in Three Dialogues.* Baltimore: Johns Hopkins University Press.

Szlezák, Thomas. 1983. Review of M. Miller, The *Philosopher in Plato's Statesman. Philosophische Rundschau* 30, no. 1/2:135—138.

——1985. *Platon und die Schriftlichkeit der Philosophie: Interpretationen zu den frühen und mittleren Dialogen.* Berlin: Walter de Gruyter.

——1993. "Zur üblichen Abneigung gegen die *agrapha dogmata.*" *Méthexis* 6:155—174.

——1993. *Reading Plato.* Tr. Graham Zanker. New York: Routledge.

Tanner, R. G. 1993. "How Far Was Plato Concerned to Rebut the Claims of Cyrus the Great and Pisistratus to the Title of 'statesman'?" Polis 12, no. 1—2:213—217.

Taylor, Quentin. 2000. "Political Science or Political Sophistry?" *Polis* 17, no. 1—2:91—109.

Tejera, V. 1978a. "The Politics of a Sophistic Rhetorician." *Philosophy and Social Criticism* 5, no. 1:1—26.

——1978b. "Plato's *Politikos*: an Eleatic Sophist on Politics." *Philosophy and Social Criticism* 5, no. 2:108—125.

Thesleff, Holger. 1999. *Studies in Plato's Two-Level Model*. Helsinki: Societas Scientarum Fennica.

Tigerstedt, E. N. 1977. *Interpreting Plato*. Uppsala: Almqvist & Wiksell.

Tiles, J. E. 1984. "*Techne* and Moral Expertise." *Philosophy* 59:49—66.

Tomasi, John. 1990. "Plato's *Statesman* Story: The Birth of Fiction Reconceived." *Philosophy and Literature* 14, no. 2:348—358.

Toney, Howard. 1993. "Consent of the Citizen: A Discussion on Distinguishing Enforced Tendance from Tendance Voluntarily Accepted." *Polis* 12, no. 1—2:188—203.

Tordesillas, Alonso. 1995. "Le point culminant de la métrétique." In Rowe 1995a:102—111.

Turner, Jeffrey. 1998. "A Note on Vlastos, Vietnam, and Socrates." *Ancient Philosophy* 18, no. 2:309—314.

Vidal-Naquet, P. 1978. "Plato's Myth of the *Statesman*, the Ambiguities of the Golden Age and of History." *Journal of Hellenic Studies* 98:132—141.

Vigo, Alejandro. 1986. "El empleo del paradigma en Platon, *Politico* 277a—283a." *Revista de Filosofia* 1, no. 1—2:59—73.

Vlastos, Gregory. 1991. *Socrates: Ironist and Moral Philosopher*. Ithaca: Cornell University Press.

Vuillemin, Jules. 1998. "La méthode platonicienne de division et ses modèles mathématiques." *Philosophia Scientiae* 3, no. 3:1—62.

Wallach, John. 2001. *The Platonic Political Art: A Study of Critical Reason and Democracy*. University Park: Pennsylvania State University Press.

Wedin, Michael. 1990. "Collection and Division in the *Phaedrus* and *Statesman*." *Philosophical Inquiry* 90:1—21.

Weiss, Roslyn. 1995. "Statesman as *epistēmōn*: Caretaker, Physician, and Weaver." In Rowe 1995a:213—221.

Weiss, Roslyn. 1998. *Socrates Dissatisfied: An Analysis of Plato's Crito*. Oxford: Oxford University Press.

——2001. *Virtue in the Cave: Moral Inquiry in Plato's* Meno. Oxford: Oxford University Press.

Welton, William(ed.)2002. *Plato's Forms: Varieties of Interpretation*. Lanham, MD: Lexington Books.

White, Nicholas(tr.)1993. *Plato*, Sophist. Indianapolis: Hackett.

Wood, Robert. 1999. "Self-Reflexivity in Plato's *Theaetetus*: Toward a Phenomenology of the Lifeworld." *Review of Metaphysics* 52, no. 4: 807—833.

《治邦者》的结构提纲

舞台场景(257a—258b)。
一、起始的划分(引出牧人—统治者观念)(258b—267c)
  1. 起初过程(二分的展示)(258b—261e)
  2. 有关方法的离题话(262a—264b)
    a. 驳斥(片面切分与"平分")(262a—263b)
    b. 重新导向("平分"的例证)(263c—264b)
  3. 继续并(反讽地)完成划分(264b—267c)
二、中断的离题话(思考本质与方法)(267c—287b)
  A. 神话(驳斥牧人—统治者的观念)(267c—277a)
    1. 异乡人的异议(267c—268d)
    2. 神话(268d—274e)
    3. 在神话的启发下纠正起初的定义(274e—277a)
  B. 诉诸范例(重新导向,提供编织者的新范例)(277a—287b)
    1. 对范例的需要(277a—279a)
    2. 对编织者的范例划分(279a—283a)
      a. 映照起初的划分(279c—280a)
      b. 映照异乡人的异议(280a—281d)
        (i) 重申错误与异议(280a-e)

(ii) 解释进一步需要的区分(281a-d)

　　c. 继续并完成划分(281d—283a)

3. 必要尺度的学说(283b—287b)

　　a. 揭示必要尺度(283c—285c)

　　　(i) 区分必要尺度与相对尺度(283c-e)

　　　(ii) 必要尺度与治邦之材(283e—284d)

　　　(iii) 必要尺度与划分(284e—285c)

　　b. 反思对话的必要目的(285c—286b)

　　c. 运用必要尺度(286b—287b)

三、继续划分并(调节性地)完成定义(287b—311c)

1. 运用范例,前几步(287b—290e)

　　a. 助因技艺(287b—289c)

　　b. 本因辅佐技艺(289c—290e)

2. 离题话:治邦之材、法律与现实政体(291a—303d)

　　a. 真正的标准(意在诱导)(291a—293e)

　　　(i) 通俗的政治分类(291d—292a)

　　　(ii) 异议:知识才是真正的标准(292a-c)

　　　(iii) 驳斥通俗标准(292d—293e)

　　b. 调节方式(293e—301a)

　　　(i) 通过范例,确证有知的治邦者最好(293e—297c)

　　　　[1]治邦者优于法律(293e—295b)

　　　　　[a] 法律呆板的抽象性(294a-c)

　　　　　[b] 教练运用规定的范例(294d-e)

　　　　　[c] 应用于治邦者(294e—295b)

　　　　[2] 医生改变治疗法的范例(295b—296a)

　　　　[3] 应用于治邦者与法律(296a—297c)

　　　(ii) 追根溯源,法治既劣于知识,又优于对知识的滥用(297c—301a)

    c. 对通俗标准的哲学运用(301a—303d)
        (i) 回忆习俗标准(301a-c)
        (ii) 重申有知识的治邦者最好(301c—302b)
        (iii) 结合：一系列手段(302b—303d)
  3. 再次运用范例(303d—311c)
     a. 划分的最后一步：真正的助手(303e—305e)
     b. 运用编织者的形象(305e—311c)
        (i) 性情的"惊人"对立(306a—308b)
        (ii) 老师的准备工作(308b—309b)
        (iii) 治邦者对邦民的交织(309b—311c)

历史人名索引

(Note: Except in several marginal cases, *dramatis personae* from the dialogues and other Greek literature are not included in this index.)

Agamemnon	40, 128[10], 130[33]
Antisthenes	46, 50
Archidamus	47
Aristotle	xvii, 6, 43, 56, 78, 119[1], 127[28], 132[57], 133[7], 134[15], 134[26]
Callippus	136[10]
Cleisthenes	44, 129[20]
Cyrus	46–47
Diogenes Laertius	134[20]
Dion	136[10]
Dionysius I	47
Dionysius II	48, 54, 136[10], 136[14]
Gorgias	45, 120[12], 129[24], 129[25]
Hesiod	xiv, 39, 40, 41–43, 48–49, 50, 51–52, 128[2], 129[12], 129[15]
Homer	xiv, 12–13, 40–41, 117–118, 125[2], 130[33]
Isocrates	22, 47, 48, 50, 120[14]
Laodamas	5
Lysias	121[27]
Menelaus	41
Odysseus	xiii, 6, 13, 40–41, 117–118, 127[34]
Parmenides	11, 13–14, 123[35], 125[16]
Philip of Macedon	47, 130[33]
Pisistratus	43–44, 129[21], 129[22], 129[23]
Plato	*passim*
Protagoras	5, 25, 32, 39, 44–45, 49–50, 51–52, 129[21]
Socrates (the elder)	xiv
Socrates (the younger)	xv[21], 5
Speusippus	136[10]
Theaetetus	5
Theodorus	31
Xenophon	46–47, 50
Zeno	11, 125[16]

柏拉图文本索引

(Note: References to passages in the *Statesman* are not included. Such a compilation would be largely duplicative of the Table of Contents, which is analytical in form.)

Apology	20e ff.	11, 121[19]
	22e	11
	25a	11
	29e ff.	2
	34c ff.	19
	38a	99
Charmides	159b ff.	134[38]
	160e ff.	134[38]
	164b ff.	134[39]
	167a ff.	131[47]
	169b	131[47]
Crito	50a	131[47]
	50a–end	101, 103, 112, 115
	53a ff.	123[38]
	54d	131[47]
Euthyphro	1a	85
	10a ff.	xvii
	11e ff.	123[3]
	15c	xviii
Gorgias	449c	46
	456c ff.	129[25]
	461b ff.	120[12], 126[17]
	471a ff.	46
	481b ff.	120[12], 126[17]
	483c–484b	46
	492b	46
	508a	121[69]
Hippias Minor	363a ff.	xi
Ion	533c ff.	131[47]
Laches	190e ff.	134[37]
	192b ff.	134[37]
Laws	generally	117
	803d–804b	122[27]
Letter VII	328c	114
	331b–d	117, 130[36]
	334c–d	130[36]
	336a–337b	130[36]
	342a ff.	80 ff., 117, 133[10]
	342e ff.	80, 127[33]
	343b ff.	xvii, 80, 122[35], 127[33]
	344b ff.	xvi–xvii, 80 ff., 82

Letter XI	358d ff.	5
Lysis	216c ff.	131^{47}
Meno	75d	xviii
	81a	131^{48}
	87b ff.	134^{39}
	96b ff.	122^{34}
	97a ff.	135^{48}
Parmenides	128d–e	125^{16}
	135e	124^{4}
	137c–end	$123^{38}, 124^{4}$
	137d6	158^{8}
	149d–151b	158^{7}
	145a1	158^{8}
	157b–158d	144 ff., 147, 158^{7}
	161a–e	145, 158^{7}
	165a5	158^{8}
Phaedo	68e ff.	134^{38}
	84c	xi, 122^{31}
	101c–e	124^{3}
Phaedrus	242a–b	$121^{27}, 131^{47}$
	265d ff.	$126^{9}, 127^{22}, 132^{1}, 133^{2}$
	276a	120^{13}
Philebus	16b ff.	$129^{9}, 127^{22}$
	16c	160^{23}
	16c ff.	75, 132^{1}, 147
	16c–18d	145 ff., 150, 161^{22}
	16d	xvii
	17b–e	145, 151, 155
	17d	159^{12}
	18b–d	145, 151, 156
	20c	146
	23c–27c	145 ff., 147
	26d	131^{47}
	54c	131^{47}
Protagoras	313a–314b	34
	317a	45
	319a	45
	320c ff.	44
	322d	129^{25}
	326d–e	129^{25}
	329e ff.	134^{37}
	359b ff.	134^{37}
Republic	331d ff.	126^{17}
	335b–d	23, 115
	337a	122^{30}
	343b	46
	344a	46
	345b–d	47
	357a ff.	$122^{27}, 122^{31}$
	363a–b	129^{15}
	410a	135^{42}
	410c ff.	112, 134^{40}
	413c ff.	135^{41}
	414b–415b	48

Republic continued	435c–d	xx[40]
	435d	133[9]
	436a ff.	24
	441e ff.	134[40]
	449a ff.	122[27], 122[31]
	454a	128[1]
	458d ff.	134[43]
	468e	129[15]
	470a ff.	22–24, 115
	471b	22
	473c ff.	xvii, 48, 54 ff., 115
	499c	48
	502a	48
	502e ff.	80, 133[9]
	503c–d	134[40]
	504a	xx[40]
	504a ff.	133[9], 135[40], 136[6]
	509b	132[57]
	510c ff.	4, 25
	511b ff.	4, 34, 57
	514a ff.	xii, xvii, 121[19]
	518c–d	xiii, xvii, 123[2]
	522c ff.	68, 99
	531c	132[59]
	588b ff.	86, 105, 134[18]
	596a	127[20]
	612b	129[15]
	614b ff.	xviii
Sophist	216a ff.	xv, 1, 3, 10 ff., 12, 117
	216c–d	8–10, 13, 58, 98, 125[17]
	217a	xv, 10, 86
	217b	xv, 2
	217d	xii, 1
	218e ff.	132[62], 157[2]
	223b	124[5]
	227a–c	127[27]
	230a ff.	123[37]
	231b	126[9]
	236c ff.	67
	237a ff.	125[20]
	241d ff.	125[20]
	253a	131[47]
	254c ff.	xvii, 125[20]
	256d ff.	125[20]
	258b ff.	125[20]
	264c ff.	86
Symposium	174e ff.	120[13]
	201c ff.	131[47]
	210a–212a	79ff., 133[7], 133[8]
Theaetetus	143d	124[5]
	144b	124[5]
	144c ff.	3
	146b	4
	147d	7, 124[8], 127[31]

Theaetetus continued	148b	31
	150a ff.	123^{37}
	152a ff.	5
	160c ff.	5
	162c	130
	161c	127^{32}
	162b	4
	164e ff.	4, 5
	166d	5
	168b	5
	168e ff.	4
	177c ff.	4
	183c	4
	207d	131^{47}
	210d	xv, xix,^{22} 1, 85
Timaeus	44e	133^{14}
	45a	133^{14}
	51d	135^{47}
	74c	133^{14}
	87c–e	160^{18}, 161^{22}

图书在版编目(CIP)数据

柏拉图《治邦者》中的哲人/(美)米勒(Miller, M.)著;张爽等译.
—上海:华东师范大学出版社,2014.3
(经典与解释.柏拉图注疏集)
ISBN 978-7-5675-1614-4

Ⅰ.①柏… Ⅱ.①米… ②张… Ⅲ.①柏拉图(前427~前347)—
哲学思想—研究 Ⅳ.①B502.232

中国版本图书馆 CIP 数据核字(2014)第 010741 号

华东师范大学出版社六点分社
企划人 倪为国

The Philosopher in Plato's *Statesman*
by Mitchell Miller
Originally published in English as *The Philosopher in Plato's* Statesman together with "Dialectical Education and Unwritten Teachings in Plato's *Statesman*"
Copyright © 2004 by Parmenides Publishing. All Rights Reserved.
Published by arrangement with Parmenides Publishing.
Simplified Chinese Translation Copyright © 2014 by East China Normal University Press Ltd.
ALL RIGHTS RESERVED.
上海市版权局著作权合同登记 图字:09-2009-705 号

柏拉图注疏集
柏拉图《治邦者》中的哲人

著　　者　(美)米勒
译　　者　张　爽　陈明珠
审读编辑　温玉伟
责任编辑　彭文曼
封面设计　童赟赟

出版发行　华东师范大学出版社
社　　址　上海市中山北路 3663 号　邮编　200062
网　　址　www.ecnupress.com.cn
电　　话　021-60821666　行政传真　021-62572105
客服电话　021-62865537　门市(邮购)电话　021-62869887
地　　址　上海市中山北路 3663 号华东师范大学校内先锋路口
网　　店　http://hdsdcbs.tmall.com

印　刷　者　上海景条印刷有限公司
开　　本　890×1240　1/32
印　　张　9.75
字　　数　220 千字
版　　次　2014 年 3 月第 1 版
印　　次　2014 年 3 月第 1 次
书　　号　ISBN 978-7-5675-1614-4/B·822
定　　价　38.00 元

出　版　人　朱杰人

(如发现本版图书有印订质量问题,请寄回本社客户服务中心调换或电话 021-62865537 联系)